第3版

【ながめてわかる！】

──司法書士　特別研修──

認定考査対策と要件事実の基礎

【別　冊】

司法書士認定考査 過去問題・解答集 〔第1回～第18回〕

● 司法書士 ●

小山　弘
Hiroshi Koyama

日本加除出版

司法書士認定考査　過去問題・解答集

CONTENTS

問 題 編（認定考査の問題文）

解説，解答例編

この問題集は,「第3版　ながめてわかる！司法書士特別研修　認定考査対策と要件事実の基礎」の「別冊」として作成されたもので,解説,解答例は,「第3版本文」とタイアップされているものです。

問題編（認定考査の問題文）

第１回認定考査

第１問　別紙記載のＸ及びＹの言い分に基づき，以下の小問(1)から(6)までに答えなさい。

小問(1)　Ｘの訴訟代理人として，Ｙに対して訴えを提起する場合の主たる請求の訴訟物を解答用紙（その１）の第１欄に記載しなさい。

小問(2)　小問(1)の訴訟（以下「本件訴訟」という。）において，Ｘの訴訟代理人として主張すべき主たる請求の請求原因事実を解答用紙（その１）の第２欄に記載しなさい。

　　なお，腕時計を特定することが必要である場合であっても，単に「腕時計」と記載すれば足りるものとする。また，いわゆる「よって書き」は記載する必要がない。

小問(3)　本件訴訟において，Ｙの訴訟代理人として行うべき主たる請求の請求原因事実に対するＹの認否を解答用紙（その１）の第３欄に記載しなさい。

小問(4)　本件訴訟において，Ｙの訴訟代理人として，Ｙの言い分から構成することができる抗弁を解答用紙（その１）の第４欄に記載しなさい（例えば，「弁済による貸金返還債務の消滅」等と記載すれば足り，言い分に基づいた個々の具体的な事実を記載する必要はない。）。

小問(5)　本件訴訟において，Ｘ側が書証として提出したＸの言い分３記載の書面について，Ｙの訴訟代理人は，「成立を否認する。」とだけ述べた。このＹ訴訟代理人の訴訟行為の意味及び問題点を解答用紙（その１）の第５欄に200字以内で記載しなさい。

小問(6)　本件訴訟において，Ｙの訴訟代理人として，どのような立証活動をすべきかを解答用紙（その１）の第６欄に箇条書で記載しなさい。

第２問　司法書士Ａは，原告の訴訟代理人として，訴訟の目的の価額（以下「訴額」という。）が90万円以下の訴えを簡易裁判所に提起したが，その訴訟の係属中，被告から，90万円を超える訴額の反訴が提起された。この場合，司法書士Ａが原告の訴訟代理人として当該反訴に関し訴訟行為ができるかどうかについて，その結論及び理由を解答用紙（その２）の第７欄に150字以内で記載しなさい。

第3問　司法書士Aは，Xの訴訟代理人として，Yに対する売買代金支払請求訴訟を追行していたが，その訴訟の係属中，Yから，訴外のBに対する貸金返還請求訴訟の訴状を作成して欲しいと言われた。この場合，Aは，これを受任することができるか。Yからの依頼が，Bとの間で締結された土地の売買契約に基づく所有権移転登記手続の代理申請である場合は，どうか。その結論及び理由を解答用紙（その2）の第8欄に150字以内で記載しなさい。

（別紙）

〔Xの言い分〕

1　私は，以前，ディスカウントストアーとして有名なお店で，希少価値のある海外の有名ブランドの「SX100」というモデル名の腕時計を偶然見つけ，50万円で購入しました。

2　その後，平成15年5月3日に，たまたま知人のYの家を訪れる機会があり，私は，Yが希少価値のある高級時計の収集を趣味にしていることを知っていたので，この腕時計をして赴いたのです。あいにく，Yは不在で，その息子（20歳）であるZと話をしていたところ，Zから，「そのSX100の腕時計は，父親であるYがかねてから探していたものであるので，ぜひYに譲ってやってくれないか。」と懇願されました。私は，買った値段よりも高く買ってもらえるなら売ってもいいと思い，Zに対し，「Yは知人であるし，60万円くらいでなら，このSX100の腕時計を売ることはできると伝えておいてくれ。」と言いました。

3　その翌日，Zが私の家を訪ねてきました。Zは，Yの氏名の記載及び氏の印影のある書面を持って来ていて，その書面には，「腕時計（SX100）を60万円で買います。」と記載されていました。私は，Zが，その書面を示して，「Yが，60万円でいいから，そのSX100を譲って欲しいと言っている。」と言うので，Yに売ることにし，その腕時計をZに渡しました。代金については，Zが，「Yが振込みにさせて欲しいといっている。」と言うし，その書面にも，「代金は直ちに振り込みます。」と記載されていたので，私の銀行口座の番号を教えました。

4　ところが，Yは，それから1か月以上が経っても，振込みをしてきませんので，私は，Yに対し，直接，督促をしたのです。ところが，Yは，自分はそんな腕時計を買っていないとか，その腕時計がSX100の偽物であったなどと言って，支払をしようとしないのです。腕時計がSX100の偽物であるはずがないのですが，購入先のお店も既に倒産してしまって，私にはどうしようもありません。

5　Yには，約束をした以上，直ちにお金を支払ってもらいたいと思います。

〔Yの言い分〕

1　Xの言い分1は，私は知りません。Xの言い分2及び3は，私にはよく分かりませんが，息子のZの話によると，XとZとの間で，Xが言うようなやりとりがあったことは事実のようです。

　　なお，私が趣味で希少価値のある高級時計を集めており，SX100というモデル名の腕時計を探していたというのも，事実です。

2　また，Xの言い分4のうち，私がXからの督促に応じていないのも事実ですが，私には，そのようなお金を支払う理由は，全くありません。といいますのは，私は，Xが言うような腕時計をXから買ったことはありませんし，Zに対して，腕時計を買うとXに言って来てくれなどと言ったこともないのです。Xの言い分3の書面は，Zが勝手に私の印鑑を使用して作ったようです。

3　しかも，Zの話によると，Zがその腕時計を正規の輸入代理店で見てもらったところ，海外の土産物屋などで安く売られているSX100の偽物であり，60万円の価値など全くないということが分かったというのです。もちろん，仮に，私がその腕時計を買うとしても，偽物と分かっていれば，買うわけがありません。

4　腕時計については，おそらく今も私の家にあると思いますが，こんな偽物はもちろんいりません。

5　Xに対しては，私に対して確認もせず，しかも，こんな偽物を高額で売りつけようとしたということで，とても憤っており，ましてや60万円を支払えなどとは，言語道断であると思います。

第2回認定考査

第1問　別紙1記載のX及びYの言い分に基づき，以下の小問(1)から(7)までに答えなさい。

　小問(1)　Xの訴訟代理人として，Y及びZに対して訴えを提起する場合の訴訟物を解答用紙（その1）の第1欄に記載しなさい。

　小問(2)　小問(1)の訴訟（以下「本件訴訟」という。）において，Xの訴訟代理人として主張すべきYに対する請求の請求原因事実を解答用紙（その1）の第2欄に記載しなさい。なお，いわゆる「よって書き」は記載する必要がない。

　小問(3)　本件訴訟において，Yの訴訟代理人として行うべき請求原因事実に対するYの認否を解答用紙（その1）の第3欄に記載しなさい。

　小問(4)　本件訴訟において，Yの訴訟代理人として主張すべき抗弁及びその要件事実を解答用紙（その1）の第4欄に記載しなさい。

小問(5)　本件訴訟において，Xの訴訟代理人として主張すべき再抗弁を解答用紙（その１）の第５欄に記載しなさい（当該再抗弁の要件事実は，記載する必要がない。）。

小問(6)　本件訴訟において，X側が書証として提出したXの言い分３記載の借用書について，Yの訴訟代理人は「成立を否認する。」と述べたため，裁判所は，Yの訴訟代理人に対して「このY名下の印影は，Yの印章によって顕出されたものですか。」と釈明を求めた。この裁判所の求釈明の意味を解答用紙（その２）の第６欄に150字以内で記載しなさい。

小問(7)　本件訴訟において，Zに対する訴状等の訴訟関係書類の送達は，どのような送達によって行われることになるか。また，その場合のZに対する請求原因事実の立証の要否及びその理由について，解答用紙（その２）の第７欄に記載しなさい。

第２問　第１問記載の事例において，貸付金額が50万円であったときは，司法書士A（簡裁訴訟代理関係業務を行うのに必要な能力を有する旨の法務大臣の認定を受けているものとする。）は，Xの訴訟代理人として，Y及びZに対する請求を併合して訴えの提起をすることができるか。その結論及び結論を導くに当たって検討した問題点を解答用紙（その２）の第８欄に150字以内で記載しなさい。

　　なお，解答に当たって適用すべき法令は，平成15年12月6日現在適用されるべきものとする。

第３問　第１問記載の事例において，Zが行方不明でないとき，司法書士B（簡裁訴訟代理関係業務を行うのに必要な能力を有する旨の法務大臣の認定を受けているものとする。）は，Xが原告となってY及びZを被告として提起した訴訟において，Y及びZ両名の訴訟代理人となることができるか。その結論及び理由を解答用紙（その２）の第９欄に150字以内で記載しなさい。

（別紙１）

〔Xの言い分〕

1　私は，会社員をしている者です。かなり以前の話になるのですが，個人で印刷業を営んでいた友人のZにお金を貸したことがあり，その返済を受けられずに困っております。

2　私とZとは，小学校以来の同級生というよしみで親しく付き合ってきた仲でした。

Zは，新しい設備を次々と導入するという経営手法を採っており，以前は経営も順調のようでしたが，最近の不況で苦しくなってきたようです。そのような折，平成10年9月末ころ，久しぶりに会った際，運転資金が足りないので，少なくて構わないからお金を貸してくれないかと頼まれたのです。私の方も決して余裕があったわけではないのですが，Zが可哀想になり，手持ちの40万円を貸すことにしたのです。ただ，後のことを考えて，Zには，「貴方の父親であるYに連帯保証人となってもらえるなら，貸してもいいよ。」と答えました。

3 同年10月1日になり，Zは，私の所を訪ねてきて，借用証（注：別紙2に記載の借用証）を持って来ました。私は，この借用証にZの署名押印があり，更に「連帯保証人」としてYの署名押印がありましたので，40万円を渡しました。

なお，返済の時期については，特に合意しなかったのですが，私としては，当然，返済の原資が出来次第，直ちに返済してくれるものと思っておりました。

4 ところが，Zの経営は一向に上向きとならなかったようで，その後も何度か顔を会わせた際に返してくれるように暗に言ってきたのですが，のらりくらりして，返済してくれる気配はありませんでした。

平成15年の8月末日，いよいよZの経営が行き詰ったとの噂があったことから，私は，Z宅に赴き，はっきりと返済を求めたのですが，Zは，言を左右にして取り合ってくれませんでした。

5 その後，Zは，夜逃げをしてしまったようで，その行方は分かりません。そこで，私は，同年11月中旬ころ，保証人であるY宅を訪れ，Yに対して借用書を示して返済をお願いしたのですが，そのような書面は知らないとけんもほろろで，平成15年12月6日現在，支払ってくれていません。

〔Yの言い分〕

1 Xの言い分1のうち，Zが個人で印刷業を営んでいたことは間違いないことですが，XがZにお金を貸したことについては，私の預（ママ）かり知らないことです。

2 また，Xの言い分2のうち，私の息子であるZがXと小学校以来の同級生で親しかったこと，Zの経営が平成10年ころから苦しくなっていったことは私も聞いており，間違いないことと思いますが，二人の間にお金の貸借があったということについては，何も聞いていません。

3 Xの言い分3の借用書については，私はこれまで見たこともありませんでした。確かに，ここに押されている印影には私の印章が使われておりますが，私がこの署名や押印をしたことはありませんし，そもそも連帯保証をしたということもありません。

なお，Ｚ名義の署名押印部分については，Ｚのもののようにも見えますが，よく分かりません。

4　Ｘの言い分4のうち，平成15年8月末日ころにはＺの経営が行き詰ったようであることは間違いないと思いますが，その他の事情については，私には全く分かりません。

5　Ｘの言い分5にありますように，Ｚは一家で夜逃げをしたようで，Ｚが住んでいた家も借家で財産も全く残っておりません。先週の平成15年11月末にＺから私に電話があり，元気にやっているとの連絡はありましたが，どこにいるのかは教えてくれませんでした。

　　Ｘから同月中旬ころに借用証を見せられ，返済を求められたのは確かです。ただ，仮にＺが本当にＸから借金をしていたとしても，既に独立して私とは別に一家を構えているＺのしたことですし，私も現在は年金暮らしで生活に余裕はなく，私自身もＺに対して多額のお金を貸しているものですから，私の関知しない件について，「はい，そうですか。」と支払うことはできません。

（別紙2）

借　　用　　書

Ｘ　　　殿

　　　金四拾万円也
　　　但し，借受金として，本日正に収受しました。
　　　平成10年10月1日

　　　　　　　　　　　　　　　　　　○○印刷所　Ｚ　㊞
　　　　　　　　　　　　　　　　　　連帯保証人　Ｙ　㊞

第3回認定考査

第1問　別紙記載のＸ及びＹの言い分に基づき，以下の小問(1)から(6)までに答えなさい。なお，所有権に基づく請求を考慮する必要はない。

　小問(1)　Ｘの訴訟代理人として，Ｙに対して訴えを提起する場合の訴訟物を，解答用紙（その1）の第1欄に記載しなさい。

　小問(2)　小問(1)の訴訟（以下「本件訴訟」という。）において，Ｘの訴訟代理人として主張すべきＹに対する主たる請求の請求原因事実を解答用紙（その1）の

第2欄に記載しなさい。

　なお，いわゆる「よって書き」を記載する必要はない。また，記載に当たっては，次の記載例のように，要件事実ごとに適宜番号を付して整理して記載すること。

【記載例】

1　Aは，Bに対し，平成○年○月○日，△△を代金100万円で売った。

2　Cは，Aとの間で，上記同日，Bの上記売買代金債務を保証するとの合意をした。

3　……

小問(3)　本件訴訟において，主たる請求の請求原因事実に対してYの訴訟代理人として行うべきYの認否を，解答用紙（その1）の第3欄に記載しなさい。

　なお，記載に当たっては，「1は認める。」，「2のうち○○は認め，その余は否認する。」などのように，小問(2)において番号を付して整理した要件事実ごとに認否を記載すること。

小問(4)　本件訴訟において，Yの訴訟代理人として，主たる請求に関し，主張すべき抗弁の要件事実を，解答用紙（その1）の第4欄に記載しなさい。

小問(5)　本件訴訟において，Xの訴訟代理人として保全処分の手続を採ることとした場合には，どのような種類の保全処分を選択すべきか。結論及び理由（150字以内とする。）を解答用紙（その2）の第5欄に記載しなさい。

小問(6)　本件訴訟において，Xの訴訟代理人として，Yの認否を前提に別紙記載の〔Xの言い分〕3の事実を立証するために，どのような書証を提出することが考えられるか。解答用紙（その2）の第6欄に箇条書で記載しなさい。

第2問　第1問記載の事例において，司法書士A（簡裁訴訟代理関係業務を行うのに必要な能力を有する旨の法務大臣の認定を受けているものとする。）は，Xから本件訴訟の依頼がある前に，司法書士会の無料法律相談で，(1)Xからの賃貸借契約の解約通知書を持参したYから，同通知書を受けた後の対応について相談を受け，Yに法的手段について具体的に教示していた場合には，Xの訴訟代理人として本件訴訟を受任することができるか。また，(2)Yからの相談内容がYの自宅建物の登記手続に関するものであった場合には，Aは，Xの訴訟代理人として本件訴訟を受任することができるか。

　(1)及び(2)について，それぞれの結論及び理由を，解答用紙（その2）の第7欄に250字以内で記載しなさい。

第3問　司法書士B（簡裁訴訟代理関係業務を行うのに必要な能力を有する旨の法務大臣の認定を受けているものとする。）が，原告の訴訟代理人として，固定資産課税台帳の登録価格が100万円である土地について，所有権確認訴訟を提起した場合において，(1)被告が訴状受領後直ちに当該訴訟の地方裁判所への移送を申し立てたときは，Bは，訴訟代理人として当該訴訟を遂行することができなくなるか。また，(2)被告の(1)の申立てが，第1回弁論期日において訴状及び答弁書の陳述がされた後にされたときは，Bは，訴訟代理人として当該訴訟を遂行することができなくなるか。

　　(1)及び(2)について，それぞれの結論及び理由を，解答用紙（その2）の第8欄に150字以内に記載しなさい。

（別紙）
〔Xの言い分〕
1　私は，私が所有している建物（以下「本件建物」という。）に住んでいますが，5年ほど前に，その1階の西側の部分（以下「本件建物部分」という。）を貸そうと思い，借り手を探していたところ，Yから定食屋を営業するために本件建物部分を借りたいとの申入れがありました。

　　そこで，平成11年5月1日，私は，Yとの間で，賃料1か月10万円，賃貸期間を平成11年5月1日から3年間とする本件建物部分の賃貸借契約を締結し，同日，本件建物部分をYに引き渡しました。その後，Yは，厨房を設置するなどの改装を行い，同年7月ごろから定食屋の営業を始めました。

2　ところが，平成15年1月ごろから，Yの息子が店を手伝うようになって経営方針が変わったのか，居酒屋のように，いろいろな酒を置くようになり，カラオケまで入れて，夜遅くまで客が大声で騒いだりするようになりました。そのため，近所からの苦情も多く，私自身もうるさくて眠れないことがあります。

3　また，私は，平成15年6月に脳梗塞を発症して倒れ，2か月ほど入院した後，現在も通院治療を受けていますが，後遺症のため，歩行が困難になるなど日常生活に支障を来すようになってしまいました。そのため，自分の部屋に介護用のベッドを置いたり，新たにトイレを設置したりするなどの改造をしなければならなくなりましたし，私の日常生活の面倒をみるために，息子夫婦が一緒に住んでくれることになりました。

　　しかし，私が今住んでいる部分だけでは狭く，本件建物部分を使わないと，改造も，息子夫婦との同居もできません。そこで，私は，平成15年10月15日付けの内容証明郵便で，Yに対し，本件建物部分の賃貸借契約を解約する旨を通知し，この通

知は，平成15年10月16日にＹに到達しました。

4　しかし，Ｙは，その後6か月が経過しても，本件建物部分に居座り，そのまま定食屋を続けていましたので，私は，直ちに内容証明郵便で，Ｙに対し，賃貸借契約は終わっているのだから，すぐに出ていってくれと通知しました。

5　以上のとおりですから，Ｙとの賃貸借契約は，既に終わっているはずです。ですから，Ｙには，直ちに本件建物部分を明け渡してもらいたいと思います。なお，最近，見知らぬ人がＹの店を切り盛りしているのをよく見かけますが，もしかしたら，Ｙは，誰かに店を渡してしまうつもりなのかもしれません。

〔Ｙの言い分〕

1　Ｘの言い分1のうち，私がＸから本件建物部分を借り，定食屋を始めたことは間違いありません。

2　Ｘの言い分2のうち，平成15年1月ごろから私の息子が店を手伝うようになったこと，店でお酒を出していること及びカラオケを入れたことは間違いありませんが，店の経営方針は変わっていませんし，カラオケの使用は午後10時までと決めていますから，私の店のお客さんが夜遅くまで騒ぐようなことはなく，近所から苦情が来たという話も，Ｘが眠れないという話も聞いたことがありません。

3　Ｘの言い分のうち，賃貸借契約を解約する旨の通知が平成15年10月16日にＸから届いたことは確かですが，Ｘが脳梗塞を発症したことはよく知りません。しばしばＸを見かけますが，普通に歩いているようですから，歩行困難の後遺症があるとはとても思えません。また，Ｘの部屋が狭いことや息子夫婦と一緒に住む予定であることは知りませんが，以前から，Ｘと息子夫婦とは仲が良くないと聞いていますので，一緒に住むという話が本当なのか疑わしいと思います。

　私は，いわゆる脱サラをして本件建物部分で定食屋を始め，妻と二人で何とか経営して生計を立てていますから，賃貸借契約が終了してしまうと，私たちの生活が成り立ちません。また，私は，この定食屋の開店に際し，退職金，預貯金及び銀行借入れを合わせて800万円以上の資金を投入して設備投資を行いましたが，この定食屋の経営を始めてまだ5年程度しか過ぎていないので，今，本件建物部分を明け渡さなければならないとすると，この資金を回収することができなくなってしまいます。

4　Ｘの言い分4のうち，6か月経過後も本件建物部分で定食屋を経営していること及びＸから立ち退き要求の通知を受けたことは，間違いありません。

5　Ｘの言い分5のうち，見知らぬ人が私の店を切り盛りしているのを見かけるという点についてですが，最近，私の体調が良くないために，知人に定食屋を手伝って

もらっているだけです。

6　Xは，私が本件建物部分で定食屋を開くことを承知の上で私に本件建物部分を貸したのですから，今更，客がうるさいと難癖をつけ，また，それほど必要もないのに部屋を改造するなどと話を大きくして，賃貸借契約を解約するというのは，あまりに身勝手すぎると思います。私が本件建物部分をXに明け渡さなければならない理由などないはずです。

（参考条文）

借地借家法

（建物賃貸借契約の更新等）

第26条　建物の賃貸借について期間の定めがある場合において，当事者が期間の満了の1年前から6月前までの間に相手方に対して更新をしない旨の通知又は条件を変更しなければ更新をしない旨の通知をしなかったときは，従前の契約と同一の条件で契約を更新したものとみなす。ただし，その期間は，定めがないものとする。

2　前項の通知をした場合であっても，建物の賃貸借の期間が満了した後建物の賃借人が使用を継続する場合において，建物の賃貸人が遅滞なく異議を述べなかったときも，同項と同様とする。

3　（略）

（解約による建物賃貸借の終了）

第27条　建物の賃貸人が賃貸借の解約の申入れをした場合においては，建物の賃貸借は，解約の申入れの日から6月を経過することによって終了する。

2　前条第2項及び第3項の規定は，建物の賃貸借が解約の申入れによって終了した場合に準用する。

（建物賃貸借契約の更新拒絶等の要件）

第28条　建物の賃貸人による第26条第1項の通知又は建物の賃貸借の解約の申入れは，建物の賃貸人及び賃借人（転借人を含む。以下この条において同じ。）が建物の使用を必要とする事情のほか，建物の賃貸借に関する従前の経過，建物の利用状況及び建物の現況並びに建物の賃貸人が建物の明渡しの条件として又は建物の明渡しと引換えに建物の賃借人に対して財産上の給付をする旨の申出をした場合におけるその申出を考慮して，正当の事由があると認められる場合でなければ，することができない。

第4回認定考査

第1問　別紙記載のX及びYの言い分に基づき，以下の小問(1)から(6)までに答えなさい。

小問(1)　Xの訴訟代理人としてYに対して訴えを提起する場合の主たる請求及び附帯請求の訴訟物を，解答用紙（その1）の第1欄にそれぞれ記載しなさい。

小問(2)　小問(1)の訴訟（以下「本件訴訟」という。）において，別紙記載のXの言い分1及び2のみを聴取した段階で，Xの訴訟代理人としてYに対して主張すべき主たる請求及び附帯請求の請求原因事実を，解答用紙（その1）の第2欄にそれぞれ記載しなさい。

なお，いわゆる「よって書き」を記載する必要はない。また，記載に当たっては，次の記載例のように，主たる請求と附帯請求とを分けて，要件事実ごとに適宜番号を付して整理して記載すること。

【記載例】

（主たる請求）

1　Aは，Bに対し，平成17年○月○日，本件建物を月額○万円，期間を同年○月○日から平成20年○月○日までの約定で貸し付けた。

2　Aは，Bに対し，上記1の賃貸借契約に基づき，本件建物を引き渡した。

3　……

（附帯請求）

1　……

2　……

小問(3)　本件訴訟において，小問(2)の主たる請求の請求原因事実に対してYの訴訟代理人として行うべきYの認否を，解答用紙（その1）の第3欄に記載しなさい。

なお，記載に当たっては，「1は認める。」，「2は否認する。」などのように，小問(2)において番号を付して整理した要件事実ごとに認否を記載すること。

小問(4)　本件訴訟において，主たる請求に関し，Yの訴訟代理人として主張すべき抗弁の要件事実を，解答用紙（その1）の第4欄に記載しなさい。

なお，記載に当たっては，小問(2)と同様に，要件事実ごとに適宜番号を付して整理して記載すること。また，抗弁が複数ある場合には，抗弁ごとに分けて記載すること。

小問(5)　本件訴訟において，小問(4)のYの抗弁を前提に，Xの訴訟代理人としてす

べき主張を，解答用紙（その２）の第５欄に記載しなさい。

　　なお，主張の記載に当たっては，「弁済による貸金返還債務の消滅」等と記載すれば足り，その主張の要件事実は，記載する必要がない。

小問(6)　Ｘの訴訟代理人として，別紙記載のＸの言い分４の写真の証拠調べを申し出る場合に，裁判所に提出する証拠説明書に記載すべき立証趣旨及びその他の事項を，解答用紙（その２）の第６欄にそれぞれ具体的に記載しなさい。

第２問　第１問記載の設例において，甲司法書士法人の社員であった司法書士Ｂ（簡裁訴訟代理関係業務を行うのに必要な能力を有する旨の法務大臣の認定を受けているものとする。）は，甲司法書士法人を脱退した後に，Ｙから，本件訴訟の訴訟代理人となってもらえないかと依頼されたが，Ｂが甲司法書士法人の社員であった期間中に，甲司法書士法人が，第１問記載の事案について，Ｘから依頼を受けて裁判所に提出する書類を作成していた。この場合に，Ｂは，Ｙの訴訟代理人として本件訴訟を受任することができるか。結論及び理由を，解答用紙（その２）の第７欄に150字から200字程度で記載しなさい。

第３問　司法書士Ｃ（簡裁訴訟代理関係業務を行うのに必要な能力を有する旨の法務大臣の認定を受けているものとする。）が，原告の訴訟代理人として，工作機械の売買代金として60万円の支払を請求する訴えを簡易裁判所に提起する場合において，

⑴　Ｃは，訴え提起後，第１回口頭弁論期日までの間に，少額訴訟による審理及び裁判を求めることができるか。

⑵　上記の60万円の売買代金の支払を請求する訴えについて少額訴訟による審理が行われ，原告が勝訴判決を得た場合，Ｃは，原告の権利を実現するためにどのような手続を代理して行うことができるか。

⑶　上記⑵の場合において，訴訟が口頭弁論終結前に通常の手続に移行したときは，上記⑵の結論が異なるか。

　⑴から⑶までについて，それぞれの結論及び理由（⑵については理由を記載することを要しない。）を解答用紙（その２）の第８欄に簡潔に記載しなさい。

（別紙）

〔Ｘの言い分〕

１　私は，Ｙに対し，私の所有していた絵画（以下「本件絵画」といいます。）を代金130万円で売りましたので，Ｙにその代金の支払を求めます。

2　私は，趣味で絵画を収集していますが，平成12年1月下旬ころ，美術愛好家仲間のＡから，Ｙが本件絵画を買いたいと言っていると聞かされ，値段次第では売ってもよいと答えました。同年3月3日，Ａは，本件絵画の売買に関するＹ名義の委任状（同年1月15日付け）を持って私を訪ねて来ました。私は，Ａから提示された値段を聞いてその気になり，同年3月3日，ＡをＹの代理人として，本件絵画の売買契約を締結し，本件絵画をＡに引き渡しました。代金は，同月31日に一括して支払うという約束でした。

3　私は，ＹがＡへの代理権授与を撤回した話など，Ａからも，もちろんＹからも聞いておらず，そんなことは全く知りません。また，Ｙは，時効などと言っているようですが，Ａからは，そもそも本件絵画はＹの自宅の居間を飾るために購入するものだと聞いていました。確かに，Ｙは，レストランを経営していますが，アジアン系のＹのレストランに日本風の本件絵画を飾っても全然そぐわないと思います。

4　私は，本件絵画の売買契約をした後，すぐに海外勤務になりましたので，最近までＹに本件絵画の売買代金を請求せずにきてしまいましたが，平成17年4月15日，Ｙと会って話をしたところ，Ｙは，Ｙの委任状がＡに利用されて本件絵画の売買契約が締結されてしまったと言いつつ，本件絵画の売買代金の支払に代えて，Ｙ所有のブロンズ像を引き渡すと私に申し入れてきました。なお，このブロンズ像は，Ｙのレストランの中にあるとのことでしたので，私は，念のために，同月30日にＹのレストランに行き，そのブロンズ像の写真を撮ってきました。

5　以上のとおりですから，Ｙが今更，代理権がないとか時効とか言って，売買代金の支払を拒むのはおかしいと思います。ブロンズ像などいりませんから，早く本件絵画の売買代金を全額支払ってほしいと思います。

〔Ｙの言い分〕

1　私は，平成11年12月ころから，私が経営しているレストランを飾るのにちょうどよい絵画がないか探していましたが，平成12年1月15日，知り合いのＡから，Ｘ所有の本件絵画の写真を見せられ，買う気があるならＸに話をしてみますよと言われました。私は，その写真を見て，本件絵画がすっかり気に入りましたので，Ａに本件絵画の売買に関する代理権を与えました。

2　しかし，その後，レストランの資金繰りの問題もあり，本件絵画を購入する余裕はないと考え直し，平成12年2月15日，私は，Ａに対し，本件絵画の売買の話は打ち切るから，委任状を返してくれと言いました。

3　それにもかかわらず，Ａは，私の代理人と名乗って本件絵画の売買契約を締結してしまったそうですが，これは，Ａが私の知らないうちに勝手にしたことですし，

私とXとは面識がなかったにもかかわらず，Xから私の方へ確認の連絡もなかったのです。ですから，私に，その代金を支払う義務はないと思います。本件に関し，Aに詳しい事情を確認しようと思いましたが，Aは行方がわからなくなっており，どうしようもありませんでした。また，本件絵画の売買契約では，代金支払期限を平成12年3月31日とする約束だったということですが，私は，レストランに飾るために本件絵画を買うことを考えていたのですから，仮に，私とXとの間で本件絵画の売買契約が成立していたとしても，本件絵画の売買代金債権は，時効により消滅していると思います。そこで，私は，平成17年5月15日付けの内容証明郵便で，Xに対し，仮に本件売買契約が成立していたとしても，その代金全額について消滅時効を援用する旨を通知しました。この通知は，同月16日にXに到達しています。

4　なお，私は，平成17年4月15日に，Xと喫茶店で会って話をしましたが，上記の私の言い分を述べただけであり，本件絵画の売買代金の支払に代えてブロンズ像を引き渡すなどとは一言も言っていません。だいいち，私はブロンズ像など持っていません。

第5回認定考査

第1問　別紙記載のX及びYの言い分に基づき，以下の小問(1)から(6)までに答えなさい。

小問(1)　Xの訴訟代理人として別紙記載の本件建物の明渡しを求める訴えを提起する場合の主たる請求及び附帯請求の訴訟物を，解答用紙（その1）の第1欄にそれぞれ記載しなさい。

小問(2)　小問(1)の訴えに係る訴訟（以下「本件訴訟」という。）において，Xの訴訟代理人として主張すべき主たる請求の請求原因事実を，解答用紙（その1）の第2欄にそれぞれ記載しなさい。

なお，いわゆる「よって書き」を記載する必要はない。また，記載に当たっては，次の記載例のように，要件事実ごとに適宜番号を付して整理して記載すること。

【記載例】

1　Aは，Bに対し，平成○年○月○日，○○を代金○万円で売った。

2　Cは，Aとの間で，上記同日，上記売買契約に基づくBのAに対する代金支払い債務をCが保証するとの合意をした。

3　……

(1)　……

       (2)　……

小問(3)　本件訴訟において，小問(2)の主たる請求の請求原因事実に対してＹの訴訟代理人として行うべきＹの認否を，解答用紙（その１）の第３欄に記載しなさい。

　　　なお，記載に当たっては，「１は認める。」，「２から４までは否認する。」などのように，小問(2)において番号を付して整理した要件事実と認否との対応関係が明確になるように記載すること。

小問(4)　本件訴訟において，主たる請求に関し，Ｙの訴訟代理人として主張すべき抗弁の要件事実を，解答用紙（その１）の第４欄に記載しなさい。

　　　なお，記載に当たっては，小問(2)と同様に，要件事実ごとに適宜番号を付して整理して記載すること。また，抗弁が複数ある場合には，抗弁ごとに分けて記載すること。

小問(5)　本件訴訟において，小問(4)のＹの抗弁を前提に，Ｘの訴訟代理人として主張すべき再抗弁の要件事実を，解答用紙（その２）の第５欄に記載しなさい。

　　　なお，記載に当たっては，小問(2)と同様に，要件事実ごとに適宜番号を付して整理して記載すること。また，再抗弁が複数ある場合には，再抗弁ごとに分けて記載すること。

小問(6)　Ｘの訴訟代理人である司法書士Ａ（簡裁訴訟代理関係業務を行うのに必要な能力を有する旨の法務大臣の認定を受けているものとする。）が，小問(1)の訴えを提起する前に，Ｚの氏名及びＹとＺとの間で締結された賃貸借契約の内容を確認したい場合，訴え提起前の照会制度を利用してこれを行うことができるか。解答用紙（その２）の第６欄に，(1)その結論及び(2)行うことができる場合にはその制度を利用する際に司法書士Ａがとるべき具体的な手続を，行うことができない場合にはその理由を，それぞれ簡潔に説明しつつ，記載しなさい。

第２問　第１問記載の設例において，Ｘの訴訟代理人である司法書士Ａ（簡裁訴訟代理関係業務を行うのに必要な能力を有する旨の法務大臣の認定を受けているものとする。）は，訴外ＢからＸに対する動産引渡請求訴訟の訴状作成業務を依頼された。この場合，司法書士Ａは，これを受任することができるか。結論及びその理由を，解答用紙（その２）の第７欄に150字から200字程度で記載しなさい。

第３問　第１問記載の設例において，仮に，Ｙが本件訴訟に敗訴し，Ｙがこれに不服

であったとする。⑴司法書士Ｃ（簡裁訴訟代理関係業務を行うのに必要な能力を有する旨の法務大臣の認定を受けているものとする。）は，どのような場合にＹを代理して控訴の提起をすることができるか。また，⑵控訴の提起を代理することができる場合に，司法書士Ｃは，代理人として控訴状に控訴審における攻撃防御方法を記載することができるか。

　　⑴及び⑵について（⑵については，その結論及び理由を），それぞれ解答用紙（その２）の第８欄に簡潔に記載しなさい。

（別紙）

〔Ｘの言い分〕

1　私は，私が現在住んでいる家の敷地内に，いわゆる「離れ」と呼ばれる独立した建物（以下「本件建物」という。）を所有していますが，そこに住んでいた息子夫婦が近くに住居を構えて引っ越したため，本件建物を空き家にしておくのももったいなく，また，不用心だと思い，できれば信頼できる人に貸したいと考えていたところ，会社を経営している知人が，取引先の営業担当で借家を探しているというＹを紹介してくれました。知人の話によれば，Ｙとは仕事で３年程度つきあいがあるが，真面目で信頼できる人物であるということであり，また，私がＹに直接会ってみたところ，誠実そうな感じを受けましたので，Ｙであれば本件建物を貸してもいいと考え，Ｙとの間で，平成13年9月25日，賃料1か月7万円，毎月末日翌月分払い，賃貸期間を平成13年10月1日から平成16年9月30日までの３年間との約定で，本件建物の賃貸借契約を締結しました（以下，この契約を「本件賃貸借契約」という。）。なお，この際，私は，Ｙに対し，本件建物は私の家の敷地内にあって本来は親族等を住まわせるものであったこと，夜遅く騒いだりして近所に迷惑をかけては困ること，本件建物は木造で古いけれども私としては愛着があるので丁寧に扱ってもらいたいこと，したがって，本当に信頼できる人にしか貸すつもりのないこと，そのため，賃料を相場よりもかなり低くしていることなどを話したところ，Ｙは了解し，Ｙとしても賃料が低いのは非常にありがたいと思っているので，迷惑をかけるようなことはしないと約束してくれました。

　　平成13年10月1日，私は，Ｙに本件建物の鍵を渡し，同日，Ｙは，本件建物に入居しました。

2　その後，Ｙは，賃料の支払を怠ることもなく，また，約束どおりに，非常に丁寧に本件建物を使ってくれているようでしたので，私としてもいい人に貸すことができたと安心していました。

　　ところが，平成17年4月ころからだったと思いますが，知らない人が本件建物に

出入りするのを見かけるようになったため，Yに確認したところ，Yの会社の同僚のZであり，仕事で遅くなったときなどに本件建物の2階に泊まらせてあげているとのことでしたので，その程度であれば問題ないであろうと思っていました。

3　その後もZを見かけることが少なくなく，その度に，またYはZを泊まらせてあげたのかと思っていましたが，あまりに頻繁にZを見かけるので，不審に思うようになり，平成17年9月の初めころに，直接Zに事情を聞いてみたところ，同年4月半ばころから，本件建物の2階部分をYから借りてそこに住んでいるというのです。

　　　私は，驚いて，Yに対し，本件建物の2階部分をZに貸す話など聞いていないと言ったところ，Yは，4月に，Zに貸したいという話を私にして，私の了解をもらったはずだと言うのです。私は，4月の時点では，Yからは，泊まらせてあげているとだけ聞いており，Zに貸すなどという話は聞いたことがなく，ましてやZに貸すことを承諾した覚えもないので，「そんな承諾はした覚えがない。Zには，すぐに出て行ってもらいたい。」とYに告げました。

4　その後，様子を見ていましたが，相変わらずZをしばしば見かけましたので，Yは，私の申入れに従っていないと思いました。

　　　そこで，私は，平成17年10月3日，本件建物に出向き，Yに対し，本件建物の賃貸借契約を解除する旨を告げましたが，Yは，Zは同年9月末に本件建物から退去したと言って本件建物の明渡しに応じず，現在に至るまで，本件建物に住んでいます。

5　先ほども言いましたとおり，私としては，本当に信頼できる人にしか本件建物を貸すつもりはなく，そのために賃料も相場より低くしているのです。私に無断で私の全く知らない人に本件建物の2階部分を貸すようでは，今後，どういう人が本件建物に出入りするか分からず，困ります。実際，Zが本件建物に住むようになってから，夜遅くまで本件建物で大勢で騒いだりしているようなことが何回もありました。また，Yは，本件建物の使用方法に気を付けるようZに注意していたと言っているようですが，本件建物の2階から，ボールを壁に向かって投げつけているような物音が聞こえてきたこともありました。その音は，Yにも聞こえていたはずですが，同じことが何回も繰り返されていましたので，Yが本当にそんな注意をしていたか疑わしいと思います。

6　ですから，たとえ，私がYに解除すると言った際に，YとZとの間の賃貸借契約が終了していたとしても，一度，勝手な行動があった以上，もはやYを信頼することはできませんので，Yには，一刻も早く本件建物から出て行ってほしいと思います。なお，私は，Yに対して解除すると言ってから，Yから賃料を受け取らないことにしています。

〔Yの言い分〕

1 　私は，会社の取引先の社長の仲介で，平成13年10月1日から，本件建物に住んでいます。本件建物は，会社に比較的近いところにあり，交通の便もよく，そこそこの広さがあるのに，賃料が月額7万円と安いため，非常に有り難いと思っており，賃貸人であるXに対しては，これまで誠実に対応してきたつもりです。

2 　ところが，平成17年10月3日，Xは，突然，私が本件建物の2階部分を会社の同僚であるZへ無断で貸したから本件建物の賃貸借契約を解除すると言ってきたのです。確かに，私は，平成17年4月10日に，本件建物の2階部分を，Zに対し，賃料月額3万円で期間を定めずに貸しましたが，私は，同月5日，Xに対し，急な異動で転勤してきたZが適当なアパートを借りるまで，Zに本件建物の2階部分を貸したいときちんと話をしましたし，これに対して，Xは，「そういうことならいいですよ。」と承諾してくれました。仮に，その際にXが承諾してくれたというのが私の思い違いであったとしても，Zの話によれば，私がZに本件建物の2階部分を貸したいとXに話をした後も，Xは，頻繁にZと顔を合わせ，また，Zがスーパーの袋を下げて本件建物に戻ってくるところや本件建物の周りを掃除したりするところも見ていたとのことですので，Xとしても，Zが本件建物に住んでいることはわかっていたはずですが，Zが本件建物に住んでいる間，私もZも，Xから，無断で貸したとか，本件賃貸借契約を解除するとか言われたことはありません。それどころか，Xは，平成17年8月初めころに，私に，本件賃貸借契約の賃料を少し上げたいがどうかという相談をしてきたぐらいです。ですから，今更，無断で貸したとか，解除だとか言われても，私としても納得できません。

3 　Zへの賃貸は，2階部分のみの間借りにすぎず，また，Zが適当なところを借りるまでの短期間に限定されたものです。だから，私も，Zに貸したのですし，実際，平成17年9月末にはZとの賃貸借契約は終了し，Xが本件賃貸借契約を解除すると私に言ったときには，Zは，もう，別にアパートを借りてそちらに住んでいました。
　　また，私としても，Zに本件建物の2階部分を貸すことでXに迷惑をかけてはいけないと思い，Zに貸すに当たっては，Zに，本件建物の使用方法等についてくれぐれも気を付けるよう話をし，Zもこれに従ってくれていましたので，実際，本件建物の2階部分にZが住んでいたことで，Xに迷惑をかけるようなことはなかったと思います。Xは，本件建物で夜遅くまで大勢で騒ぐことがあったと言っているようですが，Zの仲間が来て，夜までパーティをすることがたまにあったとしても，夜10時ころまでには静かになっていたと思います。

4 　このように，今回のZへの賃貸については，私としては，Xに承諾してもらっていると思っていましたし，実際にもXに迷惑をかけることはありませんでしたので，

　Zへの賃貸を理由にXが本件賃貸借契約を解除することはできないと思います。

　なお，私は，平成17年11月分以降の賃料をXに支払っておりませんが，これは，私が同月分以降の賃料を毎月X宅へ持参しているのに，Xが本件賃貸借契約を解除したことを理由にその受領を拒否しているためですから，Xは，賃料不払いを理由に本件賃貸借契約を解除することもできないと思います。

第6回認定考査

第1問　別紙記載のX及びYの言い分に基づき，以下の小問(1)から(6)までに答えなさい。

　小問(1)　Xの訴訟代理人としてYに対して訴えを提起する場合の主たる請求の訴訟物を，解答用紙（その1）の第1欄にそれぞれ記載しなさい。

　小問(2)　小問(1)の訴訟（以下「本件訴訟」という。）において，訴状に記載すべき請求の趣旨（従たる請求については考慮しないものとする。）を，解答用紙（その1）の第2欄に記載しなさい。

　　　　なお，解答を作成するに当たっては，本件絵画（Xの言い分1参照）は単に「本件絵画」と記載すれば足りるものとする（以下第1問において同じ。）。

　小問(3)　本件訴訟において，別紙記載のXの言い分を聴取した段階で，Xの訴訟代理人としてYに対して主張すべき主たる請求の請求原因事実を，解答用紙（その1）の第3欄にそれぞれ記載しなさい。

　　　　なお，いわゆる「よって書き」を記載する必要はない。また，記載に当たっては，次の記載例のように，要件事実ごとに適宜番号を付して整理して記載すること。

　【記載例】

　　1　Aは，Bに対し，平成19年○月○日，本件建物を月額○万円，期間を同年○月○日から平成22年○月○日までの約定で貸し付けた。

　　2　Aは，Bに対し，上記1の賃貸借契約に基づき，本件建物を引き渡した。

　　3　……

　小問(4)　本件訴訟において，小問(3)の主たる請求の請求原因事実に対してYの訴訟代理人として行うべきYの認否を，解答用紙（その1）の第4欄に記載しなさい。

　　　　なお，記載に当たっては，「1は認める。」，「2は否認する。」などのように，小問(3)において番号を付して整理した要件事実ごとに認否を記載すること。

小問(5)　本件訴訟において，主たる請求に関し，Yの訴訟代理人として主張すべき抗弁の要件事実を，解答用紙（その1）の第5欄に記載しなさい。

　　　　なお，記載に当たっては，小問(3)と同様に，要件事実ごとに適宜番号を付して整理して記載すること。また，抗弁が複数ある場合には，抗弁ごとに分けて記載すること。

小問(6)　本件訴訟において，Yが本件委任状（Xの言い分2参照）を書証として申請した。Xの訴訟代理人がX本人に確認したところ，本件委任状を作成したのは自分自身であり，かつ，その署名は自らしたものであることは認めるが，本件委任状において「売却先の選定その他の行為についての代理権を付与する」とあるのは，美術商に本件絵画の売却の媒介等を委任する契約を締結することのみを認めた趣旨であり，本件絵画の売買自体の代理権の付与を含むものではないと述べた。この場合に，Xの訴訟代理人としては本件委任状についての書証の申出に対してどのような認否を行い，どのような立証活動を行うべきか。その内容と理由を，解答用紙（その2）の第6欄に300字以内で記載しなさい。

第2問　第1問記載の設例において，司法書士C（簡裁訴訟代理関係業務を行うのに必要な能力を有する旨の法務大臣の認定を受けているものとする。）は，Xの訴訟代理人としてYに対する訴訟を追行していたが，その訴訟の継続（ママ）中，Yから，筆界特定の申請を却下する決定に対する審査請求の手続において法務局に提出する書類の作成を依頼された。この場合には，Cは，当該書類の作成業務を受任することができるか。Xの同意を得たときは，どうか。結論及び理由を，解答用紙（その2）の第7欄に200字以内で記載しなさい。

第3問　第1問記載の設例において，XがYを相手方として本件絵画の占有移転禁止の仮処分の申立てをし，占有移転禁止の仮処分命令がされた。この場合に，司法書士D（簡裁訴訟代理関係業務を行うのに必要な能力を有する旨の法務大臣の認定を受けているものとする。）は，Yの委任を受けて，(1)保全異議の申立て及び保全異議に係る手続の代理をすることはできるか。また，その後，(2)さらに保全異議の申立てが却下された場合には，保全抗告の申立て及び保全抗告に係る手続の代理をすることはできるか。結論及び理由を，解答用紙（その2）の第8欄に記載しなさい。

（別紙）

〔Xの言い分〕

1　私は，以前，私の知人である高名な画家であるAに頼んで，風景画を描いてもらったことがありました。私は，その絵（以下「本件絵画」という。）を気に入りましたので，私の経営する会社の応接室に飾っておりました。なお，その会社は父親から引き継いだものですが，経営状況は，長らく良好であるとはいえず，毎月の資金繰りにも苦労しておりました。

2　そのような中で，平成18年7月1日，取引先である甲株式会社の社長であるBと私は，私の会社の応接室で話し込んでおりました。その内容は，甲株式会社に対する債務の弁済期が7月末に迫っているものの，何とか2か月ほど弁済の猶予をしてほしいというものでした。

　　しかし，Bは，なかなか色よい返事をしてくれず，これまでも再三にわたって協力をしてきており，これ以上の猶予は難しいと繰り返すばかりでした。そのような話しをしていたところ，Bは，ふと応接室の壁にかけてあった本件絵画を見て，「その絵はいい絵だと言っていたな。人に弁済の猶予を求めるのであれば，その前に，自分でできることはしっかりとやるべきではないのか。その絵だって売れば多少の足しになるだろう。」と言いました。

　　私は，それを聞いて，本当に困りました。本件絵画は，私の知人に好意で描いてもらったものだからです。私が渋っていますと，Bは，「私は，君も知っているとおり，絵画の収集が趣味で，美術商にも顔がきく。私に任せておけ。君に悪いようにはしないから，まずはいくら位で売れるかを調べてみるべきだ。気に入らなければ，やめてしまえばいいわけだし。」と言いました。そこまで言われては断れないので，「では，そうします。」と答えたところ，Bは，「それでは，一応，委任状をもらっておく方がいいな。こんな文面かな。」と言って，机の上に置いてあった紙に手書きで文面を書き始めました。Bは，「委任状」との標題を記載し，さらに，その下に「私は，Bに対し，A作の「○○」と題する絵画の売買に関する代理権を付与します。」と記載しました。私は，このような表現ですと，あたかも売買そのものをお任せしているような感じがし，不安になりましたので，「これは画商に媒介などをお願いするもので，実際に売ることにするかなどは，私が決められるのですよね。」と聞いたところ，「もちろんだ。この絵を勝手に二束三文で売ってしまったら，君も怒るだろうからな。君が最後は決めるんだよ。少し直そうか。」と言って，「売買に関する」とある部分を二重線で消した上で，その下に，「売却先の選定その他の行為についての」と記載しました。私は，これなら，紹介された売却先を見て断ることもできそうだし，万が一，本当にいい売却先があれば本当に売ること

もあるかもしれないと考え，「分かりました。」と答えました。そして，直ちに，ワープロでそのとおりの書面を作成し，これに私の名前を署名した上で，Bにこの委任状（以下「本件委任状」という。）を手渡しました。Bは，本件委任状を受け取り，本件絵画とともに持ち帰ったのです。なお，このようなやり取りがありましたので，Bには，弁済を2か月猶予してもらっております。

3　その後，平成18年8月22日，私が町を歩いていますと，Yの営む画廊のショーウィンドウに本件絵画が飾られているのを偶然に見つけました。私は，BはYに対して本件絵画の販売媒介を任せることにしたのかと思い，Yのことは前から知らないわけでもありませんでしたので，Yの店に入ったのです。すると，私の顔を見たYがにこにこしながら，「今回は，ありがとうございました。」と言うので，「まだ，売却先は見つかっていないのですよね。」と答えると，Yは不思議そうな顔をしながら，「いや，私がこの絵を買わせていただきました。いずれ，しかるべき方に売却したいとは思っているのですが，とりあえず，店先に飾ることにしたんですよ。」と言うのです。私は，大変驚いて，「ちょっと待ってください。私は，この絵の売却は了承していませんよ。そもそも，私と契約もしていないですよね。何かの間違いではないですか。」と言いました。すると，Yは，「よく分からないのですが，Bさんが代理されて売買契約を締結しました。委任状も拝見しましたよ。3日前に売買契約も締結しましたし，ちょうど，今日，売買代金をBに支払いました。」と言うのです。

そこで，Yから，本件絵画の売買契約書を見せてもらったところ，確かに，Bが私を代理して平成18年8月19日付けで本件絵画を代金100万円で売却するとの内容になっています。私は，直ちにその売買契約書のコピーをもらい，その日の夜に，Bのところに赴きました。すると，Bは，「何を言っているんだ。幾つか知り合いの美術商に感触を聞いてみたが，100万円というのは破格といっていい値段だったぞ。こんな値段で売れて感謝してほしいな。この100万円についてはまだ弁済してもらっていない私の債権と相殺することにしようと思って，今，まさに，君の会社に電話をしようとしていたんだ。」と言うのです。

私は，「いくら100万円であっても，私に無断で売却してしまうのはひどいじゃないですか。とにかく，売却までお願いしたつもりはありません。」というと，Bは，憮然とした顔で「いや，私は，2，30万円程度であれば君の承諾を得る必要があると思っていたし，それは君に話したとおりだけど，100万円であれば私の一存で売ってしまって構わないと思ったのだが……。いずれにしても100万円で売れたんだから，感謝してほしいところだ。」と言って，取り合ってくれませんでした。

4　実は，その後，私の会社の業績が持ち直したこともあり，Bの経営する会社に対

する支払も，Ｂが相殺したいと言っていた100万円分を含めてきちんと済ませています。そのため，もうＢに気兼ねすることもありませんので，私としては，何としても，本件絵画を返してほしいのです。

　Ｙは，「こちらもきちんと買ったものである以上，簡単にはお返しできません。既に，この絵を買いたいという人も現れていますし，もし，どうしても，と言うなら130万円をいただければお返しします。」と言うのです。しかし，私には，何の落ち度もありません。むしろ，Ｙは，私に確認をすればＢに本件絵画を売却する権限がなかったことはすぐに分かったのに，何も私に問い合わせてこなかったわけですし，私はＢから100万円を受け取っておりませんし，相殺処理もされていませんから，Ｂに払った100万円はＹがＢから取り返せばいいことです。確かに，本件絵画の売買は絵画の売買としてはそれほど高額の取引でもないと思います。しかし，それとこれとは別問題です。私としては，是非，本件絵画を返してほしいと思います。

〔Ｙの言い分〕

1　Ｘが言うように，平成18年8月19日まで，本件絵画をＸが所有していたのはそのとおりです。しかし，私はその日に本件絵画をＸから購入しておりますので，本件絵画の現在の所有者は私です。Ｘから本件絵画を返してほしいと言われて，私も正直言って迷惑しています。

2　私は，本件絵画の売買についての代理権がＢに付与されていることは，本件委任状を見て確認した上で，Ｂとの間で，平成18年8月19日に，本件絵画の売買契約を締結したものです。今になって，売買については代理権を与えていないとか，そんなつもりではなかったと言われても困ります。実は，平成16年ころのことになりますが，ＸはＢに対してある骨董品の売却の代理をお願いしていたことがあり，私のところにも当時話がありました。ＸとＢとは，以前からそのような関係でしたから，今回も売却の代理をＢにお願いしていたのではないでしょうか。おそらく，本件絵画が130万円くらいで売れそうだという話をどこからか聞きつけて惜しくなったのではないでしょうか。

　また，少なくともＸがＢに対して本件絵画の売却のための媒介契約を美術商との間で締結することは委任していたわけであり，むしろ，私こそが被害者です。そもそも，ＸとＢとの間で具体的な代理権の範囲に認識の不一致はあったわけで，それは，ＸとＢとの間で解決すべきことですし，私を巻き込むのは筋が通らないと思います。

3　なお，実は，本件絵画については既に数人の顧客から引き合いが来ており，今申し上げたように，130万円程度で売れる見込みもあるのです。私としては，商売で

すから，これと同額で買っていただけるのであれば，Ｘにお返しするのもやぶさかではありませんが，そうでなければ，本件絵画をＸにお返しすることはできません。

　なお，平成18年10月3日，Ｂの会社の工場が失火により全焼する事故が起きたのです。その後，Ｂとの連絡も取りにくくなっておりますし，Ｂは破産するのではないかと噂されている状況なのです。

4　Ｘにとっては，本件絵画のことは重要なことかもしれませんが，100万円程度の絵画の売却などはよくあることで，特に高額の取引でもありません。この件にこれ以上煩わされたり，挙げ句にはＸからいろいろと非難されるのは心外です。

第7回認定考査

第1問　別紙1記載のＸ（法務二郎）及びＹ（法務太郎）の言い分に基づき，以下の小問(1)から(6)までに答えなさい。

　小問(1)　Ｘの訴訟代理人としてＹ及びＺ（法務一郎）に対する請求を併合して訴えを提起する場合の主たる請求の訴訟物を，解答用紙（その1）の第1欄にそれぞれ記載しなさい。

　小問(2)　小問(1)の訴訟（以下「本件訴訟」という。）において，訴状に記載すべき請求の趣旨を，解答用紙（その1）の第2欄に記載しなさい（なお，付随的申立ては除く。）。

　小問(3)　本件訴訟において，別紙1記載のＸの言い分を聴取した段階で，Ｘの訴訟代理人としてＹに対して主張すべき主たる請求の請求原因事実を，解答用紙（その1）の第3欄にそれぞれ記載しなさい。

　　なお，いわゆる「よって書き」を記載する必要はない。また，記載に当たっては，次の記載例のように，要件事実ごとに適宜番号を付して整理して記載すること。

　【記載例】

　1　Ａは，Ｂに対し，平成○○年○月○日，～した。

　2　Ａは，Ｂに対し，～した。

　3　……

　小問(4)　本件訴訟において，小問(3)の主たる請求の請求原因事実に対してＹの訴訟代理人として行うべきＹの認否を，解答用紙（その1）の第4欄に記載しなさい。

　　なお，記載に当たっては，「1は認める。」，「2は否認する。」などのように，小問(3)において番号を付して整理した要件事実ごとに認否を記載するこ

と。

小問(5)　本件訴訟において，主たる請求に関し，Yの訴訟代理人として主張すべき抗弁の要件事実を，解答用紙（その1）の第5欄に記載しなさい。

　　　なお，記載に当たっては，小問(3)と同様に，要件事実ごとに適宜番号を付して整理して記載すること。また，抗弁が複数ある場合には，抗弁ごとに分けて記載すること。

小問(6)　本件訴訟において，Xの訴訟代理人は，別紙2を書証として提出した。この場合において，Yの訴訟代理人が別紙1記載のYの言い分に沿った主張をしたとき，Xの訴訟代理人としては，この書証についてどのような主張を行い，どのような立証活動を行うべきか。その内容と理由を，解答用紙（その2）の第6欄に300字以内で記載しなさい。

第2問　第1問記載の設例において，次の各場合，訴額はどのように算定されるか，その結論及び理由を，解答用紙（その2）の第7欄に200字以内で記載しなさい。

①　Xの貸した元金額が80万円であった場合において，Y及びZに対する請求を併合して訴えの提起をするとき

②　Xの貸した元金額が130万円であった場合において，Zのみを被告として，同人に対する訴えを提起するとき

第3問　仮に，第1問記載の設例において，既にYの訴訟代理人として受任していた司法書士A（簡裁訴訟代理関係業務を行うのに必要な能力を有する旨の法務大臣の認定を受けているものとする。）が，共同被告であるZから「私のために，この事件の準備書面を書いてもらいたい。」と依頼されたとする。この場合において，ZがXY間の契約の成立を認めているとき，Aは，Zからの上記依頼を受任することができるか。その結論及び理由を，解答用紙（その2）の第8欄に記載しなさい。

（別紙1）

〔Xの言い分〕

1　私は，会社員をしている者です。身内の話で多少，気後れするところがあるのですが，実家で農業をしている兄Zとその息子Yがお金を支払ってくれず，本当に困っています。私は，若いころ実家を出てしまい，会社員となったわけですが，私の兄Zは，学校を出ると実家に残り，いわば家業ともいうべき農業をしていました。どちらかと言えば，若い頃から好きなように振る舞わせてもらった私としては，兄

Zを応援したい気持ちもあって，農業を営む兄Zに対し，何とか都合がつく限り，お金を貸すことがしばしばありました。ただ，これらについては，その都度，返済を受けてきました。

2　私もそろそろ，定年が近づいてきた平成17年8月ころ，お盆休みで帰省したとき，兄Zも体力的な衰えを感じていたようで，これからは，その息子Yに農業を任せるという話になりました。ただ，そうは言っても，農業を営む上での社会的信用というものは，兄Zが築いてきたものですから，農業を営む上で必要な肥料や機械等の購入などでは，兄Zがかかわることが皆無になったわけではありませんでした。

3　そんな中，平成17年12月ころ，兄Zから相談があると言われ，実家に行きました。話によれば，「息子Yは，農業をがんばっているが，なかなかうまくいかないようだ。近々，トラクターの更新時期を迎えるのだけれども，年末のこともあり，いろいろと物入りで，用立てが難しい。ついては，頭金だけでも良いので，私に，60万円を貸してもらいたい。」と言われました。正直，私の生活も楽な方ではなく，60万円もの金額を現金で用立てできるような余裕もないので，突然の申出にとまどいがありましたが，兄Zのたっての頼みとあれば，むげに断るわけにもいかず，煮え切らない態度でいたところ，「おまえも私も年を取ったし，いろいろ心配なことが出てくるのは，当然だ。だから，ちゃんと一筆用意するし，返済期限を怠るようであれば，年1割の損害金も付ける。何しろ，実際には，息子Yが使うことになるトラクターを調達するための頭金なんだから，息子Yの連帯保証も付ける。だから，何とか，用立ててくれないか。」と懇願されました。いよいよ，どうしようかと思ったのですが，Zにそこまで言われてしまうと，仕方ないか，という気持ちになり，よそからお金を工面してでも，兄Zにお金を貸すことにしました。

4　こうして，私は，平成17年12月20日ころ，妻の親類から工面した60万円を，返済期限を平成18年6月末日限りとして貸しました。そのとき作られたのが，別紙2の契約書です。契約書に署名などをするところを見ていたわけではありませんが，この契約書を見てもらえば，きちんと，Yの連帯保証があることがわかります。兄Zにお金を貸した日と同じ日だと思いますが，私が，兄Zの家に行った際に，Yと会ってきちんと話をして，Yと兄Zの借入れについて連帯保証をすることを合意したと記憶しています。だから，Yは契約書の連帯保証人欄に署名，押印したのだと思います。仮に，Y名義の署名，押印を兄ZがYに代わって行ったのだとしても，少なくとも，兄Zとは，同日，確実に話をし，書面のやりとりをしていますので，兄Zは，平成17年12月20日ころには，Yに代わって，兄Zの借入れにつきYが連帯保証をする旨の合意をする権限を与えられていたはずです。

5　その後，平成18年6月末日を過ぎても，兄Zからは，お金を返してもらえません

でした。それでも，私は，すぐに取立てをするようなことはしないで兄Ｚ，Ｙが進んで支払ってくれることを待っておりました。ただ，兄Ｚは，その後，入院したとも聞きましたし，平成19年になっても，何の返済もないので，やむなく，平成19年6月末日ころ，Ｙに対し，こちらの懐事情も話してお金を返してもらいたいと言ったのですが，Ｙは，「そんなのは知らない。」というばかりでした。そこで，先ほどの契約書を見せたのですが，基本的に態度が変わることはなく，「まずは，親父Ｚに言ったらどうか。」とはぐらかし，連帯保証をしたのにそれはないだろう，と切り返すと，Ｙは，最後には怒り出す始末で，全くらちが明きませんでした。

6　私からしてみれば，妻の親類から借財してまで何とかお金を工面し，ほかでもない兄Ｚの頼みだと思って，お金を貸したのに，裏切られたような気分ですし，今のままでは，妻にも言い訳のしようがありません。結局，私からのお金で，平成18年4月末日ころ，トラクターを買い換えているのですから，Ｙにしても，不誠実だと思います。ただ，兄Ｚ，Ｙにしたって，そんなに余裕のある状態ではないこともわからないではないです。ですから，私が貸した60万円と，せめて，平成19年6月末日までの1年分の約定遅延損害金だけで満足ですから，その支払を求めたいと思います。どうかよろしくお願いします。

〔Ｙの言い分〕

1　Ｘは，私が同居の父親Ｚの借入れについて，連帯保証したなどと言っているようですが，そんなことはありえません。

2　私とＸとのつきあいは，これまで，ほとんどないという状態であり，盆暮れに父親Ｚに会いに来るのを見かけるという程度の印象です。ですから，Ｘと私が連帯保証の契約を結ぶということはないと思います。確かに，父親Ｚには，平成17年8月ころにも私の代わりに必要なものを買ってもらうなど，協力してもらっていましたが，父親Ｚは，年齢の問題もあって，そのころから農業から一歩退き，実質的に私が切り盛りするようになりました。ですから，私が父親Ｚに私の代わりに連帯保証契約を結ぶことを頼むことはありません。

3　平成19年になって，Ｘから契約書なるものを見せられたことがあります。契約書の連帯保証人欄には，私の名前が書いてありますが，私の字ではないように思いますし，父親Ｚの字のように見えます。ただ，父親Ｚが入院したとき，父親Ｚから，「実は，Ｘからお金を工面してもらったことがある。ただ，Ｘも大変そうで，知り合いからお金を借りて工面してくれたようだ。そのために，保証人として名前だけ使わしてもらったから。」と言われたことを思い出しました。このときは，父親Ｚは，私に対し，Ｘから形だけでいいと頼まれて十分相談して作ったものだから，と

にかく安心してくれ，と繰り返していました。私は，何のことか全くわからず，無視したのです。これが，もし，本件でXが言っている私の連帯保証のことだとしたら，本当は，こんな言い方はしたくないのですが，Xと父親Zは，十分に相談の上で，実体のない嘘の契約書を形だけ作り上げておいたということになると思います。

4　平成18年4月末日ころ，農業に使うトラクターを買い換えました。その頭金元金60万円は，父親Zが業者に支払ったのを覚えています。だから，父親Zは，実際に，Xからお金を借りたのかもしれません。でも，Xも，父親Zからよく生活費として，お金を借りていました。父親ZがXから受け取った60万円は，父親Zが平成17年12月20日までにXに対して貸したお金の弁済として受け取ったもののようにも思うのですが，結局のところ，よく分かりません。

5　父親Zは，先日倒れ，現在，入院中ですが，とてもやさしい家族思いの父親です。そういえば，自宅にXが父親Zあてに出した領収書が何通かあったことを思い出しました。仮に，父親Zが，Xの言うような内容でお金を借りていたとしても，誠実な父ことですから，返済期限である平成18年6月末日には，間違いなく全額弁済しています。なんだかんだと言い立てて，今まで世話になってきた父親Zに対して金銭の支払を逆に要求するということに憤りを感じていますし，私が金銭の支払をするいわれもないように思います。

（別紙２）

金銭消費貸借契約書

1　貸主法務二郎（以下「甲」という。）は，借主法務一郎（以下「乙」という。）に対して，本日，金60万円（以下「元金」という。）を貸しました。

2　乙は，甲に対して元金を平成18年6月末日限り，支払うことを約束します。

3　もし，乙が元金を期限に返済しないときは，乙は，甲に対し，元金について年1割の割合で遅延損害金を支払います。

平成17年12月20日

甲（住所）※※市▽▽▽3-1-205

（氏名）　法務二郎　㊞

乙（住所）○○県××郡△△町□□52

（氏名）　法務一郎　㊞

連帯保証人（住所）○○県××郡△△町□□52

（氏名）　法務太郎　㊞

第8回認定考査

第1問　別紙1記載のX及びYの言い分に基づき，以下の小問(1)から(7)までに答えなさい。

小問(1)　Xの訴訟代理人としてYに対して訴えを提起する場合の訴訟物を，解答用紙（その1）の第1欄に記載しなさい。

小問(2)　小問(1)の訴訟（以下「本件訴訟」という。）において，訴状に記載すべき請求の趣旨を，解答用紙（その1）の第2欄に記載しなさい（なお，付随的申立ては除く。）。なお，小問(3)のなお書きの②は，小問(2)についても適用するものとする。

小問(3)　本件訴訟において，Xの訴訟代理人として主張すべきYに対する請求の請求原因事実を，解答用紙（その1）の第3欄に記載しなさい。

　　　　なお，いわゆる「よって書き」は記載する必要はない。また，記載に当たっては，次の記載例のように，①要件事実ごとに適宜番号を付して整理して記載し，②物件目録・登記目録については，「別紙物件目録記載（省略）の……」などとし，その具体的詳細については記載を要しない（以下，小問(5)及び小問(6)において同じ。）。

【記載例】
1　Aは，平成○○年○月○日，別紙物件目録記載（省略）の土地を占有していた。
2　Aは，Bに対し，平成○○年○月○日，〜した。
3　Aは，Bに対し，〜した。
4　……

小問(4)　本件訴訟において，Yの訴訟代理人として行うべき請求原因事実に対するYの認否を解答用紙（その1）の第4欄に記載しなさい。

　　　　なお，記載に当たっては，「1は認める。」，「2は否認する。」などのように，小問(3)において番号を付して整理した要件事実ごとに認否を記載すること。

小問(5)　本件訴訟において，Yの訴訟代理人として主張すべき抗弁の要件事実を解答用紙（その1）の第5欄に記載しなさい。なお，抗弁が複数ある場合には，抗弁ごとに分けて記載すること。

小問(6)　本件訴訟において，Xの訴訟代理人として主張すべき再抗弁の要件事実を解答用紙（その1）の第6欄に記載しなさい。なお，再抗弁が複数ある場合には，再抗弁ごとに分けて記載すること。また，再抗弁については，平成21

年6月1日の本件口頭弁論期日において主張がされたものとする。

小問(7)　Xが，Yに対し，Yが持っていた「『売上帳』と記載されたノート」を見せてほしいと頼んだところ，Yが「店に置いてあるが，見せる必要はない。」として断ったとする。本件訴訟において，Xの訴訟代理人として，この帳簿を証拠として裁判所に提出するには，訴訟法上どのような方法を採り得るか。解答用紙（その2）の第7欄に記載しなさい。

第2問　第1問記載の設例において，Yが，本件訴訟の第1回口頭弁論期日において，「平成20年12月23日に，Xからヴァイオリンを120万円で購入したことは認める。」と陳述をし，その後，Yから本件訴訟を受任した司法書士A（簡裁訴訟代理関係業務を行うのに必要な能力を有する旨の法務大臣の認定を受けているものとする。）が，Yが（ママ）事情聴取した結果，「Xからヴァイオリンを120万円で購入したというのは間違いだった。ヴァイオリンの代金は20万円であった。」と聞いたとする。この場合司法書士Aは，第2回口頭弁論期日において，Yの説明に沿って，ヴァイオリンの売買代金につき争う旨の主張をすることはできるか。解答用紙（その2）の第8欄に350字以内で記載しなさい。

第3問　第1問記載の設例において，Xの訴訟代理人として甲司法書士法人が本件訴訟を受任したものとする。(1)その後，同じ甲司法書士法人の使用人である司法書士B（簡裁訴訟代理関係業務を行うのに必要な能力を有する旨の法務大臣の認定を受けているものとする。）が，Yから本件訴訟の代理人となってほしいと頼まれた場合，司法書士Bは，本件訴訟を受任することができるか。また，(2)上記司法書士Bに対するYからの依頼が，成年被後見人であるYの父親が死亡したことに伴う後見終了の登記手続であった場合はどうか。

　　　(1)及び(2)について，それぞれ結論及び理由を，解答用紙（その2）の第9欄に記載しなさい。

（別紙1）

〔Xの言い分〕

1　私は，現在東京に住んでいますが，軽井沢に別荘（以下「本件建物」という。）を所有しています。本件建物は，父（M）が昭和50年ころに知人のNから600万円でその敷地（以下「本件土地」という。）とともに購入したものであると聞いています。父は，平成5年4月に他界し，私は，本件土地及び本件建物（以下，併せて「本件土地建物」という。）を一人で相続しました。

2 私は，現在住んでいる建物の1階で，平成3年ころから，洋菓子屋を経営していますが，店内も古くなりましたので，平成19年12月ころ，店内の改装を行うこととしました。店内の改装には，約500万円かかるという見積もりを業者からもらいましたが，自己資金は400万円しか準備できなかったため，普段小麦粉の仕入れで付き合いのあったYから，残りの100万円を借りることにしました。

　　Yは，「100万円を貸してもよいが，1年後の平成20年12月28日までには返してほしい。日ごろの付き合いもあるので，利息はいらないが，万が一のことがあると困るので，担保を付けてほしい。」と言い，私は，Yの求めに応じて，本件建物に別紙2登記事項証明書のとおり抵当権を設定することにしました。現在私が住んでいる土地建物には，既に抵当権が目一杯ついており，これ以上抵当権を付けることはできませんでした。

3 店内改装は，平成20年2月に終了し，お客様にもおしゃれな雰囲気になったと好評で，また，雑誌にも「注目のおしゃれケーキ屋特集」として取り上げていただくなどしたことから，売り上げも大幅に増えました。私は，手元資金の余裕もできたことから，Yに借りていた100万円を返済するため，平成20年9月3日，Yの自宅に赴き，「ありがとうございました。昨年，店の改装資金としてお借りした100万円です。遅くなりましてすみませんでした。つきましては，軽井沢の別荘に付いている担保を消してください。」と言い，Yに直接100万円を手渡しました。Yは，「分かりました。後はこちらで手続をさせていただきます。」と言い，現金の入った封筒を内ポケットに入れました。

4 私が，本件建物の抵当権が消えていないことに気づいたのは，平成21年4月のことです。私の息子が同年3月に，専門学校を卒業し，パティシエの資格を取りました。私の息子は子供のころから私のそばでケーキ作りを学んでいましたし，高校卒業後2年間にわたり，フランスの著名なパティシエ養成学校に留学させておりましたので，親ばかと思われるかもしれませんが，ケーキ作りの腕前は確かであり，本件建物を改装し，私の店の支店として開業してもらおうと思っていました。また，ゆくゆくは本件土地建物の所有権は息子に移し，名実ともに軽井沢支店の支店長として切り盛りしてもらおうと考えていました。そこで，Yがきちんと抵当権を抹消してくれているか，ちょうどいい機会なので確認をしておこうと思い，本件建物の登記事項証明書を取り寄せました。すると，抵当権は抹消されておらず，平成19年12月に登記をしたままになっていました。Yとは長年小麦粉の仕入れで付き合いがあり，個人的にも自宅を行き来する中だったので信頼をし，本件建物に付いている抵当権についても，Yがきちんと消してくれているものだと思い込んでいました。当時は，法律の知識も全くなく，Yが抹消の手続をしてくれると言ったので，うか

つにも信用してしまいました。

5　私は，すぐにYに連絡をし，抵当権を抹消するようお願いしましたが，Yは，「100万円は小麦粉の仕入れ代金として受け取ったもので，借金は返してもらっていない。」などと言っています。私は小麦粉の仕入れ代金は，仕入れの都度，Yに渡していますので，Yの言い分は全く筋が通らないと思います。なお，Yは，小麦粉を私の店に搬入し，代金を受け取る度に，「売上帳」と記載されたノートにメモを取っていましたので，それを見れば私がきちんと仕入れの度に代金を支払っていることが分かるかもしれません。

6　ところで，話は少し変わりますが，平成20年12月23日，自宅に友人を招き，クリスマスパーティーを行い，Yも参加しました。その際，Yが，今に飾ってあったヴァイオリンを見て，「素晴らしいヴァイオリンだ。年代物で，少し手入れをすれば，まだいい音が出るだろう。もし，使っていないのであれば，娘にプレゼントをしたいので，120万円で譲ってくれないか。」と言いだしました。そのヴァイオリンは，3年前に妻とウィーンに旅行した際，骨董品屋で，30万円くらいで旅行の記念に買ったものでしたが，Yがどうしても欲しいというので，妻と相談した上，120万円で売ることにしました。Yは，「代金は，年明けに年始の挨拶のときにでも持ってくるから。」などと言い，ヴァイオリンを片手に帰っていきましたが，いまだにYからヴァイオリンのお金はもらっていません。

　　Yは，100万円の借金の返済をしなければ，本件建物の抵当権は消さないなどと言っていますが，私は100万円は間違いなく返していますし，さらにYはヴァイオリンの代金も払っておらず，そのようなことを言う資格はないと思います。ただ，私が，ウィーンでヴァイオリンを買った際の値段は，30万円ぐらいでしたので，訴訟を起こしてまで120万円を支払ってほしいという気持ちはありません。しかし，法律のことはよく分かりませんが，司法書士の先生から，ヴァイオリンの代金を支払ってもらう権利を使えば，本件建物についている抵当権を消してもらうこともできるという話も聞きましたので，そのようにしていただいても構いません。

7　いずれにせよ，本件建物に付いている抵当権を早く消してほしいと思います。

〔Yの言い分〕

1　私は，平成3年ころから，国産の良質の小麦粉をパン屋やケーキ屋などに卸す仕事をしています。輸入物に比べると大分価格は高く，また，近年の小麦価格の上昇の影響もあり，正直いって経営は順風満帆とは言い難い状況です。

2　Xとは，平成6年ころからの付き合いで，知人の紹介で，小麦粉の搬入をさせていただくようになりました。Xとは，クラシック音楽やワインなどの趣味が共通で，

意気投合し，お互いに自宅を行き来するような仲になりました。

3　Xの言い分1のうち，本件土地建物がXの父親が昭和50年ころに知人Nから購入したものであるという話は，Xから聞いたことはありますが，本当かどうかよく分かりません。ただ，本件建物に抵当権を設定してもらった際に，登記簿を確認したところ，平成5年4月に，Xの父親から相続してXの所有となったと書いてありましたので，そのころから現在に至るまでXのものであるという事実は間違いないと思います。

4　Xの言い分2のうち，Xの店の改装資金が足りないので，Xから100万円を貸してほしいと言われ，平成19年12月28日に，1年後の平成20年12月28日までに返すという約束で，100万円を貸したこと，また，利息は取らないが，本件建物に抵当権を付けてもらったことは間違いありません。

5　Xは，100万円は既に返済したので，本件建物に付いている抵当権を消してほしいなどと言っていますが，私は，まだ100万円は返してもらっていません。たしかに，Xが，平成20年9月3日，私の自宅を訪れた際，現金で100万円を持ってきたことはあります。しかし，そのお金は，小麦粉の代金としてもらったものです。Xの言うとおり，いつもは小麦粉の代金は，仕入れの都度その場で支払ってもらっていますが，平成20年8月下旬ころにXの店に小麦粉を搬入した際は，Xが「今日は忙しくて銀行に行く時間がなかった。代金は，来週にでも自宅に持っていく。」と言ったので，私も「分かりました。」と応じました。そして，1，2週間後，Xは，私の自宅を訪れ，「この間は，すみませんでした。」と言い，現金で100万円持ってきました。したがって，この100万円は，小麦粉の代金として受け取ったもので，平成19年12月に貸した100万円は，まだ返してもらっていません。

6　Xの言い分6のうち，平成20年12月23日にXの自宅で開かれたクリスマスパーティーにおいて，私が，Xの自宅の居間に飾ってあった古いヴァイオリンを買ったことは間違いありません。その日は大分酔っぱらっており，いくらで買うこととしたのかよく覚えていません。しかし，後日，娘と近所の楽器屋に行き，修理を頼んだところ，お店の人から，「このヴァイオリンの価値は，せいぜい10万か20万くらいじゃないか。」と言われましたので，Xが120万円で売りつけたとしたら，ひどいと思います。修理代金も7，8万円かかったので，Xにヴァイオリンの代金を支払うとしても，せいぜい20万円くらいしか払うつもりはありません。

(別紙２)

権　利　部	（甲区）	（所有権に関する事項）	
順位番号	登記の目的	受付年月日・受付番号	権利者その他の事項
1	所有権保存	昭和49年5月10日 第2121号	所有者　長野県北佐久郡軽井沢町大 　　　字軽井沢1000番地１　Ｎ
2	所有権移転	昭和50年3月1日 第1123号	原因　昭和50年3月1日売買 所有者　東京都世田谷区南一丁目１ 　　　番１号　Ｍ
3	所有権移転	平成5年4月20日 第1234号	原因　平成5年4月5日相続 所有者　東京都武蔵野市吉祥寺新町 　　　10番地　Ｘ

（建物の表題部）省略

権　利　部	（乙区）	（所有権以外の権利に関する事項）	
順位番号	登記の目的	受付年月日・受付番号	権利者その他の事項
1	抵当権設定	平成19年12月28日 第4649号	原因　平成19年12月28日金銭消費貸 借同日設定（事項省略） 抵当権者　東京都千代田区大手町一 　　　丁目１番地　Ｙ

これは登記記録に記録されている事項の全部を証明した書面である。

平成21年6月1日

　　　　　　　長野地方法務局●●支局　　　　　　登記官　　法　務　一　郎　㊞

第９回認定考査

第１問　別紙記載のＸ及びＹの言い分に基づき，以下の小問(1)から(8)までに答えなさ
　　　い。なお，附帯請求については，民法所定の法定利率によるものとする。

　小問(1)　Ｘの訴訟代理人としてＹに対して訴えを提起する場合の主たる請求の訴訟
　　　　　物を，解答用紙（その１）の第１欄に記載しなさい。

　小問(2)　小問(1)の訴訟（以下「本件訴訟」という。）において，訴状に記載すべき請
　　　　　求の趣旨を，解答用紙（その１）の第２欄に記載しなさい（附帯請求も含む。
　　　　　なお，付随的申立ては除く。）。

　小問(3)　本件訴訟において，Ｘの訴訟代理人として主張すべきＹに対する主たる請
　　　　　求及び附帯請求の請求原因事実を，解答用紙（その１）の第３欄に記載しな
　　　　　さい。

　　　　　　なお，いわゆる「よって書き」を記載する必要はない。また，記載に当
　　　　　たっては，次の記載例のように，主たる請求と附帯請求を分けて，要件事実

ごとに適宜番号を付して整理して記載するものとするが，附帯請求についての要件事実のうち，主たる請求の要件事実と同一のものについては，適宜，主たる請求についての記載を引用してもよい。

【記載例】

（主たる請求）

1　Aは，平成○○年○月○日，Bに対し，弁済期を平成△△年△月△日として，100万円を貸し付けた。

2　Bは，平成●●年●月●日当時，本件土地を所有していた。

3　……

（附帯請求）

1　……

2　……

小問(4)　本件訴訟において，Yの訴訟代理人として行うべき主たる請求の請求原因事実に対するYの認否を解答用紙（その1）の第4欄に記載しなさい。

なお，記載に当たっては，「1は認める。」，「2は否認する。」などのように，小問(3)において番号を付して整理した要件事実ごとに認否を記載すること。

小問(5)　本件訴訟において，主たる請求に関し，Yの訴訟代理人として主張すべき抗弁の要件事実を，解答用紙（その1）の第5欄に記載しなさい。

なお，抗弁が複数ある場合には，抗弁ごとに分けて記載すること。また，抗弁については，平成22年6月1日の本件口頭弁論期日において主張がされたものとする。

小問(6)　本件訴訟において，主たる請求に関し，Xの訴訟代理人として主張すべき再抗弁の要件事実を，解答用紙（その1）の第6欄に記載しなさい。なお，再抗弁が複数ある場合には，再抗弁ごとに分けて記載すること。

小問(7)　本件訴訟を提起する前に，Xの訴訟代理人として保全処分の手続を採ることとした場合には，どのような保全処分を選択すべきか。結論及び理由を解答用紙（その2）の第7欄に記載しなさい。

小問(8)　本件訴訟において，Yの訴訟代理人として，換気の不具合の原因についての立証方法として，D社が有する情報を利用したいと考えた場合に，訴訟手続上どのような方法を採ることが考えられるか。解答用紙（その2）の第8欄に具体的に記載しなさい。

第2問　第1問記載の設例において，Yの訴訟代理人Pは，Y及びAと打合せの上，

Aが請負代金を受領するとされたこと等を立証するために，Aの証人尋問を申し出て，Aの証人尋問が実施された。ところが，証人尋問において，Aは，Xの主張に沿った供述をしたとする。

この場合，裁判所は，Aの証人尋問の結果をYの立証趣旨にかかわらず，Xに有利な証拠として採用することができるか。また，Pは，Aの証人尋問実施後に，この申出の撤回をすることができるか。結論及び理由を解答用紙（その2）の第9欄に300字以内で記載しなさい。

第3問　第1問記載の設例において，司法書士Q（簡裁訴訟代理関係業務を行うのに必要な能力を有する旨の法務大臣の認定を受けているものとする。）は，Xから本件訴訟について依頼される前に，(1)司法書士会の無料法律相談で，Xから請負代金の請求をされていることについて，Yから今後の対応について相談を受け，採り得る法的手段を具体的に教示していた場合に，Xの訴訟代理人として本件訴訟を受任することができるか。また，(2)Yから，Zに対する100万円の貸金返還請求訴訟を受任し，ZがYに対し80万円を支払うとする和解を成立させ，ZからYに80万円が支払われ，Qが報酬を受け取っていた場合はどうか。

(1)及び(2)について，それぞれ結論及び理由を解答用紙（その2）の第10欄に記載しなさい。

（別紙）

〔Xの言い分〕

1　私は，平成3年ころから，大阪府堺市で，リフォームの仕事をしています。最近は，中古マンションを購入して，内装をきれいにリフォームするお客さんもいて，不景気と言われているものの，何とかやっている状況です。

2　平成21年の12月ころ，知人のAからYを紹介されました。Aは，昔からの知り合いの建設業者で，お客さんを紹介したり，されたりしています。また，よく一緒に飲みにいったりもしており，プライベートでも付き合いがあります。Aによれば，Yは，Aの取引先の木材の販売業を営むB株式会社（以下「B社」という。）の専務で，大阪市都島区C町1－502号の中古マンション（以下「本件マンション」という。）を購入したので，リフォーム業者を探しているとのことでした。

3　12月19日に，B社の事務所で，Yと打合せを行ったところ，本件マンションの購入でローンを組んでおり，そんなにお金はかけられないとのことだったので，居室全体のクロスの張替えと浴室のユニットバスへの交換をするリフォーム工事を100万円で請け負いました。居室全体のリフォームであることから，工事が終わるまで

は入居ができないのですが，Ｙは，翌年1月中旬には，入居したいとのことでしたので，工事期間は，1月3日から11日までとすることにしました。代金の支払時期については，特に取り決めをしたことはなかったと思います。

4　私は，Ｙから本件マンションの鍵を預かり，正月休みを返上して，1月3日から1月11日までの間，リフォーム工事を行い，予定通り工事を完成させました。そして，翌日の12日には，Ｙの立会いの下，本件マンションを引き渡し，鍵も返却しました。Ｙは，リフォームの仕上がりに満足した様子で，「機会があれば，また頼むよ。」と言ってくれましたので，私もお客さんに喜んでもらえてよかったと思っていました。また，このときに請求書もＹに渡しています。

5　ところが，3月になっても，Ｙから代金が支払われなかったため，3月10日にＹに電話をしたところ，Ｙは「100万円は，Ａに支払った。」と言って，代金の支払をしてくれません。私は，Ｙが本当にＡに100万円を払ったのかどうかも疑問に思いましたが，Ａが預かってくれているのかもしれないと思い，とりあえず，Ａに尋ねてみたところ，Ａは，Ｙから100万円の振込みがあったが，Ｙとの間に個人的な貸し借りがあったので，返してもらったにすぎないと言っていました。Ａが私にうそをつくはずがありませんし，いずれにせよ，私が行ったリフォーム工事の代金をＡに支払う理由は全くないと思います。

その後，私は，何度もＹに電話をしたのですが，Ｙは，全く取り合ってくれないので，やむなく，司法書士の先生にお願いすることにしたのです。

6　ところで，Ｙは，浴室の換気が悪く，なかなか乾燥しないと言っているようですが，そのようなことはありません。工事終了後に，ちゃんと換気がされていることは確認していますので，単なる言いがかりではないかと思います。仮に，今回のリフォーム工事による換気に問題があり，その原因が，本件マンションの換気口にＤ社製の浴室乾燥機の換気扇のタイプが合わないことであるとしても，Ｄ社製の浴室乾燥機を設置したのは，ＹからＤ社製の浴室乾燥機を使ってくれと言われ，仕方なく使ったものであり，いまさら，Ｙに文句を言われる筋合いのものではありません。

7　とにかく，私としては，早く100万円を払ってもらいたいということに尽きますが，昨今の金融危機の影響で，Ｂ社も資金繰りに窮しているとのうわさもあり，Ｙには，本件マンション以外に資産もないようです。そうは言っても，本件の100万円が回収できなければ，私も困りますので，何とかよろしくお願いします。

〔Ｙの言い分〕

1　私は，山林から切り出した材木を仕入れ，神社や仏閣を建築する業者などに卸すＢ社の専務をしています。専務と言っても，社員が5人程度の小さな会社ですから，

そんなたいそうなものではありません。私どもの扱っている材木は高級品で，通常の材木に比べると単価はかなり高いのですが，いわゆる神社仏閣の建替えには，好んで使われていることから，それなりの需要はあります。ただ，近年の不景気の影響もあり，お寺さんも懐事情が苦しいようで，最近は，新規工事もなく，私どもに発注があまりないのも事実です。

2　Xには，Aの紹介で，今回のリフォーム工事をしてもらいました。以前は，大阪府河内長野市内の一軒家に住んでいましたが，子どもも独立して夫婦二人の生活になったことから，あまり広い家に住んでいても仕方がないので，これを機に，大阪市内の本件マンションに引っ越すことにしたのです。不動産業者の仲介で，平成21年11月30日に，Eから，本件マンションを1500万円で購入することに決めました。本件マンションの購入資金は，河内長野の家の売却代金の一部に加え，F銀行からの借入れを充てており，12月15日には全額支払済みで，登記も済んでいます。本件マンションは，銀行の担保に入っていますが，借入れをした額は，そんなに大きなものではありません。

3　12月19日に，Xと打合せをして，リフォームの内容の話もしましたが，趣味のゴルフの話で盛り上がり，Xの人柄も信頼できそうだったので，Xにお願いすることにしました。リフォーム工事の内容と代金や工事期間は，Xの言うとおりで間違いありませんが，代金の支払時期は，引渡し後1か月以内とすることにしました。ただ，すべてが口頭で，契約書のようなものは作っていないので，あまり細かいことまで覚えているわけではありません。

4　1月12日に引渡しを受けましたが，きれいな仕上がりに感心しました。中古マンションだったので，購入時には，多少不安もあったのですが，リフォームで新築そっくりのようになり，浴室乾燥機もついて，浴室の使い勝手も良さそうだったので，Xに頼んでよかったと思ったものです。

5　その後，1月20日ころ，Aが当社の事務所に来た際に，Aから，「実は，Xに対して貸金債権があり，昨日，Xとの間で，あなたに対する100万円の代金は私が受け取り預かっておくこととなったので，私に支払ってほしい。」と言われました。あまり，詳しい事情は聞かなかったのですが，XとAは，かなり親密のようで，取引関係もあるようですから，Aの言っていることに間違いはないだろうと思いました。そこで，私は，1月31日に，Aの事務所に100万円を持参して，リフォーム工事の代金をAに支払いました。

　　Xは，私とAとの間に個人的な貸し借りがあるかのようなことを言っていますが，私は，Aからお金を借りたことはなく，Aがそんなことを言うはずがありません。

6　ところで，本件マンションに入居した後に気がついたのですが，浴室乾燥機を設

置したにもかかわらず，浴室の換気が悪く，なかなか乾燥しないのです。これは，D社製の浴室乾燥機を設置した場合，本件マンションの換気口に換気扇のタイプが合わず，換気扇がちゃんと機能していないことが原因のようです。契約を解除したり，損害賠償を求めるつもりまではないのですが，仮に，Aに100万円を支払ったことが法的に問題であったとしても，少なくとも，換気扇を直してもらうまでは，Xに代金を支払いたくありません。

　また，私の方から，D社製の浴室乾燥機にしてほしいと言ったことはありません。Xに，D社製の浴室乾燥機を勧められたので，D社製の浴室乾燥機にしましたが，換気に不具合が生じる可能性があるのであれば，D社製の浴室乾燥機にすることはありませんでした。Xは，自分の責任を棚上げにして，私のせいにしようとしているのではないでしょうか。

7　ともかく，私としては，既に代金は支払済みであり，XとAとの間の問題に私を巻き込まないでくれというのが私の偽らざる気持ちです。新居に越してきて，心機一転，仕事も頑張ろうと思っていた矢先にこんなことになり，本当に心外です。

（参考条文）

民法
（請負）
第632条　請負は，当事者の一方がある仕事を完成することを約し，相手方がその仕事の結果に対してその報酬を支払うことを約することによって，その効力を生ずる。

（報酬の支払時期）
第633条　報酬は，仕事の目的物の引渡しと同時に，支払わなければならない。ただし，物の引渡しを要しないときは，第624条第1項の規定を準用する。

（請負人の担保責任）
第634条　仕事の目的物に瑕疵があるときは，注文者は，請負人に対し，相当の期間を定めて，その瑕疵の修補を請求することができる。ただし，瑕疵が重要でない場合において，その修補に過分の費用を要するときは，この限りでない。

　　2　注文者は，瑕疵の修補に代えて，又はその修補とともに，損害賠償の請求をすることができる。この場合においては，第533条【同時履行の抗弁】の規定を準用する。

第635条　仕事の目的物に瑕疵があり，そのために契約をした目的を達すること

ができないときは，注文者は，契約の解除をすることができる。ただし，建物その他の土地の工作物については，この限りでない。

（請負人の担保責任に関する規定の不適用）

第636条　前２条の規定は，仕事の目的物の瑕疵が注文者の供した材料の性質又は注文者の与えた指図によって生じたときは，適用しない。ただし，請負人がその材料又は指図が不適当であることを知りながら告げなかったときは，この限りでない。

第10回認定考査

第１問　別紙１記載のX及びYの言い分に基づき，以下の小問(1)から(9)までに答えなさい。

　小問(1)　Xの訴訟代理人としてYに対して訴えを提起する場合の主たる請求及び附帯請求として最も適切な訴訟物を，解答用紙（その１）の第１欄に，それぞれ記載しなさい。

　小問(2)　小問(1)の訴訟（以下「本件訴訟」という）において，訴状に記載すべき請求の趣旨を解答用紙（その１）の第２欄に記載しなさい（附帯請求を含む。なお，付随的申立ては除く。）。

　小問(3)　本件訴訟において，Xの訴訟代理人として主張すべきYに対する主たる請求及び附帯請求の請求原因事実を解答用紙（その１）の第３欄に記載しなさい。なお，いわゆる「よって書き」は記載する必要はない。

　　　また，記載に当たっては，次の記載例のように，主たる請求と附帯請求とに分けて，要件事実ごとに，適宜，番号を付して整理して記載するものとするが，附帯請求の要件事実のうち，主たる請求の要件事実と同一のものについては，適宜，主たる請求についての記載を引用してもよい。

【記載例】

（主たる請求）

1　Aは，平成○○年○月○日，Bに対し，弁済期を平成△△年△月△日として，100万円を貸し付けた。

2　Bは，平成●●年●月●日当時，本件土地を所有していた。

3　……

（附帯請求）

1　主たる請求の１に同じ。

2 ……

小問(4)　本件訴訟において，Yの訴訟代理人として行うべき主たる請求の請求原因事実に対するYの認否を解答用紙（その1）の第4欄に記載しなさい。なお，記載に当たっては，「1は認める」，「2は否認する」などのように，小問(3)において番号を付して整理した要件事実ごとに認否を記載すること。

小問(5)　本件訴訟において，Yの訴訟代理人として主張すべき抗弁の要件事実を解答用紙（その1）の第5欄に記載しなさい。なお，抗弁が複数ある場合には，抗弁ごとに分けて記載すること。

小問(6)　本件訴訟において，Xの訴訟代理人として主張すべき再抗弁の要件事実を解答用紙（その1）の第6欄に記載しなさい。なお，小問(5)において記載した抗弁が複数ある場合には，そのうちのどの抗弁に対するものかを明示して記載すること。また，再抗弁が複数ある場合には，再抗弁ごとに分けて記載すること。

小問(7)　仮に，別紙2記載の賃貸借契約に「（特約）」がなかったとした場合には，Xの訴訟代理人として本件訴訟を提起する前に，どのような措置を採るべきか。採るべき措置の内容及びその理由を解答用紙（その2）の第7欄に記載しなさい。

小問(8)　Xの訴訟代理人として本件訴訟を提起する前に，主たる請求に関し，保全処分の手続を採るかどうかを検討した結果，保全処分の手続を採らないこととしたとする。Xの訴訟代理人として検討すべき保全処分とそのような保全処分を検討した理由を解答用紙（その2）の第8欄に記載しなさい。また，そのような保全処分の手続を採らないこととした理由を併せて記載しなさい。

小問(9)　仮に，本件建物の明渡しについての訴訟の目的の価額が140万円以下であり，Yの未払賃料が平成22年6月分から平成23年3月分までの10か月分であったとする。Xから本件訴訟の依頼を受けた司法書士P（簡裁訴訟代理等関係業務を行うのに必要な能力を有する旨の法務大臣の認定を受けているものとする）は，Xを代理して本件訴訟を提起することができるか。結論及び理由を解答用紙（その2）の第9欄に記載しなさい。

第2問　第1問記載の設例において，Yが支出した本件建物の修繕費用について，Yは，Xに対し，修繕費用の支払いを求める別訴を提起することができるか。結論及び理由を解答用紙（その2）の第10欄に250字以内で記載しなさい。なお，記載に当たっては，本件訴訟における抗弁との関係を論ずること。

第3問　第1問記載の設例において，Xの訴訟代理人として甲司法書士法人が本件訴訟を受任したとする。同法人の使用人であるQは，同法人がXの訴訟代理人として本件訴訟を提起した後に，簡裁訴訟代理等関係業務を行うのに必要な能力を有する旨の法務大臣の認定を受け，同時に，同法人を退職して独立した。司法書士Qが，Yから本件訴訟の代理人となってほしいと頼まれた場合に，司法書士Qは，本件訴訟を受任することができるか。結論及び理由を解答用紙（その2）の第11欄に記載しなさい。

（別紙1）
〔Xの言い分〕
1　私は，平成元年ころ，不動産業者の勧めに従って，所有している土地上に事務所用の3階建てのビルを建てて，テナントに貸していました。当初は，景気もよく，需要も多かったので，すぐに満室になったのですが，その後，駅から離れていることもあり，だんだんテナントも減っていき，空室が出るようになりました。とはいえ，それなりに賃料収入があり，資産の活用としては大変役に立っていました。

2　しかし，平成15年ころには，事務所の空室が多くなってきたので，不動産業者の勧めに従って，1階部分（以下「本件建物」という）については，飲食店用の店舗としても貸し出すことにし，借り手を探していたところ，囲碁仲間のAが知人のYを紹介してくれました。Yの話によれば，Yは，居酒屋を経営しているところ，今後は炭火焼鳥屋が有望だと考え，新規に店を探しており，できる限り長期間借りたいと考えているし，居酒屋経営のノウハウを持っているため，賃料が払えなくなるようなことはないと思うとのことだったので，Yに賃貸することにしたのです。そして，平成18年8月21日，Yとの間で，賃料1か月15万円，毎月末日当月分払い，賃貸期間を平成18年9月1日から平成23年8月31日までの5年間とする本件建物の賃貸借契約（以下，この契約を「本件賃貸借契約」という）を締結し，別紙2のとおり，賃貸借契約書を作成しました。

3　平成18年9月1日，私は，Yに本件建物の鍵を渡し，Yは，同日から，本件建物に，開店に必要な器材の搬入や改装をして，同月15日から焼鳥屋を開店しました。開店時には，私も開店祝いの花輪を送っています。

4　その後，Yの焼鳥屋は順調に繁盛しているようで，私も何度か知り合いと一緒に食事をしに行くなどして利用しており，Yが賃料の支払いを怠ることはありませんでした。

5　ところが，今まで毎月振り込まれていた賃料が，平成22年10月分から突然振り込まれなくなりました。最初は，単に事務的なミスだろうと思っていたのですが，翌

月分の賃料も振り込まれなかったことから不安になりました。しかし，Yの焼鳥屋は相変わらずお客が入っているようであり，私も，仕事が忙しく，特にYに何かを言うこともせず，そのままにしてしまっていました。

6　しかし，平成23年4月になっても，10月分以降の賃料が全く振り込まれなかったことから，さすがにどうしたものかと思い，Yの焼鳥屋に電話をかけたところ，Yの従業員が，賃料は支払わないことになっていると言うのです。

7　私は，Yの従業員が言っている意味が理解できず，Yと直接話をしようと思っていたところ，平成23年4月15日に，Yから取って付けたように，雨漏りによる修繕費用と未払賃料を相殺するという内容の郵便が来たのです。気の長い私もついに堪忍袋の緒が切れて，同月20日，本件建物に出向き，Yに対し，本件賃貸借契約を解除する旨を告げました。ところが，Yは，本件建物の明渡しに応じず，現在に至るまで本件建物で焼鳥屋を営んでおり，営業をやめる素振りもありませんし，出ていくつもりはないと言っています。

8　Yは，雨漏りの修繕費用の代わりとして，賃料の支払いの免除を受けたと主張しているようですが，そんな話をしたことはありません。そもそも，2階や3階のテナントから雨漏りがするなどという話を聞いたことがないのですから，1階にある焼鳥屋が雨漏りするなど到底考えられません。

　　仮に，雨漏りをしていたのが事実であったとしても，賃貸借契約書では，Yが，本件建物の修繕義務を負うことになっていますので，Yの言っていることは，言い掛かりにすぎません。

9　ですから，非は100パーセントYにありますし，賃貸借契約が終了した以上，貸した物は返してもらわなければなりません。Yには一刻も早く本件建物から出て行ってほしいと思います。今となっては，焼き鳥を焼く際の煙も気に入らないですし，Yに本件建物を貸すのではなかったと後悔しています。ちなみに，私は，Yに対して解除すると言ってからYから賃料を受け取らないことにしていますが，訴訟になった際には，Yには，未払賃料も含めて，本件建物の明渡しまでの全額を支払ってほしいと思っています。

〔Yの言い分〕

1　私は，平成10年ころから，脱サラして，飲食店を営んでいます。当初，開店した居酒屋がそこそこもうかっていたことから，次は，炭火で焼く焼鳥屋を出店しようと思っていたところ，居酒屋の常連客のAから，知人であるXが飲食店のテナントを募集しているという話を聞いたので，本件建物を見に行ったところ，それなりにお客さんも入りそうな立地だったので，本件建物を借りて焼鳥屋を出店することに

して，別紙2のとおり賃貸借契約を締結したのです。

2　焼鳥屋の売上げは，開店当初から順調で，それなりに利益を上げていました。ところが，平成22年9月ころ，大型台風が直撃して，本件建物に雨漏りがするようになりました。お客さんが焼き鳥を食べているところに雨漏りがしては大変ですので，修繕費用は後でXに請求すればよいだろうと思い，すぐに修繕業者を呼んで本件建物を見てもらい，同年10月2日に必要な修繕工事をしてもらったのですが，ビル自体の経年損耗がひどく，修繕費用に90万円も掛かってしまいました。この費用については，同月5日に私が修繕業者に支払っています。

3　雨漏りによる修繕費用については，私が負担すべきものとは思えませんでしたので，同月10日ころ，たまたま，私の店に食事に来ていたXに，雨漏りによる修繕費用が90万円も掛かってしまったので何とかしてほしいと相談したところ，修繕に掛かった費用の分は本件賃貸借契約の賃料を免除すると言われたので，それであれば問題ないと思い，平成22年10月分から当分の間は賃料の振込みをしないように従業員に指示しておきました。

4　平成23年4月になって，賃料の支払いを再開しなければならないと思っていたところ，Xから賃料の件について電話があったようです。私は，6か月分の賃料が免除されていると思ってはいましたが，Xが何か勘違いをしていると困ったことになると思い，念のため，Xに対して，雨漏りの修繕費用と6か月分の賃料を相殺することを書面に記載して郵送しました。この郵便の配達記録によれば，平成23年4月15日にXの自宅に配達されたことになっていますが，Xからは何の連絡もありませんでした。

5　ところが，同月20日に，Xが突然私のお店にやってきて，いきなり，賃料の支払いがされていないので本件賃貸借契約を解除すると言って，本件建物の明渡しを求めてきたのです。

6　私としては，順調に経営している焼鳥屋を閉めて出て行くつもりは毛頭ありませんし，雨漏りによる修繕費用と賃料については，既にXとの間で話がついているものと思っていますから，賃料の不払いを理由として突然建物の明渡しを求められていることには全く納得がいきません。また，賃貸借契約書には私が本件建物を修繕をする旨の条項がありますが，雨漏りについては，ビル自体の問題ですから，私が修繕費用を全額負担するというのはひどい話だと思います。

7　Xには，度々，焼鳥屋を利用してもらっていただけに，今回のようなことになって，本当に残念です。なお，平成23年4月分以降の賃料は，Xが受け取ってくれないので，支払っておりませんが，いつでも支払えるように準備はしてあります。

（別紙２）

建物賃貸借契約書

賃貸人Ｘ（以下「甲」という）と賃借人Ｙ（以下「乙」という）とは，次のとおり，建物賃貸借契約を締結する。

第１条　甲は，別紙（略）記載の甲の所有する建物（以下「本件建物」という）を乙に賃貸し，乙はこれを賃借する。

第２条　賃貸借の期間は，平成18年9月1日から平成23年8月31日までとする。

第３条　賃料は，月額金15万円とし，乙は，毎月末日までに当月分を甲の指定する銀行口座に振り込む方法により支払うものとする。

　　　　2　甲は，経済事情の変動，公租公課の増額，近隣建物の賃料との比較等により，その賃料が不相当となったときは，賃料の増額をすることができるものとする。

第４条　乙は，本契約の履行を担保するため，敷金として金50万円也を甲に差し入れるものとする。

第５条　乙は，本件建物を飲食店以外の目的には使用しないものとする。

第６条　乙は，本件建物を改装することができるものとするが，本件建物の柱，屋根，土台，壁等の主要部分に変更を加えることはできないものとする。

第７条　本件建物に関する公租公課及び電気，水道，ガス等の使用料は，全額乙が負担する。

第８条　本件建物の毀損，汚損，滅失等に関する修繕は，乙が負担するものとする。

第９条　本契約終了後は，乙は，本件建物を賃貸借契約成立時の原状に回復した上で，甲に明け渡すものとする。

第10条　本契約に関する紛争については，甲の住所地を管轄する簡易裁判所を第一審の管轄裁判所とする。

（特約）

　　乙が，2か月分以上の賃料の支払いを怠ったときは，甲は，何ら催告を要することなく，直ちに本契約を解除することができる。

　　以上，本契約成立の証として，本書を二通作成し，甲乙は，記名捺印の上，それぞれ一通を保管する。

平成18年8月21日

　　　　　　　　　　　（甲）　住　　所　　　A県B市C町1丁目2番3号
　　　　　　　　　　　　　　　氏　　名　　　　X　　　　㊞
　　　　　　　　　　　（乙）　住　　所　　　A県B市D町2丁目3番4号
　　　　　　　　　　　　　　　氏　　名　　　　Y　　　　㊞

第11回認定考査

第1問　別紙記載の〔Xの言い分〕及び〔Yの言い分〕に基づき，以下の小問(1)から
　　　(8)までに答えなさい。

小問(1)　Xの訴訟代理人としてYに対して訴えを提起する場合の主たる請求及び附
　　　　帯請求として最も適切な訴訟物を解答用紙（その1）の第1欄に記載しなさ
　　　　い。

小問(2)　小問(1)の訴え（以下「本件訴え」という）の訴状に記載すべき請求の趣旨
　　　　（附帯請求を含み，付随的申立てを除く。）を解答用紙（その1）の第2欄に記
　　　　載しなさい。

小問(3)　本件訴えに係る訴訟（以下「本件訴訟」という）において，Xの訴訟代理
　　　　人として主張すべきYに対する主たる請求及び附帯請求の請求原因事実を解
　　　　答用紙（その1）の第3欄に記載しなさい。
　　　　　なお，いわゆる「よって書き」は記載することを要しない。
　　　　　また，記載に当たっては，次の【記載例】のように，主たる請求と附帯請
　　　　求とに分けた上，要件事実ごとに，適宜，番号を付して整理して記載するも
　　　　のとするが，附帯請求の要件事実のうち，主たる請求の要件事実と同一のも
　　　　のについては，適宜，主たる請求についての記載を引用しても差し支えない。
　　　　【記載例】
　　　　（主たる請求）
　　　　1　Aは，平成○○年○月○日当時，本件土地を所有していた。
　　　　2　Bは，本件土地を占有している。
　　　　3　……
　　　　（附帯請求）
　　　　1　主たる請求の1に同じ。
　　　　2　……

小問(4)　本件訴訟において，Yの訴訟代理人として行うべき主たる請求の請求原因

事実に対するＹの認否を解答用紙（その１）の第４欄に記載しなさい。

なお，記載に当たっては，「１は認める」，「２は否認する」などのように，小問(3)において番号を付して整理した要件事実ごとに記載すること。

小問(5)　本件訴訟において，Ｙの訴訟代理人として主張すべき抗弁の要件事実を解答用紙（その１）の第５欄に記載しなさい。なお，抗弁が複数ある場合には，抗弁ごとに分けて記載すること。

小問(6)　本件訴訟において，Ｘの訴訟代理人として主張すべき再抗弁の要件事実を解答用紙（その１）の第６欄に記載しなさい。

なお，小問(5)において記載した抗弁が複数ある場合には，そのうちのどの抗弁に対するものであるのかを明示して記載すること。また，再抗弁が複数ある場合には，再抗弁ごとに分けて記載すること。

小問(7)　Ｘの訴訟代理人として本件訴えを提起しようとしたところ，Ｙが既に住居から引っ越し，勤務先も退職して，行方不明になっていることが判明した。この場合において，Ｙに対する訴状等の送達をどのような方法によって行うことになるのかについて，その送達の方法及び当該送達を行うためにＸの訴訟代理人として準備すべき資料を解答用紙（その２）の第７欄に記載しなさい。

小問(8)　本件訴訟において，Ｙの主張が認められてＸの請求が棄却される場合に備えて，Ｘの訴訟代理人として検討すべきＡに対する手続及び当該手続を執った場合にＡに及ぶ効力を，解答用紙（その２）の第８欄に140字以内で記載しなさい。

第２問　第１問の設例において，司法書士Ｐ（簡裁訴訟代理等関係業務を行うのに必要な能力を有する旨の法務大臣の認定を受けているものとする）が，Ｘの訴訟代理人として本件訴訟を追行していたとする。本件訴訟の係属中に，Ｙから訴額150万円の反訴が提起されたところ，司法書士Ｐは，Ｘから，このまま簡易裁判所において審理を継続してほしいと言われた。この場合に関し，まず本訴の訴訟代理人が反訴に関する訴訟行為を行うことにつき，本訴原告から特別の委任を受ける必要があるかどうかを論じた上で，本件訴訟において，司法書士ＰがＸの訴訟代理人として当該反訴に関する訴訟行為を行うことができるかどうかについて，結論及びその理由を解答用紙（その２）の第９欄に記載しなさい。

第３問　第１問の設例において，司法書士Ｑ（簡裁訴訟代理等関係業務を行うのに必要な能力を有する旨の法務大臣の認定を受けているものとする）が，Ｘから，本件訴

訟の訴訟代理人となってほしいと頼まれたとする。①Qが，過去において，A及びYから，Aを登記権利者とし，Yを登記義務者とする不動産の所有権移転登記申請の依頼を受け，当該申請を行っていた場合，Qは本件訴訟を受任することができるか。また，②Qが過去に受任していた事務が，YのAに対する売買代金請求訴訟に係る訴状の作成であったとした場合（当該訴訟は終了しているものとする）には，Qは本件訴訟を受任することができるか。

　①及び②について，それぞれ結論（「できる」又は「できない」）及びその理由を解答用紙（その2）の第10欄に記載しなさい。

（別紙1）

〔Xの言い分〕

1　私は，個人で，輸入自動車の販売・修理業を営んでいます。得意先もそれなりにあるおかげで，この経済状況の下でも，資金繰りに困って知人等からお金を借りたことはなく，また貸したりすることもありませんでした。

2　平成24年3月頃，趣味でしている野球チームのメンバーであるAから，職場の同僚であるYに100万円を貸しており，その後に急にお金が必要になったものの，まだ返済予定の日ではないので，返済を受けることもできず困っているとの相談を受けました。私は，Yのことはあまりよく知らないのですが，以前，Aに誘われて一緒に飲みに行ったときにYとも顔を合わせており，その際にYがAから借入れをしたという話も聞いていましたが，その詳しい内容については聞いていません。

3　Aの話では，Aは，Yから懇願され，平成24年1月10日，3か月後に返すとの約束で100万円をYに貸し渡し，併せて，100万円の返済を受ける際には，利息として2万5,000円を受け取ることになっているとのことであり，これらの約束の内容をYが自筆した借用書もあるとのことでした。そこで，私は，Aとは特に仲良くしていたことから，AのYに対するこの貸付金を現金化してあげようと考え，98万円で買い取ることにしました。買取日は3月19日だったと思いますが，その日のうちに，Aに現金で98万円を渡し，AからYの借用書を受け取っています。

4　その後，平成24年4月に入り，仕事も忙しくて，この貸付金のことを忘れていたのですが，ゴールデンウィーク前には，Yから100万円を払ってもらおうと考え，4月25日にYに連絡をしました。ところが，Yは，Aからお金を借りたことは認めるものの，代わりに高価な壺をAにあげているとか，私に払うつもりはないなどと言って，支払おうとしません。

5　Aに相談したところ，Yには，平成24年3月20日，貸付金を利息と共に私に譲ったことを伝えたとのことでした。また，Yから壺は受け取っているものの，お世話

になっていることへのお礼の旨でもらったものであり，またありふれた普通の壺で，高価なものではないとのことでした。

6　最初にお話ししたとおり，個人的に知人等からお金の貸し借りをした経験がないため，このようなことになってしまい，非常に困惑しています。私としては，Aが困っていたことから，短期間のことと思って98万円を出したのであり，Yからは100万円だけ払ってもらえればいいと思っていましたが，訴訟になった際には，Yには，利息も含めて，払うべきものは全額払ってほしいと思っています。

〔Yの言い分〕

1　私は，コンピュータ関係の会社に勤めていますが，この不景気で給料が下がっているにもかかわらず，何かと出費がかさんだため，同僚のYから，平成24年1月に100万円を借り入れました。また，3か月後に2万5,000円を上乗せして返すという約束をしたことも，間違いありません。ただ，そのときには，3か月後には，昨年に亡くなった父親の遺産からある程度のお金が入る予定でしたので，確実に返せると思っており，Aにもそのように伝えていました。

2　また，Aから借入れをしたときには，借用書を書いていますが，Aは付き合いの広い人でしたので，万一，貸付金を他の人に譲り渡されたりして，A以外の人から返済を迫られることになるのは嫌だったので，Aとの間で，貸付金を他人に譲り渡すことはしない旨を約束しています。ただ，Aを信用していたので，口約束にとどめ，借用書には，そこまでは書きませんでした。今回，Xから100万円の支払を求められましたが，以前にAと一緒に飲みに行った際に，同席したXに対しても，私は，Aからお金を借りたことについて，Aとの間で他人に譲り渡さないという約束をしたことも含めて，その経緯を話していますので，Xは，当然そのことについても知っています。

3　平成24年4月になったので，Aにお金を返さなければいけないと思っていたのですが，私の予想に反し，弟が父の遺産の配分について文句を言い始めたため，兄弟間での協議がまとまらず，手元にまとまったお金を用意することができなくなってしまいました。

4　そこで，Aへの返済をしばらく先延ばしにしてもらおうと思っていたところ，たまたま，Aが平成24年4月15日に私の家に遊びに来たのですが，その際，Aは，私が佐賀県の伊万里へ旅行に行った際に購入した100万円相当の壺に目を付け，しきりに褒めちぎるので，それでは，利息を含めた貸付金の返済に充てるために，その壺をAに譲るということで話がまとまり，壺はAが当日持ち帰ったのです。

5　ところが，平成24年4月下旬，Xから突然私のところに連絡があり，私がAに借

りた100万円を支払うよう言ってきたのです。

　私としては，そもそも，私が大事にしていた壺をAに譲って借金の返済に充てたのですから，更にお金を払えと言われたことに驚きました。また，仮に壺の譲渡とAからの借金の返済が別の話であるとしても，AではなくXから借金を返せと言われることには納得できません。

6　Xは，私に対する貸付金をAがXに譲り渡したことを，平成24年3月中旬には，Aが私に伝えているはずだと言っているようですが，私は，Xから請求を受けた後にAに確認した際に，初めてAからXへ貸付金を譲り渡したことを聞きました。仮に，事前にそのような話を聞いていれば，Aに壺を譲ったりはしません。また，そもそも，Aが貸付金を譲り渡すようなことは，誰にも譲り渡さないという私との約束を破るものですから，決して許されません。今回の件で，すっかりAとの間にも亀裂が入ってしまい，職場でも気まずい雰囲気です。兄弟間での遺産争いもあり，疲れてしまいました。今回の件は，AとXとの間の問題だと思いますので，二人の間で解決してほしいと思います。

第12回認定考査

第1問　（別紙1）記載の〔Xの言い分〕及び〔Yの言い分〕に基づき，以下の小問(1)から(7)までに答えなさい。

　　なお，〔Xの言い分〕又は〔Yの言い分〕に基づいてX又はYの訴訟代理人が訴訟において主張をする場合，当該主張は，平成25年5月31日の口頭弁論期日において陳述されたものとする。

小問(1)　Xの訴訟代理人としてYに対して訴えを提起する場合の主たる請求として最も適切な訴訟物を解答用紙の第1欄に記載しなさい。

小問(2)　小問(1)の訴え（以下「本件訴え」という）の訴状に記載すべき請求の趣旨（附帯請求を含み，付随的申立てを除く）を解答用紙の第2欄に記載しなさい。

小問(3)　本件訴えに係る訴訟（以下「本件訴訟」という）において，Xの訴訟代理人として主張すべき主たる請求の請求原因事実を解答用紙の第3欄に記載しなさい。

　　なお，いわゆる「よって書き」は，記載することを要しない。おって，記載に当たっては，次の【記載例】のように，要件事実ごとに，適宜，番号を付し，整理して記載すること。

【記載例】

1　Aは，平成○○年○月○日当時，本件土地を所有していた。

　　　　2　Bは，本件土地を占有している。

　　　　3　Aは，Bに対し，〜　した。

　　　　4　……

小問⑷　本件訴訟において，Yの訴訟代理人として行うべき主たる請求の請求原因
　　　事実に対するYの認否を解答用紙の第4欄に記載しなさい。

　　　　　なお，記載に当たっては，「1は認める」，「2は否認する」などのように，
　　　小問⑶において番号を付して整理した要件事実ごとに記載すること。

小問⑸　本件訴訟において，Yの訴訟代理人として主張すべき抗弁の要件事実を解
　　　答用紙の第5欄に記載しなさい。

　　　　　なお，抗弁が複数ある場合には，抗弁ごとに分けて記載すること。

小問⑹　本件訴訟において，Xの訴訟代理人として主張すべき再抗弁の要件事実を
　　　解答用紙の第6欄に記載しなさい。

　　　　　なお，小問⑸において記載した抗弁が複数ある場合には，そのうちのどの
　　　抗弁に対するものであるのかを明示して記載すること。おって，再抗弁が複
　　　数ある場合には，再抗弁ごとに分けて記載すること。

小問⑺　本件訴訟において，Xの訴訟代理人は，〔Xの言い分〕にある（別紙2）
　　　の「念書」（以下「本件念書」という）を書証として提出した。この場合にお
　　　いて，Yの訴訟代理人が〔Yの言い分〕に沿った主張をしたとき，Xの訴訟
　　　代理人としては，本件念書についてどのような主張を行うべきか。本件念書
　　　の立証趣旨について論じた上で，行うべき主張の内容及びその理由を解答用
　　　紙の第7欄に420字以内で記載しなさい。

第2問　第1問の設例において，司法書士P（簡裁訴訟代理等関係業務を行うのに必要
　　　な能力を有する旨の法務大臣の認定を受けているものとする）が，Xの訴訟代理人
　　　として本件訴訟を追行していたとする。本件訴訟の係属中，Xの車に本件事故
　　　を原因とする別の損傷が見付かり，その修理代として60万円を要することが判
　　　明した。この場合において，Pが，Xから，新たに判明した60万円の修理代に
　　　ついても本件訴訟においてYに請求してもらいたいと求められたとき，PがX
　　　の訴訟代理人として行うことが考えられる訴訟行為について，その可否及びそ
　　　の理由を解答用紙の第8欄に記載しなさい。

第3問　第1問の設例において，本件事故の損害の賠償につき，XがAに対する訴え
　　　も提起し，本件訴訟と併合された場合において，本件訴訟につきYの訴訟代理
　　　人として受任していた司法書士Q（簡裁訴訟代理等関係業務を行うのに必要な能

力を有する旨の法務大臣の認定を受けているものとする）が，Aから，Aに対する請求についてAの訴訟代理人となってほしいと頼まれたとき，Qがこれを受任することができるかどうかについて，結論及びその理由を解答用紙の第9欄に記載しなさい。

（別紙1）

〔Xの言い分〕

1　私は，平成21年4月25日に起きた自動車の物損事故の被害者です。この事故は，Aの運転する自動車が私の所有する愛車にぶつかったというものですが，Aの父親であるYは，Aの保証人として，私の愛車の修理代を支払うと約束したにもかかわらず，支払うつもりがないようですので，私は，Yに対し，その履行を求めたいと思います。

2　私は，平成21年4月25日の夜，親しい友人たちを自宅に集めてパーティを開いていました。当日は，友人の車を自宅のガレージに止め，私は自宅の前の路上に自分の車を止めていました。パーティが盛り上がっている途中で，外の方から「ガリガリガリ」という大きな音が聞こえました。表に出てみると，私の車のそばに1台の車が止まっていて，若い男が車から降りて，双方の車をしきりに見ていました。私は，嫌な予感がして，慌てて私の車を見たところ，バンパーとドアに大きなへこみと擦られた傷跡が付いていました。頭に血が上った私は，「おいっ！何てことをしてくれたんだ」と男を問い詰めたところ，その若い男は，「道路が狭くて，避けられなかった……。」などと，か細い声でぶつぶつ言っていましたが，自分の運転していた車を私の車にぶつけたことは，素直に認めました。私は，パーティの最中でもあり，相手が責任を素直に認めたので，その日は警察を呼ぶこともせず，とりあえず，その男に免許証を見せてもらって身元を確認し，連絡先を聞き取った上で，男を帰しました。その男は，隣町に住むAという者であり，アルバイトをしているとのことでしたが，未成年者ではありませんでした。

3　翌26日，Aから聞き取った連絡先に電話を掛けてみたところ，電話に出たAは，何度も，「申し訳ないことをしました」と謝りました。私は，Aに，「修理代さえ払ってもらえれば，それ以上君を責めるつもりはないよ」と諭すように伝えたところ，Aは，「私は貯金がないし，とても修理代は払えません……。」などと言うので，「それなら，君の親御さんに修理代のことを頼んでみてはどうか」と伝えました。すると，少しの間をおいて，Aは，「……親父に頼んでみます」と言うので，私は，Aに「お父さんと話が付いたら，連絡して欲しい」と伝え，その日の話を終えました。

　　なお，Aが運転していた車は，友人から借りていた車とのことで，年式も相当古
　く，傷も大したことはないようであり，また任意保険には入っていなかったとのこ
　とです。

4　その3日後の同月29日が休日でしたので，修理代の見積りのため，修理工場に愛
　車を持って行ったところ，修理には100万円掛かると伝えられました。

5　その後，Aから連絡があったのは翌月の8日でした。Aは，少し緊張した感じで，
　「親父と話が付きました」と言いました。私は，しばらく連絡がなかったことに少
　し不安を感じていたので，「分かった。それでは，お父さんと一緒にうちに来て，
　念書を書いてもらえないか」と言いました。Aは，一瞬考え込んだ様子でしたが，
　「それでは，明日，父と一緒に伺います」と言いました。

6　翌9日，Aは，一人で私の自宅にやってきました。私が「お父さんは一緒じゃな
　いのか」と尋ねたところ，Aは，「親父は，急用ができて，一緒に来られなくなり
　ました」と言いました。私は，Aが十分なお金を持っているとは思えず，Aの父親
　に修理代を何とかしてもらおうと考えていたので，「君には貯金がないということ
　だったから，私は，君のお父さんに保証人になってもらって，修理代を何とかして
　もらえないかと思っている。今日のところは家に戻って，お父さんと話をして，念
　書を書いてもらうことはできないか」と伝えたところ，Aは，「親父からは，こっ
　ぴどく怒鳴られましたが，最後には，親父は，お前が払えなくなったら，代わりに
　払ってやると言ってくれたので，大丈夫だと思います。」と言うので，念書を書い
　てもらったらすぐに持ってくるように念押しして，Aを帰しました。翌10日にAが
　持ってきた念書が（別紙2）の念書です。念書は，ワープロソフトで作られたもの
　でしたが，保証人としてYの名前が記名されていて，その下にYの名義の印鑑が押
　されていました。私は，Aからその念書を受け取り，その日のうちに車を修理工場
　に出しました。

7　その後，私は，勤務先から，急遽，翌6月からニューヨークで勤務するよう命ぜ
　られました。それ以来，本件事故のことは，頭の片隅にはあったものの，ニュー
　ヨーク勤務の準備で慌ただしい日々を送ることとなってしまい，結局，5月10日に
　Aに会ったのを最後に，AやYに被害弁償についての連絡をすることができないま
　ま，ニューヨークへたちました。

8　私は，ニューヨーク勤務中は，多忙を極め，初めての海外勤務の上，単身赴任で
　あったことも重なり，精神的に疲れていました。そういったこともあって，ニュー
　ヨーク勤務中は，本件事故のことにまったく頭が回りませんでした。ニューヨーク
　勤務を終えて帰国したのは，平成25年1月10日でした。私の車は，単身赴任中に修
　理を終えて戻ってきていて，修理代100万円の支払いも妻がしておいてくれたので

すが，帰国して久しぶりに愛車を見たときは，Aに本件事故を起こされたことをはたと思い出しました。そこで，私は，平成25年1月12日，Aに電話をしてみたところ，Aは，「Xさんが急に海外に行ったことを聞き，弁償することができなかった。弁償しなきゃいけないことは分かっています」と言いました。私は，念のため，Yとも話しておいた方が良いと考え，AにYと電話を替わってもらったところ，その場にいたらしいYは，すぐに電話に出てきて，「息子があなたに弁償しなきゃならんことは，分かっている。Aが支払えないときは，私が責任を持つつもりだ。」とはっきりと言い，Yは，本件事故の被害を弁償する責任があることを明確に認めました。

9　しかし，その後，Aに弁償を求めても，Aは，「手持ちの金は全然ないし，すぐには払えません。もうしばらく待ってもらえませんか。」などと言って，一向に弁償に応ずる様子がありませんでした。私が聞き及んだところでは，Aは，定職に就かずにいて，資産家であるYのお金で生活しているようです。私は，お金のないAに弁償を求めても無駄だと思いますので，Yに対して，Aに代わって弁償するように求めたいのですが，どうも，Yにはこれに応じようという姿勢が感じられません。Yは，被害を弁償する責任があるとはっきり認めたのですから，支払ってもらいたいと思います。

〔Yの言い分〕

1　私は，Aの父親です。事故の相手方Xは，Aに代わって本件事故の被害弁償をするよう私に求めているようですが，全てはAが私の与り知らないところでしたことであり，私が責任を負う必要はないはずです。

2　Aから聞いているところでは，Xが言うように，Aが本件事故を起こしたことは間違いないようです。

3　しかし，私は，Aに，「自分できちんと始末を付けるように」と本件事故が起こった当初から強く言っていて，Aに代わって被害弁償を肩代わりする気は全くありません。Aは，大学を卒業してからも，定職に就かずに遊んでばかりで，私もほとほと愛想を尽かしています。本件事故も，遊び仲間の廃車寸前の車を運転していて起こしたようですので，自分で責任をとるべきです。問題となっている念書には，私の印鑑が押されているようであり，その印鑑の印影は確かに私の印鑑のものであるとは思いますが，その印鑑は，家族の誰もが知っている場所に日頃から置いているものであり，Aが私に無断で勝手に使用したものです。

4　また，Xが主張している修理代金は，Aがすぐに支払うこととされていたようですが，今になって，3年以上も前の修理代の話を言われて，本当に支払わなければ

ならないのでしょうか。Aの責任は時効によって既に消滅していると思いますので、私がAに代わって弁償しなければならないというのは、おかしいと思います。

5　それに、今回の事故のことをAから聞いているところでは、Xの自宅の前の道は車が2台きりぎり通ることのできる細い道のようです。また、その道の狭さのせいか、駐車禁止になっているとも聞いています。Xは、そんなところに車を止めたら、そこを通る車に自分の車がぶつけられてしまう危険があることを重々承知していたのではないでしょうか。そんなところに車を止めたXにも本件事故が起きた責任があると思います。

6　なお、Xは、私が本件事故の被害を弁償する責任があることを認めたなどと主張しているようですが、平成25年1月12日にXと電話で話した際、私は、ただ私の言い分を伝えただけで、Xが主張しているようなことは、一切言っていません。

7　今回の件で、私がXに対して弁償しなければならないというのは、全くもって筋が通らない話であり、私は支払うつもりはありません。

（別紙２）

```
　　　　　　　　　　　　　念　　　　　　　　書

　　私の息子Aが平成21年4月25日に起こした物損事故によるX様のお車の修理代
金の支払いについては、私が責任をもって保証いたします。

　　　　　　　　　　　　　　　　　　　　　　　　　　平成21年5月10日

　　　　　　　　　　　　　　　　　　　　　　保　証　人　　Y（印）


　　X　様
```

＊　原文縦書

第13回認定考査

第1問　（別紙）記載の〔Xの言い分〕及び〔Yの言い分〕に基づき、以下の小問(1)
　　　から(6)までに答えなさい。
　　　　なお、附帯請求については、考慮しないものとする。

小問(1)　Xの訴訟代理人としてYに対して訴えを提起する場合の主たる請求として最も適切な訴訟物を解答用紙の第1欄に記載しなさい。

小問(2)　小問(1)の訴え（以下「本件訴え」という）に係る訴訟（以下「本件訴訟」という）において，Xの訴訟代理人として主張すべき主たる請求の請求原因事実を解答用紙の第2欄に記載しなさい。

　　　　なお，いわゆる「よって書き」は，記載することを要せず，記載に当たっては，次の【記載例】のように，要件事実ごとに適宜，番号を付し，整理して記載すること。

【記載例】
1　Aは，平成○○年○月○日当時，○○を所有していた。
2　Bは，○○を占有している。
3　……

小問(3)　本件訴訟において，主たる請求の請求原因事実に対し，Yの訴訟代理人として行うべき認否を解答用紙の第3欄に記載しなさい。

　　　　なお，記載に当たっては，小問(2)において番号を付して整理した要件事実ごとに，「1は認める」，「2は否認する」などのように記載すること。

小問(4)　本件訴訟において，Yの訴訟代理人として主張すべき抗弁の要件事実を解答用紙の第4欄に記載しなさい。

　　　　なお，抗弁が複数ある場合には，抗弁ごとに分けて記載すること。

小問(5)　本件訴訟において，Xの訴訟代理人として主張すべき再抗弁の要件事実を解答用紙の第5欄に記載しなさい。

　　　　なお，小問(4)において記載した抗弁が複数ある場合には，そのうちのどの抗弁に対するものであるかを明示して記載し，再抗弁が複数ある場合には再抗弁ごとに分けて記載すること。

小問(6)　Xの訴訟代理人が本件訴えを簡易裁判所に提起する場合に関する次の①及び②について，それぞれの結論及びその理由を解答用紙の第6欄に記載しなさい。なお，①及び②は，相互に独立しているものとする。

①　Xの訴訟代理人は，本件訴えを提起した後，本件訴えについて少額訴訟による審理及び裁判を求めることができるか。

②　本件訴えについて少額訴訟による審理及び裁判が行われ，Xが終局判決を受けたものの，その内容に不服があるとき，Xの訴訟代理人は，民事訴訟法上，当該判決に対し，不服の申立ての手段としてどのような行為をすることができるか。

第2問　第1問の設例において，仮に，Yが主張するXに対する貸付金の額が150万円であり，かつXが当該貸付金の額につき争っているとする。この場合において，Yの訴訟代理人として本件訴訟を追行している司法書士P（簡裁訴訟代理等関係業務を行うのに必要な能力を有する旨の法務大臣の認定を受けているものとする）が，〔Yの言い分〕4の記載に基づき想定し得る攻撃防御方法を主張することができるかどうかについて，結論及びその理由を解答用紙の第7欄に記載しなさい。

第3問　司法書士Qは，司法書士Rと事務所を共にしているものとする（Q及びRは，いずれも簡裁訴訟代理等関係業務を行うのに必要な能力を有する旨の法務大臣の認定を受けているものとする）。第1問の設例において，Qが司法書士会の開催した法律相談会で，Xから，Yに対する本件売買契約の代金の請求について相談を受け，採り得る法的手段を具体的に教示していた場合，その後，Rが，Yから，本件訴訟の代理人となってもらいたいと依頼されたとき，RはYの訴訟代理人として本件訴訟を受任することができるかどうかについて，結論及びその理由を解答用紙の第8欄に記載しなさい。

（別紙）

〔Xの言い分〕

1　私は，古美術品の収集を共通の趣味とすることからY及びAと知り合いました。YとAは，古くからの友人と聞いています。

2　Aは，平成25年10月頃，たまたま私の自宅に立ち寄った際，私の所有する彫刻像（以下「本件彫刻像」）に目を止め，Yが最近同様の彫刻像を熱心に収集しているが，これをYに譲る気はないかと尋ねてきました。これに対し，私は，代金次第では譲ってもよいと答えました。

　その後，Aから連絡があり，Yに本件彫刻像の話をしたところ，大変乗り気で，是非譲ってほしいとの意向であり，その売買について同月30日にYから代理権を付与されたので，売買代金等の条件について話を詰めたいと伝えられました。

　私は，その後，Aと何度か会って話をし，同年11月20日，Aとの間で，①本件彫刻像を代金50万円でYに売り渡すこと，②本件彫刻像は，同月25日にAの自宅においてAに引き渡すこと，③売買代金は，Aが本件彫刻像の引渡しを受けた後5日以内に，私の指定する銀行口座にYが振り込む方法により支払うこと，を内容とする売買契約（以下「本件売買契約」）を締結しました。私は，本件売買契約の約定に基づき，本件彫刻像が同月25日にAの自宅に配送されるよう手配しました。

3 ところが，平成25年12月3日，本件彫刻像を同月15日までにAに引き渡すよう求めると記載されたY名義の文書が私のところに送られてきました。私は，既に引渡済みであると考えており，Yから売買代金が振り込まれるのを待っていたところでしたので，大変驚き，Aに確認したところ，Aから，本件彫刻像は，確かに，同年11月25日に自宅で受け取り，翌26日にYの自宅に送る手配をしたので，間もなくYから売買代金が振り込まれるのではないかとの説明を受けました。私は，Aの説明に納得し，もうしばらく待ってみることとしました。

4 その後，売買代金が振り込まれないまま，平成25年12月28日になって，Yから私のもとに，本件売買契約を解除するとの通知書が届きました。私は，すぐにAに確認しようとしましたが，何度連絡してもAと連絡を取ることはできず，Yにも連絡しましたが，応答を拒否されました。私は，Yの代理人であるAの自宅に本件彫刻像を送っており，Aは本件彫刻像の引渡しを受けているのですから，本件売買契約の解除など認められるはずがありません。Yには，早く売買代金を支払ってほしいと思います。

5 また，私は，私的な事情により急に資金が必要となったことから，Yの主張しているとおりの約定でYから100万円を借りたことは事実です。しかし，この借入金100万円については，Yから私の所有している掛け軸を欲しいと懇願されたことから，平成25年6月30日，借入金の弁済に代えてその掛け軸を譲ることにより返済済みであり，掛け軸もその日のうちに引き渡しています。したがって，Yから借り入れた100万円を返済する義務はありません。

なお，Yが主張するとおり，平成26年4月1日，Yから私のもとに，この借入金100万円と本件売買契約の代金債務とを対当額で相殺するとの通知書が届きましたが，この借入金は掛け軸を譲ることで返済済みなのですから，Yの主張には理由がないと思います。

6 以上のとおりですから，私は，Yに対し，本件売買契約に基づき，代金50万円の支払いを求めます。

〔Yの言い分〕

1 本件彫刻像の売買については，平成25年10月頃，Aから初めて話を聞きました。私は，本件彫刻像を是非とも欲しいとまでは思いませんでしたし，後記4のとおり，その時点ではXへの貸金の返済期限が到来していなかったので，更にXに代金を支払うことについてはためらいましたが，Xは生活に困っているのかも知れないと思い，代金次第では購入してもよいと思いました。そこで，同月30日，Aを私の代理人として，本件彫刻像の売買の交渉を委ねることとしました。同年11月20日，Xの

主張する内容の本件売買契約が締結されたことは事実です。

2　Aからは，平成25年11月25日にXから本件彫刻像を受け取り次第，直ちに私の自宅に送付すると聞いていたのですが，同年12月になっても届きませんでした。私は，不審に思ってAに確認したところ，Aは，Xに再三にわたり催促しているが本件彫刻像はまだ届いていないとのことでした。

3　そこで，私は，平成25年12月3日，Xに対し，書面により，同月15日までに本件彫刻像をAに引き渡すよう催告しましたが，Xから何の応答もないまま同日が経過しました。私は，Aを通じて本件彫刻像を購入してほしいと持ちかけてきたにもかかわらず，これを引き渡さないXの態度に不信感を抱き，Xとは今後付き合いを絶ちたいと考え，文書をもって，Xに対し，本件売買契約を解除すると通知し，同文書は同月28日にXの自宅に配達されました。

4　Aは古くからの友人であり，信頼のおける人物ですので，Aから聞いた説明は事実であると思いますが，仮に本件売買契約の解除が認められず，またAがXから本件彫刻像の引渡しを受けており，私に売買代金の支払義務があるとしても，私は，Xから家族の治療費や入院費が必要であるから貸してほしいと依頼され，平成25年6月10日，Xに対し，弁済期を平成26年3月10日として，100万円を無利子で貸し付けました。Xは，弁済期を過ぎても貸金を返済しないので，私は，Xに対し，同年4月1日，Xの貸金債務と本件売買契約の代金債務とを対当額で相殺する旨の意思表示をしました。

5　また，Xは，その所有する掛け軸をもって100万円の借入金の弁済に代えたと主張していますが，事実ではありません。私は，平成25年6月30日，Xから掛け軸を受け取ったことはありますが，これは，Xから，無利子で資金を貸してもらった感謝の気持ちとしてもらってほしいと言われて受け取ったものであり，私はXの主張するような合意はしていません。

　　なお，Aは，Xに対する100万円の貸付けや掛け軸の授受については関与していません。

6　以上のとおりですから，私は，Xからの請求には応じられません。

第14回認定考査

第1問　（別紙）記載の〔Xの言い分〕及び〔Yの言い分〕に基づき，以下の小問(1)から(5)までに答えなさい。

　　小問(1)　Xの訴訟代理人としてYに対して訴えを提起する場合の訴状に記載すべき請求の趣旨を解答用紙の第1欄(1)に記載しなさい（附帯請求を含む。なお，

附随的申立ては除く）。

小問(2)　小問(1)の訴えに係る訴訟（以下「本件訴訟」という）における主たる請求及び附帯請求として適切な訴訟物を解答用紙の第1欄(2)に記載しなさい。

小問(3)　本件訴訟において，Xの訴訟代理人として主張すべき請求原因の要件事実を解答用紙の第1欄(3)に記載しなさい。

なお，いわゆる「よって書き」は，記載することを要せず，かつ，次の【記載例】のように，主たる請求と附帯請求を分け，さらに請求原因が複数ある場合には請求原因ごとに分けた上で，主たる請求及び附帯請求についての要件事実のうち，同一のものについては，適宜，他の請求原因の要件事実の記載を引用して，要件事実ごとに，適宜，番号を付し，整理して記載するものとする。

【記載例】

（主たる請求）

請求原因1

1　Aは，平成○○年○月○日当時，○○を所有していた。

2　Bは，○○を占有している。

3　……

請求原因2

1　請求原因1の1から3までに同じ。

2　……

（附帯請求）

　　……

小問(4)　本件訴訟において，Yの訴訟代理人として主張すべき抗弁の要件事実を解答用紙の第1欄(4)に記載しなさい。

なお，抗弁が複数ある場合には抗弁ごとに分けて，請求原因が複数ある場合にはそれぞれの請求原因に対する抗弁かを明記して記載すること。

小問(5)　本件訴訟において，Aの証人尋問が実施された結果，次の証言（以下「A証言」という）が得られた。

「私は，平成25年の年末頃，Yから，『脱サラしてペットホテルを経営しようかと考えている。甲建物をペットホテル用に改造したら，Xは怒るかな。』と相談されました。私は，弟は絶対怒るから，やめておいた方がいいとアドバイスしました。」

この場合において，次の①についての説明並びに②についての結論及び理由を，解答用紙の第1欄(5)に記載しなさい。

① A証言に係る事実は、Yの言い分の中にある下線部分の事実との関係で、いかなる意味を有するか。

② 裁判所が、A証言は信用することができるとの心証を得た場合、A証言に係る事実について当事者の主張がないときであっても、裁判所は、当該事実を認定し、これを判決の基礎とすることができるか。

第2問 第1問の設例で甲建物の固定資産評価額が130万円である場合において、司法書士P（簡裁訴訟代理等関係業務を行うのに必要な能力を有する旨の法務大臣の認定を受けているものとする）は、Xから委任を受け、Xの代理人として本件訴訟に係る訴えを適法に提起した。これに対し、司法書士Q（簡裁訴訟代理等関係業務を行うのに必要な能力を有する旨の法務大臣の認定を受けているものとする）は、Yから委任を受け、Yの代理人として応訴したが、Xの請求を全部認容する判決が言い渡された。この事例に関する次の①及び②について、結論及びその理由を解答用紙の第2欄に記載しなさい。

① Qは、Yから特別の委任を受ければ、Yの代理人として控訴の提起をすることができるか。

② Xの請求を全部認容する判決が確定した場合、Pは、Xから委任を受け、Xの代理人として、当該判決により強制執行の申立てをすることができるか。

第3問 第1問の設例において、司法書士R（簡裁訴訟代理等関係業務を行うのに必要な能力を有する旨の法務大臣の認定を受けているものとする）は、Xから委任を受け、Xの代理人として、本件訴訟に係る訴えを適法に提起した。

Rは、その訴訟係属直後に、Yから、「Aにして20万円を貸し付けたが、まだ返済されていないので、Aに対する貸金返還の訴えを提起したい。その代理人となってほしい」という依頼を受けた。

Rがこの依頼を受任することができるかどうかについて、RがYの代理人となることについてXが同意していない場合と同意している場合とに分けて、結論及びその理由を解答用紙の第3欄にそれぞれ記載しなさい。

（別紙）
〔Xの言い分〕

1 今回は、私が所有し、熊本県に所在する甲建物の賃貸のことで、兄の友人Yとトラブルになっているため、相談に来ました。

2 甲建物は、今から約5年前の平成22年4月30日、その敷地と共に父から相続した

ものです。父の相続人は，私とＡのみでしたので，Ａと遺産分割協議をした結果，私が甲建物をその敷地と共に所有するということになりました。

　　もっとも，私は，東京都内に甲建物とは別に居住用の建物を所有していました。また，甲建物は熊本県に所在していましたので，相続した後も甲建物には居住していません。

　　甲建物は，古くてそれほど大きくもありませんが，私にとっては幼少時代を過ごした思い出のある建物です。それに，父の形見のようなものでしたので，賃貸などはしないで，甲建物には，たまの休日に出かけて手入れなどをしてきました。

3　平成25年3月1日，Ａから，Ａの友人Ｙが甲建物を貸してほしいと言っているので一度話を聞いてみてくれないかと依頼されました。

　　そこで，Ｙと会ってみたところ，Ｙは，仕事の関係で熊本県内で住む場所を探していて，また甲建物の周辺の自然を気に入った様子で，甲建物に住みたいとの意向でした。

　　私は，誰かに貸せば自分で手入れをしに行く手間が省けますし，またＡの友人ならば信頼できるだろうと考え，甲建物を大切に使ってほしいと強く念押しした上で，甲建物をＹに貸すことに決めました。

4　その後，Ｙと何度かやり取りをした結果，平成25年4月1日，①同日から甲建物を賃料月額5万円，期間は3年間で，Ｙに貸すこと，②賃料は，前月末日に当月分を私の指定する銀行口座にＹが振り込む方法により支払うこと，③敷金として20万円を支払うこと，④Ｙは甲建物を居住用建物として使用する，旨の合意をしました（以下，「本件賃貸借契約」）。

　　私は，同日，Ｙから同年4月分の賃料及び敷金全額を受領し，Ｙに甲建物の鍵を渡しました。Ｙは，同日から甲建物に居住しました。

5　ところが，それから約1年4か月後の平成26年8月分以降は賃料が支払われなくなりました。

　　そこで，私は，Ｙに対し，同年10月20日，内容証明郵便を送り，同年8月分から10月分までの賃料合計15万円を7日以内に支払うよう求めました。この郵便物は同月24日にＹに届いています。しかし，Ｙからの支払いはありませんでした。

6　平成26年11月24日，熊本で中学校の同窓会があったので，私は久しぶりに熊本を訪れ，そのついでに甲建物の様子を見に行きました。

(1)　すると驚いたことに，甲建物に「Ｙペットホテル」と書かれた看板が出ていました。チャイムを鳴らすと，家の中からＹとともに何匹もの犬や猫が出てきたので，さらに驚きました。

　　話を聞いてみると，Ｙは，その頃脱サラして，近所の人の依頼を受けて旅行中

などにペットを一時的に預かる業務を始めたとのことでした。甲建物を大事に使ってほしいとあれだけ頼んでおいたのに，何匹もの犬や猫を建物内で飼うと，建物が汚れてしまいます。現に，甲建物には，壁や畳に引っ掻き傷があったり，床に排尿の跡があったりしましたので，私はとてもショックでした。また，居間と和室の間にあった壁が取り払われて，一つの空間になっていました。犬や猫が自由に動き回れるようにするためとのことでしたが，そのようなリフォームを勝手にするなんて断じて許せません。

⑵ また，そのとき，話が未払賃料にも及びましたが，Yは，私が支払期限を猶予したという嘘をついて支払いを逃れようとしたので，ますます怒りが募りました。

⑶ そこで，私は，その場で，Yに対して，賃料不払い及び契約で定められた用法違反を理由に本件賃貸借契約を解除する，すぐに甲建物から出て行くように，と言いました。

7　Yは，私が平成26年8月分から同27年1月分まで6か月分の賃料の支払いを同月10日まで猶予したと言っているみたいですが，そのような事実はありません。

また，Yは，私がペットホテルを営むことを承諾したと言っているみたいですが，私がそんなことを承諾するはずはありません。

8　以上のとおりですから，私は，Yに対し，本件賃貸借契約の終了に基づき，甲建物の明渡しを求めます。

また，平成26年8月分から解除までの未払賃料及び甲建物の明渡しまで毎月5万円の損害金も支払ってもらいたいと思います。

〔Yの言い分〕

1　私は，平成25年4月1日から，熊本県に赴任することになりましたが，熊本県は私にとって縁もゆかりもない土地で，住む場所にもあてがありませんでした。

そうしたところ，大学時代からの友人Aが熊本県出身だったのを思い出して，久しぶりにAに連絡を取ってみました。するとAから，自分と弟のXとが幼少時代に住んでいた家が空き家になっていて，貸せるかもしれないので，Xに連絡をしてみるよう紹介されました。そこで，Xに連絡して，本件賃貸借契約を締結することになりました。

2　平成25年4月1日に合意した本件賃貸借契約の内容は，Xの言うとおりです。しかし，私は，昔から動物が大好きでして，田舎で動物に囲まれて暮らす生活を夢見ていました。かつ，当時の仕事にも嫌気がさしていました。そこで，ペットホテルを経営することについて，平成25年頃から電話でXに相談していました。

すると，Xは，平成25年12月上旬，甲建物にはずっと住んでいないし，将来的に

は売却することも考えているので，好きに使っていい，自分も動物は好きだから，ペットホテルを経営することは全く問題がない，と言ってくれました。

そのため，私は，Xの言葉を信じて，平成26年4月1日，脱サラして，将来的には甲建物をXから購入することを前提に，甲建物でペットホテルの営業を開始したのです。その際，犬や猫が自由に動き回れるようにするために，居間と和室との間の壁を取り払って一つの空間にするリフォームをしました。

3　また，私は，平成26年8月分以降，賃料を支払っていないこと，同年10月24日にXからの内容証明郵便が届いたことは事実です。

しかし，その当時，私はまだ脱サラして間もない時期でしたので，資金繰りに苦労していました。そこで，内容証明郵便が届いたその日にXに電話して，支払いが遅れていて申し訳ない，平成27年1月10日にはまとまったお金が用意できそうである旨を伝えた上で，同26年8月分から同27年1月分までをまとめて払うので，同27年1月10日まで待ってほしいと申し入れました。Xは，これを承諾しました。

4　ところが，平成26年11月24日，突然，Xが甲建物を訪れ，本件賃貸借契約を解除すると一方的に言われました。しかし，この解除には納得できません。

また，Xは，用法違反による解除も主張していますが，平成25年の秋頃から12月上旬にかけて，私とXとの間には上述のとおりのやり取りがあったことは間違いがありません。また，Xは事前に催告をしていませんので，この観点からも解除は無効だと思います。

5　以上のとおりの次第ですから，Xの請求は認められないと思います。

第15回認定考査

第1問　（別紙）記載の〔Xの言い分〕及び〔Yの言い分〕に基づき，以下の小問(1)から(7)までに答えなさい。

なお，小問(2)から(4)までの記載に当たっては，次の【記載例】のように，要件事実ごとに，適宜，番号を付し，整理して記載することとし，物件目録・登記目録については記載を要しない。

【記載例】

1　Aは，Bに対し，平成○○年○月○日，甲建物を，賃貸期間同日から3年間，賃料1か月10万円の約定で賃貸した。

2　Aは，Bに対し，同日，1の契約に基づき，甲建物を引き渡した。

3　……

小問(1)　XがYに対して訴えを提起する場合の訴訟物を解答用紙の第1欄(1)に記載

しなさい。

小問(2)　小問(1)の訴えに係る訴訟（以下「本件訴訟」という）における請求原因の要件事実を解答用紙の第1欄(2)に記載しなさい。

　　　　なお、いわゆる「よって書き」は記載することを要しない。

小問(3)　本件訴訟において、主張すべき抗弁の要件事実を解答用紙の第1欄(3)に記載しなさい。なお、抗弁が複数ある場合には、抗弁ごとに分けて記載すること。

小問(4)　本件訴訟において、主張すべき再抗弁の要件事実を解答用紙の第1欄(4)に記載しなさい。なお、再抗弁が複数ある場合には、再抗弁ごとに分けて記載すること。

小問(5)　本件訴訟において、Ｘは、本件貸金債権が時効により消滅したという主張をしなかった。その理由を解答用紙の第1欄(5)に記載しなさい。

小問(6)　司法書士Ｐ（簡裁訴訟代理等関係業務を行うのに必要な能力を有する旨の法務大臣の認定を受けているものとする）は、Ｙの訴訟代理人として本件訴訟に応訴し、その第1回口頭弁論期日に先立って、〔Ｙの言い分〕に沿った内容の答弁書を提出した。

　　　　Ｐは、本件訴訟において必要な証拠方法についてＹとの間で打合せをしたところ、Ｙから次の質問を受けた。

　　　　「平成15年1月30日の貸付については、契約書は見当たりません。もっとも、私の知人Ｚが当該貸付の場に立ち会っていましたので、当該貸付に係る契約が成立したことをＺに証言してもらうことは可能です。Ｚは、今は遠方に居住しているのですが、Ｚに対して証言を依頼しなければならないでしょうか。」

　　　　上記の質問に対して、Ｐとして回答すべき内容を、本件訴訟における争点を踏まえて、解答用紙の第1欄(6)に記載しなさい。

　　　　なお、本小問において、ＰがＹの訴訟代理人として訴訟追行することは、Ｐの簡裁訴訟代理等関係業務の訴訟代理権の範囲内であるものとする。

小問(7)　本件訴訟の第1回口頭弁論期日において、Ｙから、Ｙが平成17年6月30日に90万円を引き出した旨が記載されている預金通帳が書証として提出された。

　　　　この書証は、①小問(2)から(4)までに摘示した事実のうち、どの事実の存在又は不存在を推認させるのに役立つ証拠といえるか、また②その推認過程を、解答用紙の第1欄(7)にそれぞれ記載しなさい。

第2問　第1問の設例において、ＡＤ間の平成25年6月1日付売買契約が合意解除され

たにもかかわらず，その売買代金としてDがAに支払った300万円が返還され
ていないものとする。

　この場合において，次の①についての結論並びに②についての結論及び理由
を，解答用紙の第2欄にそれぞれ記載しなさい。なお，①の記載に当たっては，
訴訟物及びその請求金額をも明示すること。

①　Dは，Aに支払った売買代金300万円を回収するために，誰を被告として，
どのような訴えを提起することが考えられるか。

②　簡裁訴訟代理等関係業務を行うのに必要な能力を有する旨の法務大臣の認
定を受けている司法書士Qは，Dからの委任を受け，Dの代理人として，①
の訴えを提起することができるか。

第3問　第1問の設例において，司法書士R（簡裁訴訟代理等関係業務を行うのに必要
な能力を有する旨の法務大臣の認定を受けているものとする）は，本件訴訟に係る
訴えを提起する前に，Xから，抵当権実行禁止の仮処分の申立書作成の依頼を
受け，これを作成しXに交付した。

　この場合において，Rは，Yから，次の①又は②の訴訟代理人となることに
ついての依頼を受けたとき，それぞれ受任することができるか。結論及びその
理由を解答用紙の第3欄にそれぞれ記載しなさい。

①　本件貸金債権の残債権のうち，Xの相続分について，Xに対する貸金返還
請求訴訟

②　本件貸金債権の残債権のうち，Bの相続分について，Bに対する貸金返還
請求訴訟

（別紙）
〔Xの言い分〕

1　今回は，私が兄B及び姉Cとともに所有し，東京都内に所在する甲建物のことで
相談に来ました。

2　甲建物は，父Aが平成10年頃に新築して自ら所有していたのですが，今から約1
年前の平成27年4月30日にAが亡くなり，その敷地とともにAから相続したもので
す。Aの相続人は，私と兄B及び姉Cの3人のみでした。

　B及びCとの間での遺産分割協議は未了であり，相続登記はしていませんので，
甲建物の登記名義はAのままです。

3　今般，Aの遺産を確認するため，登記所で登記記録を確認したところ，甲建物に，
Aを債務者，平成15年1月30日貸付を原因とした120万円の貸金返還請求権（以下

「本件貸金債権」という）を被担保債権とするＹ名義の抵当権の設定登記がされていることに気付きました。

　　Ｙは，Ａの古くからの友人で，私も幼い頃によく遊んでもらいました。Ｙが私の学費のためにお金を貸してくれたということはＡから聞いたことがあります。本件貸金債権の内容はＹの言うとおりだと思います。また，その担保のためにＡが甲建物に抵当権を設定したことも認めます。

4　もっとも，私がＡの遺品を整理していると，ＹがＡから90万円の支払いを受けたこと及び「但し，貸金90万円の弁済として」という旨の記載がされた平成20年6月30日付のＹ名義の領収書（以下「本件領収書」という）を発見しました。私は，Ａから，本件貸金債権のうち30万円は平成19年5月1日に返したと聞いていました。このことからすると，本件領収書に係る90万円の弁済によって，本件貸金債権120万円は完済されているはずです。

　　そこで，私は，Ｙに連絡し，この抵当権の被担保債権である本件貸金債権は既に完済されていると思うから登記の抹消手続に協力してほしいと言ったところ，Ｙから，本件貸金債権はまだ弁済されていないので完済してほしい，それまでは登記の抹消には応じられない，と言われました。

　　Ｙは，本件領収書に係る弁済は，本件貸金債権についてされたものではなく，平成17年7月1日貸付を原因とする他の貸金についてされたものであると述べているようですが，そんな借金を父が抱えていたという話は聞いたことがありませんので，何かの間違いだと思います。

5　Ａが，不動産業者Ｄに対し，甲建物を300万円で売却する旨の売買契約を平成25年6月1日付で締結したのは事実です。

　　しかし，Ａは，元来，物事をあまり深く考えないで決めてしまう性格だったのですが，この売買契約も軽率に締結したものでした。そこで，私は，Ａから代理権の授与を受け，Ａの代理人としてＤと交渉し，この売買契約を同年8月1日付で合意解除しました。現に，ＡからＤへの所有権の移転の登記もされていません。

6　以上のとおりですから，私は，Ｙに対し，抵当権設定登記の抹消を求めます。

〔Ｙの言い分〕

1　私とＡとは，高校時代からの付き合いであり，Ａの子であるＢ，Ｃ，Ｘも，小さい頃からよく可愛がってやっていました。

2　平成15年の1月頃，Ａから，息子を私立大学に入学させたいが，入学金などの諸費用を支払う余裕がないので120万円を貸してくれないか，という相談を受けました。

私は，Aから世話になっていましたので，この相談に応じることにし，平成15年1月30日，Aに対し，期限を定めずに，無利息で120万円を貸し付けました。その際，金額も大きいものですから，Aの所有する甲建物に抵当権を設定することにし，Aとの間で抵当権設定契約を締結してその登記もしました。

　その後，平成19年5月1日，本件貸金債権のうち30万円は弁済されました。残債権90万円については返済のないまま時が経ちましたが，抵当権も設定していましたし，何よりAを信頼していましたので，特に返済の催促はしませんでした。

3　その矢先，平成25年の暮れ，Aが体調を崩して入院したとの知らせを受けました。心配して病院に行くと，Aは，「ただの風邪をこじらせただけだ」と言っていましたので，私は安心しました。その時，Aから，同年6月1日に甲建物を不動産業者Dに売却したことを聞きましたので，その時まではAが甲建物を所有していたのだと思います。

　私は，甲建物に抵当権を設定していたことから，甲建物が他人に売却されることによって私の抵当権が消滅してしまうのではないかと不安になり，知り合いの弁護士に相談したところ，抵当権の目的不動産が第三者に売却されたからといって抵当権が消滅することはないから大丈夫だと言われまして，安心しました。

4　その後，Aが亡くなったのは残念です。Aの葬式からしばらくして，Aの息子Xから，2の抵当権の登記の抹消についての問い合わせがありました。

　しかし，本件貸金債権の残債権90万円は弁済されていませんので，登記の抹消に応ずべき謂われはないと思います。本件領収書の存在は認めますが，本件領収書に係る弁済は，本件貸金債権についてされたものではありません。というのも，実は，Aは，本件貸金債権の他にも私から借金をしています。すなわち，私は，Aに対し，平成17年7月1日，弁済期を3年後と定め，無利息で90万円を貸し付けました。その貸金債権を弁済してもらった時の領収書が本件領収書です。なお，その貸付の際には，契約書は作成していません。

5　そもそも，甲建物はDに売却されたはずです。Xは売買契約を解除したと言っていますが，そのような事実は私は知りません。

　また，Xは，甲建物の相続登記すら怠っています。そのような人に，抵当権の抹消登記手続を求める資格があるのでしょうか。

6　さらに，Aの遺産については，X，B及びCの間で意見がまとまらず，まだ遺産分割が終わっていないようです。Xが，B及びCの同意を得ないで勝手に今回のような請求に及ぶようなことは許されないと思います。

7　以上のとおりの次第ですから，Xの請求には応じられません。

第16回認定考査

第1問　（別紙）記載の〔Xの言い分〕及び〔Yの言い分〕に基づいて，以下の小問⑴ないし⑹の各設問に答えなさい。

　　　　なお，小問⑵ないし⑷の記載に当たっては，次の【記載例】のように，要件事実ごとに適宜番号を付して整理して記載すること。また，附帯請求については考慮しないものとし，物件目録及び登記目録については記載を要しない。

【記載例】

1　Aは，Bに対し，平成○○年○月○日，本件土地を代金○○円で売った。

2　Aは，Bに対し，平成○○年○月□日，上記1の売買契約に基づき，本件土地につき所有権移転登記手続をするとともに，これを引き渡した。

3　……

小問⑴　XがYに対して訴えを提起する場合の訴訟物を，解答用紙の第1欄⑴に記載しなさい。

小問⑵　小問⑴の訴えに係る訴訟（以下「本件訴訟」という）における請求原因の要件事実を，解答用紙の第1欄⑵に記載しなさい。

　　　　なお，いわゆる「よって書」は，記載することを要しない。

小問⑶　本件訴訟において，Yが主張すべき抗弁の要件事実を，解答用紙の第1欄⑶に記載しなさい。

　　　　なお，抗弁が複数ある場合，抗弁ごとに分けて記載すること。

小問⑷　本件訴訟において，Xが主張すべき再抗弁の要件事実を，解答用紙の第1欄⑷に記載しなさい。

　　　　なお，再抗弁が複数ある場合，再抗弁ごとに分けて記載し，小問⑶において記載した抗弁が複数ある場合には，それぞれどの抗弁に対する再抗弁であるかを明記して記載すること。

小問⑸　本件訴訟の第1回口頭弁論期日において，Yから，乙第1号証として，平成18年9月1日にAがBから借りた140万円の返済に代えて，AがBに対して甲土地を代物弁済する旨が記載された平成20年8月31日付代物弁済契約書（以下「本件契約書」という）が提出された。

　　　　同期日後，Xの訴訟代理人である司法書士P（簡裁訴訟代理等関係業務を行うのに必要な能力を有する旨の法務大臣の認定を受けているものとする）がX本人に確認したところ，Xは，「本件契約書にはA名義の記名押印がありますが，A名義の印影はAの実印によるものにまちがいないありません。しかし，Aの実印は平成19年か同20年頃に一時盗まれたことがあるので，この印影は

そのときに盗まれたＡの実印を使用して押印されたものに相違ありません。」と述べた。

　　　ア　本件契約書の成立に関し，Ｘの訴訟代理人であるＰが次回期日において行うべき認否の具体的内容を，解答用紙の第１欄(5)アに記載しなさい。

　　　イ　Ｐが次回期日において上記アの認否を行った場合において，裁判所が本件契約書の成立の真正を判断する枠組みを解答用紙の第１欄(5)イに記載しなさい。

　小問(6)　本件訴訟において，司法書士ＰがＸの訴訟代理人として保全処分の手続を採ることとした場合，どのような保全処分を申し立てるべきか。①申し立てるべき保全処分と，②当該保全処分の手続を行わなかった場合にＸが受けるおそれのある不利益を，解答用紙の第１欄(6)にそれぞれ記載しなさい。

第２問　第１問の設例において，Ｘは，Ｙに対して訴えを提起するのであれば，甲土地の明渡請求に加え，不法行為に基づき，平成23年8月から同29年5月末までの賃料相当損害金合計175万円についても請求したいと考えた。

　　　第１回口頭弁論期日前にＸからの依頼を受けたＰは，次の①又は②の場合に，Ｘの訴訟代理人としてＸを代理することができるか。それぞれの結論及び理由を，解答用紙の第２欄に記載しなさい。

　①　本件訴訟とは別の訴えを提起して，上記賃料相当損害金を請求する場合
　②　本件訴訟において，上記賃料相当損害金を附帯請求として請求する場合

第３問　第１問の設例において，Ｐは，司法書士法人Ｑの社員であって，ＱがＸから本件訴訟の訴訟代理人として委任を受け，Ｐが本件訴訟の担当者として関与していたところ，本件訴訟についてＸの請求を棄却する旨の判決が出され，同判決が確定したものとする。

　　　上記判決が確定した後，Ｐは，Ｑを脱退して独立したが，Ｙから，Ｘに対して甲土地について平成20年8月31日代物弁済を原因とする所有権移転登記請求に係る訴えを提起したいので，裁判所に提出する訴状を作成してほしい，と依頼された。

　　　Ｐがこの依頼を受任できるかどうかについて，その結論及び理由を解答用紙の第３欄に記載しなさい。

（別紙）

〔Ｘの言い分〕

1　この度は，私が所有しているＳ県所在の甲土地（本件全期間を通じ，固定資産税評価額は140万円）のことで，Ｙとトラブルになっていますので，相談します。

　　　Ｙは，私の父であるＡの友人Ｂの子で，幼い頃よく遊んだ記憶がありますが，最近は疎遠になっていました。Ｂは，平成26年10月1日に亡くなったようです。

2　甲土地は，郊外にある雑種地ですが，先祖代々受け継いできた土地で，Ａが今から約30年前に私の祖父から相続して所有していました。

　　　しかし，Ａが平成28年5月1日に亡くなり，私が甲土地を相続しました。Ａの相続人は，私以外にはありません。なお，甲土地の所有権登記名義人は，Ａのままになっています。

3　最近，誰も管理しないで放置された空き地が社会問題になっているとの報道を耳にしました。しかし，私は大学進学を機に遠方のＴ県に転居し，現在までそこで生活していまして，当分の間は地元に戻る予定もありませんので，甲土地を適切に管理するのは難しいです。それに，他人に貸すのも面倒ですので，地元にいる友人に甲土地を売ることにしました。そこで，その友人に甲土地の状況を見に行ってもらったところ，しばらく誰も使っていない空き地だったはずの甲土地を，Ｙが資材置場として占有していることが判明しました。

　　　私は，直ちにＹに電話で連絡しました。ところが，何と，Ｙは，甲土地の所有者は自分であると主張しました。

4　Ｙは，借金の返済のためにＡがＢに対して平成20年8月31日に甲土地を代物弁済したと主張していますが，ＡがＢから借金をしたという事実も，Ａが借金を返済できなくなり甲土地を代物弁済したという事実もありません。Ａが生前お金に困っていたというような事実はありませんし，Ａは他人からお金を借りるようなタイプの人間でもありません。

　　　そもそも，甲土地の所有権登記名義人はＡのままとなっていて，代物弁済を原因とするＢへの所有権移転登記もされていないのですから，Ｙが代物弁済を主張することは許されないのではないでしょうか。

5　また，Ｙは，仮に代物弁済の主張が認められないとしても，Ｂから甲土地の賃借権を相続したと主張しています。しかし，ＡとＢとの間の賃貸借契約は，Ｂが死亡する前に終了しているはずです。

　　　Ｙの言うとおり，Ａは，Ｂとの間で，平成17年4月1日，資材置場として使用する目的で，賃料月額2万5000円で甲土地を貸す旨の賃貸借契約を締結し，Ｂに甲土地を引き渡しました。なお，当初は，特に賃貸期間を定めていませんでしたが，Ｂか

らきちんと賃貸期間を定めておきたいとの申出があったため、Aは、Bとの間で、平成19年6月1日、当該賃貸借契約の賃貸期間を平成24年5月31日までとする合意をしました。

しかし、Bは、Cとの間で、平成23年5月1日、賃料月額3万円で甲土地を貸す旨の賃貸借契約を締結し、Cに甲土地を引き渡しました。Aは、同年7月末頃、甲土地に見知らぬ人物がいたことから声をかけ、事情を尋ねたところ、その人物は、Cと名乗り、「5月1日にBから借りて資材置場として使っている」などと言いました。Aは、驚くとともに激怒し、平成23年7月31日、Bに対し、AB間の賃貸借契約を解除する旨を伝えました。その後は、甲土地上の資材は撤去され、空き地の状態となっていたはずでした。

仮に、解除が認められないとしても、賃貸期間はとっくに過ぎていますので、いずれにせよAとBとの間の賃貸借契約は終了しています。したがって、Yが賃借権を相続することはあり得ないと思います。

6　以上のとおりですから、私が甲土地の所有者であり、Yがこれを不法占拠していますので、Yに対し、所有権に基づいて、その明渡しを求めたいと思います。

〔Yの言い分〕

1　Aは、私の父Bと高校時代からの友人でした。私は、Aの子であるXとは面識があり、小学生の頃一緒に遊んだ記憶がありますが、Xが大学に進学してからは、Xが地元にあまり帰ってこなくなったため、最近は疎遠になっていました。

この度、Xから甲土地がXの所有だと主張されて困惑していますが、以下のとおり、甲土地は、私が所有し、現在は資材置場として使用しているものです。

2　甲土地は、Aの自宅から少し離れたところにある土地で、Aが今から約30年前にAの父から相続して所有していた土地だと聞いています。また、Aが平成28年5月1日に死亡したことや、XがAの子であることは、Xの言うとおりです。

3　Bは、Aとの間で、平成17年4月1日、資材置場として使用する目的で、賃貸期間の定めなく、賃料月額2万5000円で甲土地を借りる旨の賃貸借契約を締結し、同日、Aから甲土地の引渡しを受けました。なお、Xは、AとBとの間で、平成19年6月1日、当該賃貸借契約の賃貸期間を平成24年5月31日までとする合意をしたと主張していますが、その日に合意した賃貸期間は平成34年5月31日までの誤りです。

4　その後、Aは、子であるXに心配をかけまいと内緒にしていたようですが、平成18年頃、株取引に失敗して家計が逼迫した時期がありました。

そこで、Bは、Aから、まとまったお金を貸してほしいと頼まれ、友人として助けてあげようと思って、平成18年9月1日、Aに対し、平成20年8月31日までに返済

するとの約束で，140万円を貸し付けました。

　しかし，Aは，返済期限が近づいた平成20年8月になっても資金を用意することができなかったため，Bは，Aに対し，「返済が難しければ，その代わりに，今借りている甲土地で弁済してくれればいいよ」と提案しました。すると，Aは，「ありがとう」と答え，Bの提案に応じました。

　そこで，Aは，Bとの間で，平成20年8月31日，この借金140万円の返済に代えAがBに対して甲土地を代物弁済する旨の合意をしました。その際，Aは，Bに対し，「借金をきちんと返せなくて申し訳ない。しばらくの間，甲土地の所有権登記名義は私のままにしてもらい，代わりにその固定資産税は私が支払い続けることにしたい」と提案しました。Bは，契約書もあるし，友人であるAなら変なことはしないだろうと思い，Aの提案を受け入れ，甲土地について代物弁済を原因とする所有権移転登記はしませんでした。このようなトラブルになるのであれば，Bは，その際に登記をしておくべきでした。

5　Xの主張するとおり，Bは，Cとの間で，平成23年5月1日，資材置場として使用する目的で，賃料月額3万円で甲土地を貸す旨の賃貸借契約を締結し，Cに引き渡しました。

　しかし，Bは，代物弁済によって甲土地の所有権を取得していたのですから，転貸ではありません。また，誰に貸そうと文句を言われる筋合いではありません。AがBに対して激怒した事実もありませんし，BがAから賃貸借契約を解除するなどと言われた事実もありません。

　なお，Bは，一時的に資材置場として貸してほしいと頼まれて，Cに対して貸したものでして，平成23年末頃までには甲土地を返してもらっています。その後，Bは，甲土地を特に使用及び収益していませんでした。

6　Bは，平成26年10月1日に死亡し，子である私がBを相続しました。相続人は私以外にありません。Bが亡くなった後，その遺品を整理したところ，平成20年8月31日付の代物弁済契約書を発見しました。同契約書には，平成18年9月1日にAがBから借りた140万円の返済に代えてAがBに対して甲土地を代物弁済する旨が記載されています。

　そこで，私は甲土地のことを思い出し，現状を確認しに行ったところ，雑草が生い茂っていました。私は，その頃，事業用の資材置場を探していましたので，格好な土地だと思い，雑草を刈り取って資材置場として使うことにしました。私は，平成27年5月1日から，甲土地を資材置場として使用して占有しています。

7　以上のとおりですから，私が甲土地の所有者です。仮に，甲土地の代物弁済の主張が認められないとしても，Bから甲土地の賃借権を相続していますので，Xの請

求には応じられません。

第17回認定考査

第1問　（別紙1）記載の〔Xの言い分〕及び〔Yの言い分〕に基づき，以下の小問
　　　(1)ないし(6)の各設問に答えなさい。

　　　　なお，附帯請求については考慮しないものとし，物件目録及び登記目録につ
　　　いては記載することを要しない。

小問(1)　XがYに対して訴えを提起する場合における適切な訴訟物を解答用紙の第
　　　　1欄(1)に記載しなさい。

小問(2)　小問(1)の訴えに係る訴訟（以下「本件訴訟」という）において，訴状に記
　　　　載すべき請求の趣旨（付随的申立てを含む）を，解答用紙の第1欄(2)に記載
　　　　しなさい。

小問(3)　本件訴訟の口頭弁論において，〔Xの言い分〕及び〔Yの言い分〕がすべ
　　　　て主張された場合に，Xの主張する請求原因の要件事実を，解答用紙の第1
　　　　欄(3)に記載しなさい。

　　　　なお，いわゆる「よって書」は，記載することを要しない。また，記載に
　　　当たっては，次の【記載例】のように，①要件事実ごとに適宜番号等を付し
　　　て整理して記載し，②請求原因が複数ある場合には請求原因ごとに分けたう
　　　えで，③要件事実のうち同一のものについては，適宜，他の請求原因の要件
　　　事実の記載を引用して記載すること（以下，小問(4)及び小問(5)において同じ）。

【記載例】

（請求原因1）

1　Aは，Bとの間で，平成○○年○月○日，甲土地を賃料月額10万円で賃
　　貸するとの合意をした。

2　……

（請求原因2）

1　請求原因1の1と同じ。

2　……

小問(4)　本件訴訟の口頭弁論において，〔Xの言い分〕及び〔Yの言い分〕がすべ
　　　　て主張された場合に，Yの主張する抗弁の要件事実を解答用紙の第1欄(4)に
　　　　記載しなさい。

　　　　なお，記載に当たっては，抗弁が複数ある場合には抗弁ごとに分けて記載
　　　し，小問(3)において解答した請求原因が複数ある場合にはそれぞれどの請求

原因に対する抗弁であるかを明記して記載すること。

小問(5)　本件訴訟の口頭弁論において，〔Xの言い分〕及び〔Yの言い分〕がすべて主張された場合に，Xの主張する再抗弁の要件事実を解答用紙の第1欄(5)に記載しなさい。

　　　　なお，記載に当たっては，再抗弁が複数ある場合には再抗弁ごとに分けて記載し，小問(4)において解答した抗弁が複数ある場合にはそれぞれどの抗弁に対する再抗弁であるかを明記して記載すること。

小問(6)　本件訴訟において，裁判所から和解勧試があり，XY間において，XがYから和解当日（平成30年6月4日とする）に甲土地を代金40万円で買い受け，XがYに対して平成30年6月12日に40万円を支払うのと引換えに，YがXに対して甲土地の引渡し及び所有権移転登記手続をするとの内容の和解をすることとなった。

　　　　この和解内容に基づいて作成した（別紙2）の和解条項案のうち，【　①　】及び【　②　】に入る適切な和解条項を解答用紙の第1欄(6)にそれぞれ記載しなさい。

第2問　第1問記載の設例において，司法書士P（簡裁訴訟代理等関係業務を行うのに必要な能力を有する旨の法務大臣の認定を受けているものとする）は，Xの訴訟代理人として，Y及びZを共同被告とし，Yに対する請求とともに，Zに対する無権代理人の責任に基づく25万円の損害賠償請求をする訴えを簡易裁判所に提起した。この場合に関する以下の小問(1)ないし(3)の各設問に答えなさい。

小問(1)　Y及びZに対する請求についての裁判所の判断が区々にならないようにするために，Pはどのような訴訟行為をすればよいかを解答用紙の第2欄(1)に記載しなさい。

小問(2)　Zの所在が不明であるときは，Zに対する訴状等の訴訟関係書類は，どのような方法によって送達されるか。また，この送達方法が採られた場合に，Zが口頭弁論期日に出頭しなかったときにおける，Zに対する請求に係る請求原因事実の立証の要否及びその理由を，解答用紙の第2欄(2)に記載しなさい。

小問(3)　仮に〔Xの言い分〕の下線部中の丙絵画の売買代金額が30万円ではなく150万円であった場合において，〔Yの言い分〕が判明しているときは，Pは，Xの訴訟代理人として下線部の事実に基づく主張をすることができるか。主張の可否及びその理由を解答用紙の第2欄(3)に記載しなさい。

第3問　第1問記載の設例において，Xは，Y及びZを共同被告とし，Yに対する請求とともに，Zに対する無権代理人の責任に基づく25万円の損害賠償請求をする訴えを提起した。Yの訴訟代理人としてYから事件を受任していた司法書士Q（簡裁訴訟代理等関係業務を行うのに必要な能力を有する旨の法務大臣の認定を受けているものとする）は，Zから，「私は，本件売買契約に先立って，本件売買契約についての代理権をYからもらっている。その旨を記載した準備書面を書いてほしい。」として裁判所提出書類の作成を依頼された。この場合，QはZから上記依頼を受任することができるか。その結論及び理由を解答用紙の第3欄に記載しなさい。

（別紙1）

〔Xの言い分〕

1　Yから買い受けたT県所在の甲土地（本件全期間を通じ，固定資産税評価額は50万円）のことで，Yとトラブルになっています。

　　甲土地は，私が以前から所有している乙土地に隣接していて，袋地になっていますので，乙土地を通らなければ公道には出られません。

2　私は，平成30年1月22日，Yの子であるZから，「父Yが甲土地を手放したいと思っていまして，Xさんに買ってもらえないか聞いてほしいと頼まれているのですが，買いませんか」と持ちかけられました。

　　Zの話では，Yの父Aが平成29年9月1日に亡くなり，唯一の相続人であるYが甲土地を相続し，これを原因とする所有権移転登記を経たのですが，Yは，袋地で活用しづらい土地であるにもかかわらず，固定資産税だけを払い続けるのは大変だと思い，甲土地を手放す気になったようです。

3　私は，甲土地を取得すれば，乙土地と合わせて土地を広く活用することができるようになりますので，これは良い話だと思いました。そこで，甲土地を買い受けることとし，Zとの間で代金等の売買条件について交渉しました。

　　なお，Zの話では，Yは遠方のS県に居住しているところ，甲土地は交通費を出してT県に来てまでXと交渉するほどの価値はないことから，Zが甲土地の売却についての交渉から契約までのすべてを任されているということでした。

4　その後，Zとの間で交渉を重ね，売買条件の協議が調いました。私は，平成30年3月1日，Yの代理人であるZとの間で，売買代金50万円，代金支払いと引渡し及び登記手続とを引換えに行うこととし，その日を同月30日とする約定で甲土地を買い受ける旨の売買契約（本件売買契約）を締結しました。

5　Yは，Zに対して甲土地を賃貸する代理権を与えていたに過ぎず，売却の代理権

は与えていないと主張しているようです。

　　しかし，私は，本件売買契約の際，Zから，YがZに対して甲土地の売買に関する一切の件を委任する旨を記載した平成30年2月1日付の委任状及びこの委任状に押されていたYのはんこの印鑑登録証明書をもらっています。私は，Zが本件売買契約についての代理権を有しているものと信頼して本件売買契約を締結したのですから，保護されるべきではないでしょうか。

6　仮にZが本件売買契約を締結した時点で本件売買契約についての代理権を有していなかったとしても，私は，平成30年3月3日に，Yに対し，甲土地の売却についてお礼の電話をかけたところ，Yは，「甲土地を買ってくれてありがとう」と感謝の言葉を述べ，本件売買契約を了承しています。

7　私は，まとまったお金が入ったので，約束の日よりも前でしたが，平成30年3月15日，Yに対し，売買代金50万円のうち25万円を本件売買契約時に指定された銀行口座宛てに振り込んで支払いました。

　　残りの売買代金25万円については，私は，平成28年10月10日，Aに対し丙絵画を代金30万で売り，これを引き渡していたにもかかわらず，その代金が未回収であったことを思い出しました。そこで私は，平成30年3月28日，Aの相続人であるYに対し，内容証明郵便を以て，上記丙絵画の売買代金債権と本件売買契約の残代金債権とを相殺する旨の通知を出しました。その通知は，同月30日にYに届いています。

8　しかし，Yは，甲土地の引渡しをせず，また本件売買契約を原因とする所有権移転登記手続にも応じてくれません。

　　以上のとおりですから，私は，Yに対し，本件売買契約に基づき甲土地の引渡し及び所有権移転登記手続を求めます。

〔Yの言い分〕

1　Xから，甲土地を買ったから，早く引き渡せ，登記も早く移せ，などと言われて，困っています。

2　甲土地は，Xが所有している乙土地の裏手に隣接している土地で，袋地になっていること，乙土地を通らなければ公道には出られない関係にあることは，Xの言うとおりです。

　　しかし，甲土地は，それなりのまとまった広さがある土地で，竹が植えられていて，春になると筍を採ることができます。

3　甲土地は，私の父であるAが所有していましたが，Aは，平成29年9月1日に亡くなりました。母はそれ以前に亡くなっていまして，一人っ子である私が単独相続し，これを原因とする所有権移転登記をしました。私は，遠方のS県に居住しているた

め，甲土地まで出かける機会は少なく，そのままでは甲土地に竹が生い茂ってしまいそうでしたので，Xにこれを借りてもらえればありがたいと思っていました。そこで，私は，平成30年1月頃，T県に居住する私の子Zに対し，Xに甲土地を借りてもらえないか交渉するよう頼みました。

4　Xは，私の代理人であるZから，平成30年3月1日に甲土地を買ったと主張しています。

　　しかし，私は，Zに対して甲土地を賃貸することについての代理権は与えましたが，売却の代理権を与えたことはありません。Xの主張によりますと，Xは，本件売買契約の際に，Zから，私がZに対して甲土地の売買に関する一切の件を委任する旨が記載された委任状を受け取ったとのことですが，この委任状は，私がZに対して甲土地を賃貸することについての代理権を与えた際に渡したものが書き換えられたものです。Xが持っている委任状を見せてもらいましたが，「売買」という文字の部分には消し跡があり，また，「売買」という文字が他の文字とは明らかに字体が異なっていましたので，私がZに渡した委任状の「賃貸」という文字が「売買」という文字に書き換えられたものだと思います。

　　また，Xが持っている私の印鑑登録証明書は，私がZに対し，甲土地を賃貸することについての代理権を与えた際，委任状とともに渡したものです。なお，Xは，私に確認しようと思えば容易にこれができたのに，本件売買契約について直接連絡もしてきませんでした。

5　Xは，平成30年3月3日に，私に対して「甲土地を売ってくれてありがとう」という電話をかけてきましたが，私は，Xに甲土地を売った覚えはありませんでしたので，「あなたに売った覚えはない」と言って，電話を切りました。

6　Xは，平成30年3月15日，私に対して売買代金25万円を支払ったと言っていますが，私は1円も受け取っていません。Xが振り込んだ預金口座は，私の口座ではありません。Xは，Zにだまされたのではないでしょうか。

　　仮にXと私との間で売買契約に基づく何らかの権利義務関係が生ずるとしても，私は，売買代金を一切受け取っていませんので，売買代金が支払われるまでは，Xの請求に応じるつもりはありません。

　　また，Xから，平成30年3月30日に，丙絵画の売買契約に基づく代金債権と本件売買契約に基づく代金債権とを相殺する旨の通知が内容証明郵便で届きました。しかし，XとAとの間で丙絵画の売買契約があったことは知りませんし，丙絵画を見たことさえありません。Xが勝手に話を作っているだけだと思います。

7　以上のとおりですから，私は，Xの不当な請求に応じる必要はないと思います。

（別紙２）

和　解　条　項　案

1　被告は，原告に対し，本日，甲土地を代金40万円で売り，原告はこれを買い受ける。

2　原告は，被告に対し，【　①　】。

3　被告は，原告に対し，【　略　】甲土地を引き渡す。

4　被告は，原告に対し，【　②　】。但し，登記手続に要する費用は原告の負担とする。

5　原告は，その余の請求を放棄する。

6　原告及び被告は，原告と被告との間には，本和解条項に定めるほか，何らの債権債務のないことを相互に確認する。

7　訴訟費用は各自の負担とする。

第18回認定考査

第１問　（別紙）記載の〔Xの言い分〕及び〔Yの言い分〕に基づき，以下の小問(1)から小問(6)に答えなさい。

　　　なお，〔Xの言い分〕及び〔Yの言い分〕に基づいてX又はYが訴訟において主張をする場合，当該主張は平成31年3月1日の口頭弁論期日において陳述されたものとする。

小問(1)　XがYに対して訴えを提起する場合の訴訟物を解答用紙の第１欄(1)に記載しなさい。

小問(2)　小問(1)の訴えに係る訴訟（「本件訴訟」）において，Xが訴状に記載すべき請求の趣旨（付随的申立ては除く）を解答用紙の第１欄(2)に記載しなさい。

小問(3)　本件訴訟において，Xが主張すべき請求原因の要件事実を解答用紙の第１欄(3)に記載しなさい。

　　　なお，いわゆる「よって書き」は記載することを要しない。また記載に当たっては，次の【記載例】のように，要件事実ごとに適宜番号等を付し，整理して記載すること（以下，小問(4)及び小問(5)において同じ）。

【記載例】

1　Aは，平成○年○月○日当時，本件土地を所有していた。

2　Bは，本件土地を占有している。

3　……

小問(4)　本件訴訟において，Yが主張すべき抗弁の要件事実を解答用紙の第１欄(4)

に記載しなさい。なお，抗弁が複数ある場合，抗弁ごとに分けて記載すること。

小問(5)　本件訴訟において，Xが主張すべき再抗弁の要件事実を解答用紙の第1欄(5)に記載しなさい。なお，再抗弁が複数ある場合，再抗弁ごとに分けて記載し，小問(4)において複数の抗弁を解答した場合，それぞれどの抗弁に対する再抗弁かを明記すること。

小問(6)　Xが，平成25年9月1日に電話でYと交わした会話の内容を立証する目的で，〔Xの言い分〕3に記載された録音データを証拠として提出することが考えられる。その場合の適切な証拠調べの手続はどのようなものか，解答用紙の第1欄(6)に記載しなさい。

第2問　第1問の設例において，Yは，XがYに対して訴えを提起する前にXの主張している債務が存在しないことの確認を求める訴え（「本件確認の訴え」）を提起することとした。この場合に関する以下の小問(1)から小問(4)に答えなさい。

小問(1)　本件確認の訴えに係る訴訟において，Yが訴状に記載すべき請求の趣旨（付随的申立ては除く）を解答用紙の第2欄(1)に記載しなさい。

小問(2)　本件確認の訴えに係る訴訟において，Yが訴状において主張すべき請求原因の内容を，解答用紙の第2欄(2)に記載しなさい。

小問(3)　本件確認の訴えを提起した後，XがYに対し本件確認の訴えに係る債務の履行を求める反訴を提起した場合，本件確認の訴えについてはどのような判決が言い渡されるか。結論及びその理由を解答用紙の第2欄(3)に記載しなさい。

小問(4)　仮に小問(3)の反訴の訴額が150万円であった場合，Yの訴訟代理人であるP（簡裁訴訟代理等関係業務を行うのに必要な能力を有する旨の法務大臣の認定を受けている）は，司法書士法上，当該反訴に係る反訴状の送達を受ける権限を有するか。結論及びその理由を解答用紙の第2欄(4)に記載しなさい。

第3問　第1問の設例において，司法書士Q（簡裁訴訟代理等関係業務を行うのに必要な能力を有する旨の法務大臣の認定を受けている）は，平成30年12月に開催された市役所の無料法律相談会において，Yから，XのYに対する請求についてYが同年10月15日に受領した内容証明郵便を提示されて相談を受け，Yに対し，Yが採り得る方法について具体的に教示した。この場合に関する以下の小問(1)及び小問(2)に答えなさい（但し，各小問は独立しているものとする）。

小問(1)　その後，Qは，Xから本件訴訟の訴訟代理人となってほしいと依頼された

場合，これを受任することができるか。結論及びその理由を解答用紙の第3欄(1)に記載しなさい。

小問(2)　その後，Qと同じ事務所に所属する司法書士R（簡裁訴訟代理等関係業務を行うのに必要な能力を有する旨の法務大臣の認定を受けている）は，Xから本件訴訟の訴訟代理人となってほしいと依頼された場合，これを受任することができるか（当該事務所に所属する司法書士は，Q及びRのみであるものとする）。結論及びその理由を解答用紙の第3欄(2)に記載しなさい。

（別紙）

〔Xの言い分〕

1　私は，Aに売った時計の代金の支払について，友人であるYとの間でトラブルになっています。

　　私は，15年ほど前から時計の収集を趣味としていまして，腕時計や掛け時計など種類を問わず，また古いものから新しいものまで，多数の時計を収集しています。Aは，アンティークの家具や時計等を販売している株式会社ですが，株式会社といっても，代表取締役aが一人で経営する小さな会社でした。

2　aは，平成25年の夏頃，私のコレクションの一つである1900年代初頭製の懐中時計（以下，「本件時計」）を見て，是非Aの商品として仕入れたいと申し入れてきました。私は，Aの信用にやや不安がありましたので，aに対し「この時計は売るとすれば40万円くらいしますが，代金の支払は大丈夫ですか」と質しました。すると，aは，「もちろん大丈夫ですが，不安でしたら，Yを保証人にします」と答えました。

　　Yは，私とaの共通の友人で，Aとの取引もあり，信頼のおける人物でした。

3　そこで私は，Aに対し本件時計を売り渡すこととし，Aとの間で，平成25年9月1日午後3時頃，以下のとおりの売買契約（以下，「本件売買契約」）を締結し，甲喫茶店においてその契約書を交わしました。①本件時計を代金40万円で売り渡すこと，②本件時計は同年10月1日にXの自宅で引き渡すこと，③代金は同月31日にXの銀行口座に振り込んで支払うこと，④代金の支払を遅滞したときは代金支払期日の翌日から年1割の割合による遅延損害金を支払うこと。

　　Yは，契約の際，甲喫茶店には来ませんでした。しかし，上記契約書には「保証人は，本件売買契約に基づく買主の売主に対する代金支払債務について保証し，履行の責めを負う。」との条項があり，予め，保証人としてYの住所が記載され，その署名・押印がされていました。

　　aから，「Yは所用により来られないが，電話で話をしたいと言っている」と言

われましたので，私は，Yに電話をかけて，Yに対し保証人となることについて意思確認をしました。その際，Yは，「契約書のとおりよろしくお願いします」と答えました。その際，私は，とっさの判断で，携帯電話の録音機能を使ってYとの会話を録音しました。したがって，私とYとの間に上記契約書のとおりの内容の保証契約が成立したことに相違ありません。

4　私は，平成25年10月1日，上記契約書に記載してあるとおり，Aに対し本件時計を引き渡しました。しかし，同月31日を過ぎても，Aから代金は支払われませんでした。

そこで，同年11月5日，Aの店舗に様子を見に行ったところ，シャッターが閉まっていて，「平成25年10月末日をもって閉店しました」という張り紙がされていました。Aの事務所にも赴きましたが，事務所には人はなく，「しばらく留守にします」という張り紙がされていました。aの行方は，その後も分かりませんでした。

私は，Yに対して代金の支払を求めようかとも思いましたが，Yとの関係を壊したくなかったため，しばらく様子を見ることにしました。

5　その後，代金の回収はできないままでしたが，偶然，平成29年10月31日，街中でaを発見しました。事情を聴いたところ，A及びaは，いずれも多額の借金を抱えていて逃げ回っていたとのことでした。

私が本件売買契約の代金の話をすると，aは，支払わなかったことを詫び，「Aは，X殿に対し本件売買契約に基づく40万円の代金債務を負っていますが，未払であることにつき深くお詫びするとともに，今後，X殿に対してはこれ以上迷惑をかけないよう遅延損害金と合わせて支払う所存です」と記載した念書を差し入れました。このような場合でも，時効によって債務が消滅するのでしょうか。

6　しかし，その後も，Aからの代金の支払はなく，aの行方も再び分からなくなりました。そこで私は，平成30年10月上旬，Yに対し，保証人として本件売買契約の代金を支払うよう求めました。これに対し，Yは，「そんな保証などしていない」とひどい剣幕で怒鳴り返しました。

7　私は，平成30年10月14日，Yに対し，保証人として本件売買契約の代金40万円及びこれに対する遅延損害金を支払うべき旨を記載した内容証明郵便を送付し，その郵便物は同月15日にYに到達しました。しかし，Yからの支払はありませんでした。そこで私は，Yに対し訴えを提起することにしました。

8　私は，平成29年2月1日，平成30年10月31日に返済する約束でBから60万円を借り入れました。また，平成30年10月5日，この貸金債権をYに譲渡した旨の内容証明郵便をBから受け取りました。

しかし，Bがこの貸金債権をYに譲渡したことは私はまったく知りません。また，

私とBとの間では，借入れをした際に，債権譲渡を禁止する旨の合意をしています
ので，そもそも債権譲渡はできないはずです。なお，この合意は当然Yも知ってい
るはずです。

9　以上のとおりですから，私は，保証人であるYに対し，本件売買契約の代金40万
円及びこれに対する遅延損害金の支払を求めます。

〔Yの言い分〕

1　私は，かつての友人であるXから身に覚えのないお金を支払うよう請求され，
困っています。

Xは，時計の収集が趣味で多数の時計を持っていて，会う度にその自慢話を聞か
されてきました。また，〔Xの言い分〕1に記載してあるA及びaについての記述
は，おおむねそのとおりです。

2　平成30年10月15日，Xから，保証人として本件売買契約の代金40万円及びこれに
対する遅延損害金の支払を求める旨の内容証明郵便が私宛てに届きました。この内
容証明郵便には，XがAに対して平成25年9月1日に代金40万円で本件時計を売った
こと，私がAの保証人となったことなどが記載されていました。しかし，まったく
身に覚えのないことでした。

私は，すぐにXに連絡し，契約書のコピーを送付してもらいましたが，その保証
人欄の署名・押印は私がしたものではありません。印影は，私のはんこによるもの
ではありませんし，署名も私の筆跡とは異なります。この署名・押印は，何者かに
よって偽造されたものではないでしょうか。なおXは，契約書を交わす際に私と電
話で話をしたと言っているようですが，私はその日にXと電話で話をした記憶はあ
りません。本当は，aに問い質したいところですが，aは行方不明でそうも参りま
せん。

3　そもそも，本件売買契約の代金の支払期日から5年以上経っています。したがっ
て，私が保証人となったかどうかにかかわらず，代金支払債務は既に時効にかかっ
ていると思います。

4　Xがこのような請求をしてきたのは，次のような事情からではないかと思います。
実は，Xは平成28年末頃から生計が苦しくなり，平成29年2月1日，返済期を平成30
年10月31日として，Bから60万円を借り入れました。ところが，Bは，弁済期にX
からこの貸金債権を回収できる見込みが薄かったため，Xの友人である私に対し，
平成30年10月1日，この貸金債権を代金50万円で売却しました。Xは，Bとの間で
この債権の譲渡を禁止する合意をしていた旨を主張しているみたいですが，私はそ
のような合意があることは知りません。

Bは，Xに対し，平成30年10月4日，この債権譲渡を内容証明郵便をもって通知し，その郵便物は同月5日にXに届いています。Xは，この通知を見て，借入金60万円を返済したくないと思い，私に対する債権をでっち上げ，不当な請求をしてきたのだと思います。仮に，私とXとの間で保証契約が締結されていたと認められる場合，私は，Xに対するこの60万円の貸金債権をもって相殺します。

5　以上のとおりですから，私はXの請求には応じられません。

> 解説，解答例編

第1回認定考査／売買代金請求事件

1 事案の読み取り

(1) 〔Xの言い分〕2の下から2～1行目

X→Z「60万円くらいでなら，～売ることはできると伝えて～」

＝ 売買の申込みの誘因？

(2) 〔Xの言い分〕3の2～3行目，3～4行目

「腕時計 ～ 買います」

Z→X「Yが，60万円で～譲って欲しいと言っている」

＝ 売買の申込みの意思表示？

(3) 〔Xの言い分〕3の4～5行目

X「Yに売ることにし，時計をZに渡した」

＝ 売買の承諾の意思表示？

(4) Zの地位をどう位置づけるか？

ア）ZはYの使者（ＸＹ間の直接契約）か？

〔Xの言い分〕3の2行目

Y「60万円で買います」＝Y自身の意思表示？

〔Xの言い分〕3の下から2行目

Y「代金は直ちに振り込みます」＝Y自身の意思表示？

イ）ZはYの代理人か？

〔Xの言い分〕3の1～2行目

Zが，Yの氏名が記載されYの氏の印影のある書面を持参した

〔Xの言い分〕3の3～4行目

Z→X「Yが60万円で ～ 譲って欲しいと言っている」

2 売買代金請求訴訟における主たる請求の訴訟物

(1) 訴訟物とは

訴訟上の請求の内容となっている「実体法上の権利または法律関係」そのものをいう。給付訴訟及び形成訴訟においては，訴状の必要的記載事項である「請求の趣旨」及び「請求の原因」（民訴§133－Ⅱ②）によって特定する。実務では，請求の原因欄の「よって書き」に明示する慣例である。

(2) 本件の訴訟物／**第1問小問(1)の解答例**

　　売買契約に基づく代金支払請求権

3　売買代金請求の主たる請求の要件事実

(1) 売買代金請求の要件事実

　　売買契約の締結（民§555）

(2) 請求原因事実という用語

　　訴訟上の「請求」（訴訟物）を「原因」たらしめるための具体的「事実」。要件事実を攻撃防御方法の視点から捉えた用語。

(3) 主たる請求の請求原因事実／**第1問小問(2)の解答例**

　　Xは，平成15年5月4日，Yに腕時計を60万円で売った。

＊　代理の要件事実（民§99－Ⅰ）

(1) 代理人による意思表示

(2) 顕名（代理人が本人のためにすることを示したこと）

(3) 本人が(1)に先立って代理人に代理権を授与した

　　代理構成による場合の第1問小問(2)の解答例

　　ア）Xは，平成15年5月4日，Zに腕時計を60万円で売った。

　　イ）Zは，ア）の契約の際，Yのためにすることを示した。

　　ウ）Yは，ア）の契約に先立って，Zに対しア）の契約締結の代理権を授与した。

4　主たる請求の請求原因事実に対する被告の認否

(1) 認否とは

　　一方当事者の主張した事実に対し，相手方がこれを認めるか否かといった事実に対する認識を明らかにすること。

(2) 認否をする目的

　　証拠調べを要するか否かを判別するためである。すなわち，自白された事実は証拠調べを経ないで認定すべきこととされる（民訴§179）のに対し，争う態度をとったとき（否認，不知）は証拠調べによって事実認定をする必要がある。

　　これを受けて，実務では，顕著な事実（民訴§179）については認否は要しない扱いである。

(3) 事実上の主張に対する相手方の態度（⇒『ながめてわかる』第2章第4－3）

(4) 法律上の主張を争う場合の対応

　　事実上の主張に対する認否のような対応はしない。相手方の請求を認めないと

きは，「争う」と主張する。逆に，原告の請求を被告が認めてしまうと，請求の認諾（民訴§267）になり，訴訟は終了する。

⑸　本問における認否の記載例（使者構成の主張に対して）／**第1問小問⑶の解答例**

〔Yの言い分〕2の3行目「Xから買ったことはありません」

請求原因事実は，否認する。

5　抗　弁

⑴　抗弁とは

請求原因と両立し，その請求原因から発生する法律効果を障害，消滅，阻止する事実の主張である。例えば，売買代金請求に対する弁済の抗弁がこれである。

⑵　抗弁と否認（⇒『ながめてわかる』第2章第4－5）

⑶　本問で考えられる抗弁／**第1問小問⑷の解答例**

錯誤無効（民§95本文）の抗弁

〔Yの言い分〕3の2～4行目「偽物であり，～買うわけがない。」

＊　詐欺による取消し（民§96－Ⅰ）の抗弁はどうか？

〔Yの言い分〕5の1行目「こんな偽物を高額で売りつけようとした」

出題の意図ではない？「抗弁事由が複数あるときは，抗弁ごとに整理して記載すること」との注意書がない。

⑷　本問で陥りやすい誤り（代理構成をとる場合）

〔Yの言い分〕2の3～5行目「Zに対して，～Zが勝手に～。」の点を，YがZに代理権を授与していないという意味に捉え（そのこと自体は誤りではない），「無権代理の抗弁」と考えるのは誤りである（その理由は，⇒『ながめてわかる』第2章第4－5）。

6　書証の成立の否認の意味と問題点

⑴　文書の証拠力／形式的証拠力（⇒『ながめてわかる』第2章第6－6）

⑵　書証の成立の真正についての認否（同上）

⑶　いわゆる「二段の推定」（同上）

⑷　二段の推定（判例理論）を受けた認否のあり方（同上）

⑸　**第1問小問⑸の解答例**（200字指定）

「成立を否認する」という訴訟行為は，原告提出の書証の成立を否認する立証活動であり，否認するときはその理由を記載すべきところ，Yの訴訟代理人は理由を述べていない。また，印影がYの印章によるものであれば，ひいては当該書

面の成立の真正が推定されるから，Ｙの訴訟代理人は印影についての認否及び印影を認めるときはこれがＹの意思で押捺されたものではないことを主張すべきところ，これをしていない。

7 被告訴訟代理人の立証活動／第１問小問(6)の解答例

(1) Ｙの本人尋問の申出

腕時計が偽物であることについて売買契約当時，Ｙが善意であったことを立証するため（本証）

(2) Ｚの証人尋問の申出

Ｘ提出の書証の押印はＺの盗用にかかること（二段の推定の反証）

(3) 輸入代理店の担当者の証人尋問の申出

腕時計が偽物であることを立証（本証）するために，正規の輸入代理店の担当者の証人尋問の申出をする。

8 簡裁代理権の範囲（簡裁訴額を超える反訴と原告訴訟代理人の代理権）

(1) 反訴の扱い

係属中の訴訟事件の被告が，その手続（本訴）の中で原告を被告として提起する訴えが反訴である（民訴§146－Ⅰ）。反訴は，本訴に準じた扱いを受ける（同－Ⅲ）。なお，訴額は本訴と合算しない。

(2) 本訴と反訴の審判

反訴の訴額にかかわらず，本訴と反訴は当の簡易裁判所において審判される。

(3) **第２問の解答例**（150字以内指定）

Ａには簡易裁判所の事物管轄に属する訴訟事件につき代理権が認められるところ，その訴額の上限は90万円である。反訴は本訴に準じた扱いを受けるところ，本件反訴の訴額は90万円を超えているから，Ａは本件反訴に関する訴訟行為をすることはできない。＊ 出題当時の訴額の上限は90万円であった。

9 業務を行い得ない事件

(1) 簡裁訴訟代理事件に関するものとして受任している事件の相手方からの依頼による他の事件（訴状の作成）

認定司法書士は，簡裁訴訟代理事件に関するものとして受任している事件の相手方からの依頼による他の事件（裁判書類作成業務）を受任することはできない（法§22－Ⅲ③）。ただし，受任している事件の依頼者が同意した場合は，この限りではない（同－Ⅲ柱書ただし書）。これを認めると，司法書士の誠実さを失わせ

て依頼者の信頼を損ない，受任事件に関する真実の情報の開示も望めず，その有効な業務は不可能となり，ひいては司法書士に対する社会的信頼を傷つけるからである。

(2)　公正を保ち得ない事件（所有権移転登記手続の代理）

　　司法書士は，職務の公正を保ち得ない事由のある事件については，職務を行ってはならない（司倫§23）。「公正を保ち得ない事由」とは，利益相反関係がある場合だけでなく，一定の事件を受任すればすでに受任している事件の依頼者の信頼を損ねるおそれがある事由を指す。禁止される業務は，裁判関係業務に限られず，司法書士のすべての業務が含まれるものと解されている。

(3)　**第3問の解答例**（150字以内指定）

　　受任している事件の相手方からの依頼による他の裁判書類作成事件の受任は，委任者の同意を得た場合を除き禁止されるから，AはXの同意を得ない限りYの訴状を作成することはできない。Yから登記手続の代理を受任すると，Xの信頼を損ねるおそれがあるから，公正を保ち得ない事件の受任を禁ずる司法書士倫理に抵触する恐れがあり，Aはこれを受任することは望ましくない。（148文字）

第2回認定考査／保証債務履行請求事件

1　貸金返還請求訴訟の訴訟物

(1)　主たる請求／消費貸借契約に基づく貸金返還請求権

(2)　附帯請求（その1）／利息契約に基づく利息支払請求権

(3)　附帯請求（その2）／履行遅滞に基づく損害賠償請求権

(4)　**第1問小問(1)の解答例**

　　（Zに対する主請求の訴訟物）

　　消費貸借契約に基づく貸金返還請求権

　　（Zに対する附帯請求の訴訟物）

　　履行遅滞に基づく損害賠償請求権

2　貸金返還請求の要件事実

(1)　貸金返還請求（主請求）の要件事実（⇒『ながめてわかる』第4章）

(2)　利息請求／附帯請求（その1）の要件事実（同上）

(3)　遅延損害金／附帯請求（その2）の要件事実（同上）

3　保証債務履行請求訴訟の訴訟物

(1)　保証契約（⇒『ながめてわかる』第4章）

(2)　保証債務履行請求訴訟の訴訟物（同上）

(3)　訴訟物の個数（同上）

(4)　「連帯」保証債務の履行請求訴訟の訴訟物（同上）

(5)　**第1問小問(1)の解答例**

　　　（Yに対する訴訟物）

　　　保証契約に基づく保証債務履行請求権

4　保証債務履行請求の要件事実

(1)　主債務の発生原因事実（⇒『ながめてわかる』第4章）

(2)　保証契約の締結（民§446-Ⅰ）（同上）

(3)　(2)の契約を書面または電磁的記録でした（民§446-Ⅱ，Ⅲ）

＊　平成17年4月1日施行

＊　連帯保証債務の履行請求の要件事実

　　「連帯」の約定は，要件事実ではない。これは，催告の抗弁（民§452），検索の抗弁（同§453）に対する再抗弁である。

(4)　Yに対する保証債務履行請求の請求原因事実／**第1問小問(2)の解答例**

　　ア）Xは，平成10年10月1日，Zに対し40万円を弁済期日の定めなく貸し渡した。

　　イ）Xは，平成15年8月末日，Zに対し，ア）の貸金の返還を求めた。

　　ウ）イ）の後，相当期間が経過した。

　　エ）Zは，ア）の当時，印刷業者であった。

　　オ）Yは，平成10年10月1日，Zのア）の債務を保証した。

　　＊　本問の保証契約は平成17年4月1日以前に成立しているので，書面性は要件事実ではない。

5　請求原因事実に対する被告の認否／**第1問小問(3)の解答例**

(1)　ア）は不知。／〔Yの言い分〕1，2

(2)　イ）は不知。／〔Yの言い分〕4

(3)　エ）は認める。／〔Yの言い分〕1

(4)　オ）は否認する。／〔Yの言い分〕3

6　抗弁及びその要件事実

(1)　〔Yの言い分〕5の下から2行目

「私の関知しない件に，『はい，そうですか』と支払うことはできません」を推測すれば，Ｙは請求棄却を求めるための抗弁を主張していると読み取ることができる。ＸからＺへの貸金から５年以上経過している本件においては，消滅時効の抗弁が考えられる。

(2)　主債務の消滅と保証債務／主張の位置づけ

主債務が消滅すれば保証債務も附従性により消滅するので，主債務についての消滅時効の主張が認められれば，保証債務も附従性により消滅する。したがって，主債務の消滅時効は，請求原因事実に基づく保証債務の履行請求権を消滅させる事由であるから，これに対する抗弁に位置づけられる。

(3)　消滅時効の抗弁の要件事実（⇒『ながめてわかる』第３章）

(4)　**第１問小問(4)の解答例**

（抗弁）

主たる債務の時効消滅による保証債務の消滅

（抗弁の要件事実）

ア）平成15年10月１日は経過した。

イ）Ｙは，Ｘに対し，ア）の時効を援用する旨の意思表示をした。

＊　「弁済期日の定めのない」こと（時効の起算点＝債権成立時）及び「商行為性」は，請求原因事実に現れているので，抗弁として主張する必要はない。

(5)　催告・検索の抗弁が考えられるか？

ア）催告の抗弁

主債務者にも同時に訴求する場合，この抗弁は主張できない（大判大9・11・24）。よって，本問ではこれを挙げることはできない。

イ）検索の抗弁の要件事実（民§453）

ａ）債務者に弁済の資力があること

ｂ）執行の容易性

ｃ）検索の抗弁権を行使するとの権利主張

〔Ｙの言い分〕５の１～２行目の記述からは，ａ）及びｂ）の要件は充たしそうにない（出題の意図ではない）？

7　消滅時効の抗弁に対する再抗弁（⇒『ながめてわかる』第３章）／第１問小問(5)の解答例

平成15年8月末日の本件貸金の返済催告から６月以内に訴えを提起したことによる消滅時効の中断

8　書証の印影についての求釈明の意味／第1問小問(6)の解答例

　　Y名下の印影がYの印章によって顕出された場合，その印影はYの意思により顕出されたものと推認され（第一段の推認），民事訴訟法上，その文書は成立の真正が推定される。これに対し，その印影が自己の印章によることをYが否認すれば，第一段の推認はそのままでは働かないので，本問の釈明がされた。

9　行方不明者に対する送達，その効力

(1)　公示送達

　　送達名宛人が出頭すればいつでも書類を交付する旨を裁判所の掲示場に掲示する方法によってする送達である（民訴§111）。

(2)　公示送達の要件

　　この送達は，ア）当事者の住所その他送達すべき場所が知れない場合，イ）付郵便送達ができない場合，またはウ）嘱託送達ができない場合に，訴訟手続を可能にするために最後の手段として認められる送達（民訴§110－Ⅰ）。実務上は，「転居先不明」，「宛て所に尋ね当たりません」により不送達になった場合に実施される（要するに，行方不明者に対する送達）。

(3)　了知を前提とする規定の適用の排除

ア）擬制自白

　　相手方の事実上の主張を明らかには争わない態度を沈黙といい，これにより，自白が擬制される（民訴§159－Ⅰ本文）。

イ）期日の欠席者への準用

　　自白の擬制の規定（民訴§159－Ⅰ本文）は，口頭弁論期日に出頭しない当事者に準用される（同－Ⅲ本文）。すなわち，期日に欠席し，陳述の擬制（民訴§158）も受けられない当事者は，相手方の主張事実を自白したものとみなされる。

ウ）公示送達と自白の擬制

　　公示送達による呼出しを受けた当事者については，イ）の準用は認められない。すなわち，欠席者が公示送達によって呼出しを受けた場合，擬制自白は成立しない（民訴§159－Ⅲただし書）。その結果，事実を主張した相手方は，自己の主張した事実を立証しなければならなくなる。

エ）擬制自白が認められない理由

　　公示送達は，名宛人において，自己に対する送達を知ることが現実にはほとんど期待できないところ，擬制自白の規定の準用を認めると，名宛人に酷な結果となるから，これを認めない趣旨である。

(4)　第1問小問(7)の解答例

　　　Zは行方不明者であるから，これに対する送達は公示送達の方法により行われる。この場合，Zが関係書類の送達を知ることはほとんど期待できないから，Zに酷な結果にならないよう，擬制自白は成立しないものとされている。その結果，Xは請求原因事実を立証しなければならない。

10　簡裁代理権の範囲／第2問

(1)　併合請求訴訟の訴額

　　　一の訴えで数個の請求をする場合，訴額はそれぞれの価額を合算した額となる（民訴§9－Ⅰ本文）。

(2)　経済的利益を共通とする請求

　　　一の訴えで主張する利益が各請求について共通である場合，訴額はそれぞれの価額を合算しない（民訴§9－Ⅰただし書）。この場合，多額の一方の訴額をもって併合請求の訴額とする（吸収関係）。

(3)　吸収関係の代表例

　　ア）物の所有権確認請求とその物の引渡請求

　　イ）貸金請求とその保証債務の履行請求

　　ウ）主位的請求と予備的請求

　　エ）本来の請求と代償請求（民執§31－Ⅱ）

(4)　第2問の解答例（150字以内指定）

　　　Aは，Xの訴訟代理人として，Y及びZに対する請求を併合して訴えを提起することができる。検討した問題点は，両請求の訴額を合算すると100万円になり，Aの代理権の範囲を超えるのではないかであるが，本件両請求は経済的利益を共通にしているから，訴額は合算されず50万円であり，Aの代理権限の範囲内にある。＊　出題当時，簡裁の訴額の上限は90万円であった。

11　業務を行い得ない事件／第3問

(1)　公正を保ち得ない事件

　　　司法書士は，職務の公正を保ち得ない事由のある事件については，職務を行ってはならない（司倫§23）。「公正を保ち得ない事由」とは，利益相反関係がある場合だけでなく，一定の事件を受任すればすでに受任している事件の依頼者の信頼を損ねるおそれがある事由を指す。これを認めると，司法書士の誠実さを失わせて依頼者の信頼を損ない，受任事件に関する真実の情報の開示も望めず，その有効な業務は不可能となり，ひいては司法書士に対する社会的信頼を傷つけるか

らである。

(2) 公正を保ち得ないおそれのある事件

　受任の段階では「公正を保ち得ない事由」が顕在化していない場合，依頼者に対しその事情をあらかじめ説明し，職務を行えなくなり得ることについて，同意を得るよう努めなければならない（司倫§24）。受任後に利益相反関係が顕在化した場合，すべての依頼者の代理人の地位を辞任しなければならない。

(3) **第3問の解答例**（150字以内指定）

　ＹとＺは，本件訴訟の成り行きいかんでは，求償関係をめぐって対立し合う可能性があり，もし対立が顕在化した場合，司法書士倫理上，双方の代理人を辞任せざるを得ない。よって，Ｂは両者の訴訟代理人となり得るものの，将来，双方の訴訟代理人を辞任せざるを得ない事態があり得る旨をあらかじめ説明し，その同意を得なければならない。

第3回認定考査／建物明渡請求事件

1　賃貸借契約の終了による建物明渡請求の訴訟物

(1) 主たる請求の訴訟物／**第1問小問(1)の解答例**

　賃貸借契約の終了に基づく目的物返還請求権としての建物明渡請求権

(2) 附帯請求の訴訟物（その1）／賃料請求権

　賃貸借契約に基づく賃料支払請求権（本問では明らかではない）

(3) 附帯請求の訴訟物（その2）／損害賠償請求権／**第1問小問(1)の解答例**

　（目的建物の返還債務の）履行遅滞に基づく損害賠償請求権

2　本問における主たる請求の請求原因事実／第1問小問(2)の解答例

　ア）Ｘは，Ｙに対し，平成11年5月1日，本件建物部分を次の約定で賃貸した。

　　　　賃　　料　　1か月10万円

　　　　賃貸期間　上記同日から3年間

　イ）Ｘは，上記同日，ア）の契約に基づいて，Ｙに対し本件建物部分を引き渡した。

　ウ）平成14年4月30日が経過した。＊

　エ）Ｘは，Ｙに対し，平成15年10月16日，ア）の契約を解約する旨の申入れをした。

　オ）平成16年4月16日が経過した。

　カ）エ）の申入れ後オ）の時までに，以下の事実が存在した。

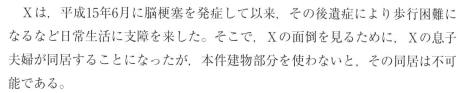

　　Xは，平成15年6月に脳梗塞を発症して以来，その後遺症により歩行困難になるなど日常生活に支障を来した。そこで，Xの面倒を見るために，Xの息子夫婦が同居することになったが，本件建物部分を使わないと，その同居は不可能である。

＊「法定更新」について

　　建物の賃貸借契約は，期間満了の1年前から6月前までの間に更新拒絶の通知をしないときは，当然に同一条件で更新され（借地借家§26－Ⅰ本文），その賃貸借契約は期間の定めのないものとなる（同ただし書）。解約の申入れをすることのできる賃貸借契約であるためには，期間の定めのないものであることが不可欠の要素となる（法曹会「民事訴訟における要件事実第二巻」p.133）から，期間の定めのない賃貸借契約となったことを示すために，法定更新が要件事実となる。

　　ただ，「法定更新」は事実ではないので，その表記はウ）のとおり記載する。

3　本問における主たる請求の請求原因事実に対する認否／第1問小問(3)の解答例

- (1)　ア）は，認める。
- (2)　イ）は，認める。
- (3)　ウ）は，認める。
- (4)　エ）は，認める。
- (5)　オ）（顕著な事実）
- (6)　カ）は，不知。

4　解約申入れによる建物明渡請求に対する抗弁の要件事実

(1)　正当事由の評価障害事実（抗弁その1）

　　請求原因事実カ）の正当事由の主張に対し，賃借人は，その評価根拠事実と両立し，その評価を消極方向で基礎づける事実（評価障害事実）を，抗弁として主張することができる。

(2)　建物の使用継続による法定更新（抗弁その2）

　　解約申入れがあった場合でも，6月の期間経過後に賃借人が目的建物の使用収益を継続している場合において，賃貸人が遅滞なく異議を述べないときは，従前の賃貸借と同一条件で賃貸借契約が締結されたものとみなされる（借地借家§27－Ⅱ，同§26－Ⅱ）。

　　そこで被告は，抗弁として「解約申入後6月経過後に賃借人が目的建物の使用

または収益を継続した」を主張することができる。この主張により，解約申入れによる賃貸借契約の終了という法律効果の発生が障害される。したがって，この法定更新の主張は，抗弁に位置づけられる。

(3) **第1問小問(4)の解答例**

ア）正当事由の評価障害事実

Yは，本件建物部分で定食屋を営み，これにより生計を立てているから，これを明け渡すとY一家の生活は成り立たない。

Yは，本件建物部分には800万円以上の設備投資をしたが，開業して5年程度しか過ぎていないので，本件建物部分を明け渡すとこの資金を回収できなくなる。

イ）建物使用継続による法定更新

Yは，請求原因事実オ）の申入れ後6月が経過した後も，本件建物部分で定食屋を営業している。

5　**本問において選択すべき保全処分**

(1) 〔Xの言い分〕5の下から2～1行目

「最近，見知らぬ人がYの店を切り盛りしている　～　渡してしまうつもりなのかもしれません」＝建物の占有が第三者に移転すると，その明渡しが困難となるので，占有の移転を阻止したい。

(2) 占有移転禁止の仮処分

非金銭債権である明渡（引渡）請求権の強制執行を保全するため，債務者に現状維持を命ずる制度である。民事保全の種類としては，係争物に関する仮処分（民保§1）に属する。この仮処分命令の要件は，次の二つである（民保§23-Ⅰ）。

ア）被保全権利としての非金銭債権（明渡請求権）の存在

イ）保全の必要性

(3) **第1問小問(5)の解答例**

Xは，Yに対し，本件建物部分につき賃貸借契約の終了に基づく目的物返還請求権としての建物明渡請求権を有する。また，最近，見知らぬ人がYの店を切り盛りしていることから，Yは本件建物部分の占有を第三者に移転するおそれがある。そこで，Xは，Yを債務者とする占有移転禁止の仮処分命令の申立てをすることが考えられる。

6　**本問において提出すべき書証**

(1) 〔Xの言い分〕3に記載されている事実

ア）Xが，平成15年6月，脳梗塞を発症，現在も通院加療中，後遺症のため歩行
困難になるなど日常生活に支障を来している。

イ）介護用のベッドを設置する等のために，Xの居宅を改造する必要がある。

ウ）Xの日常生活の世話をするために，その息子夫婦がXと同居する必要がある。

エ）息子夫婦が同居すると，Xの居宅だけでは狭く，本件建物部分をも使用する
必要がある。

⑵ 解約通知及びその到達

これらの事実は，Yが自白しているから，立証は要しない（民訴§179）。

⑶ **第1問小問⑹の解答例**

ア）を立証するために，診断書

イ）を立証するために，ベッドやトイレに関する図面，建築設計図面

ウ）を立証するために，Xの陳述書，息子夫婦の同居同意書

エ）を立証するために，Xの居宅の間取図

7　司法書士倫理／第2問

⑴ 業務を行い得ない事件

認定司法書士は，裁判書類作成関係業務を行うことができない事件と同一の事
件については，簡裁訴訟代理等関係業務を行うことはできない（法§22-Ⅳ本文）。

⑵ 認定司法書士が裁判書類作成関係業務を行うことができない事件

簡裁訴訟代理等関係業務に関するものとして相手方の協議を受けて賛助しまた
はその依頼を承諾した事件（法§22-Ⅲ①）

「協議を受けて」　＝　具体的事件の内容について法律的な解釈や解決を求める相
談を受けること

「賛助し」　＝　協議を受けた具体的事件について，相談者が希望する一定
の結論（または利益）を擁護するための具体的な見解を示し
たり，法律的手段を教示しまたは助言すること

⑶ **第2問小問⑴の解答例**

Yは，Xからの賃貸借契約の解約通知書を持参し，以後の対応についてAに相
談し，AはYに法的手段を具体的に教示しているから，Aは本件につき協議を受
けて賛助したことになる。司法書士法は，このような事件について簡裁訴訟代理
等関係業務を受任することを禁じているから，AはXからの委任を受けることは
できない。この結論は，Yから相談を受けた場が司法書士会の無料相談会であっ
たとしても，変わらない。Yの利益を損なうことは変わらないからである。

⑷ **第2問小問⑵の解答例**

自宅の登記手続は，本件訴訟とは全く無関係である。しかも，相談はすでに終わっている。この場合に，AがXから本件訴訟の代理を受任しても，Yの利益や信頼を損なうことはない。よって，AはXからの委任を受けることはできる。

8　簡裁代理権の範囲／第3問

(1)　不動産関係訴訟の地方裁判所への移送

簡易裁判所は，その管轄に属する不動産に関する訴訟につき被告の申立てがあるときは，訴訟を地方裁判所に移送しなければならない（民訴§19−Ⅱ本文）。ただし，移送の申立ての前に，被告が本案について弁論をした場合は，この限りではない（同ただし書）。

(2)　司法書士の簡裁代理権の範囲

訴訟代理業務のうち，認定司法書士に認められるのは，簡易裁判所の事物管轄事件のみである（法§3−Ⅰ⑥イ，裁判所§33−Ⅰ①）。したがって，簡易裁判所に係属した事件が地方裁判所に移送された場合，認定司法書士はその事件につき訴訟代理権を失う。

(3)　第3問小問(1)の解答例

被告は，本件訴訟につき直ちに地方裁判所への移送の申立てをしているから，事件は，民事訴訟法上，地方裁判所に移送される。その結果，Bは本件訴訟につき訴訟代理権を失い，以後は訴訟を遂行することができなくなる。

(4)　第3問小問(2)の解答例

被告は，第1回期日において答弁書を陳述しているから，本案の申立てをしたものと想定すべきところ，この場合，事件は民事訴訟法上は地方裁判所へ必要的には移送はされない。その結果，Bは引き続き本件訴訟を遂行することができる。

第4回認定考査／売買代金請求事件

1　売買代金請求訴訟における訴訟物／第1問小問(1)の解答例

(1)　主たる請求の訴訟物

売買契約に基づく代金支払請求権

(2)　附帯請求の訴訟物

（売買代金債務の）履行遅滞に基づく損害賠償請求権

2　請求原因事実／第1問小問(2)の解答例

(1)　主たる請求の請求原因事実

　　ア）Xは，平成12年3月3日，Aに本件絵画を130万円で売った。

　　イ）Aは，ア）の契約の際，Yのためにすることを示した。

　　ウ）Yは，同年1月15日，Aに対し，ア）の契約締結の代理権を授与した。

⑵　附帯請求の請求原因事実／遅延損害金説

　　エ）ア）の契約に際し，代金の支払期日を同年3月31日と定めた。

　　オ）Xは，Aに対し，ア）の契約日に本件絵画を引き渡した。

　　カ）エ）の日は経過した。

3　主たる請求の請求原因事実に対する被告の認否／第1問小問⑶の解答例

⑴　ア）は不知。

　　〔Yの言い分〕3の1～2行目

　　「本件絵画の売買契約　～　私の知らないうちに勝手にした」

⑵　イ）は不知。

　　ア）に同じ。

⑶　ウ）は認める。

　　〔Yの言い分〕1

4　主たる請求に関する抗弁の要件事実（その1）

⑴　代理権消滅の抗弁

　　〔Yの言い分〕2「平成12年2月15日，～委任状を返してくれ」の主張は，委任の終了による代理権消滅事由である（民§111-Ⅱ）。代理権が消滅していた場合，代理の効果は発生しない。すなわち，代理権消滅の主張は，有権代理を根拠とする請求原因事実のもたらす法律効果の発生を障害せしめるから，有権代理に基づく請求に対する抗弁事由となる。

⑵　委任の終了による代理権消滅の抗弁の要件事実

　　ア）代理権は委任契約に基づいて授与された

　　イ）委任契約が代理行為に先立って終了した

⑶　本問の抗弁の要件事実／**第1問小問⑷の解答例（その1）**

　　ア）Yは，平成12年1月15日付のAとの委任契約に基づいて，主たる請求の請求原因事実ウ）の代理権を，本件絵画の購入のためにAに授与した。

　　イ）Yは，ア）の委任契約を，平成12年2月15日解除した。

⑷　参考／第1回認定考査第1問小問⑶，⑷「有権代理の否認」との違い

　　有権代理を根拠とする請求において，代理権の存在は請求原因事実であるから，被告が無権代理を主張する場合，攻撃防御としての位置づけは，「代理権の否認」

であり，「無権代理の抗弁」と考えるのは誤りである。

「代理権消滅の抗弁」は，これとはまったく異なる。いったん発生した代理権が消滅した場合の問題である。

5　主たる請求に関する抗弁の要件事実（その2）

(1)　消滅時効の抗弁

〔Yの言い分〕3の下から5～1行目「仮に，～到達しています。」の主張は，消滅時効及びその援用の意思表示である。

(2)　本問の抗弁の要件事実／**第1問小問(4)の解答例（その2）**

ア）Yは，主たる請求の請求原因事実ア）の契約の当時，レストランの経営者であった。

イ）平成17年3月31日が経過した。

ウ）Yは，Xに対し，同年5月16日，上記時効を援用する旨の意思表示をした。

＊「権利を行使し得る状態になった」との事実は，附帯請求の請求原因事実に現れているので，抗弁としての主張は不要。

6　被告の抗弁を前提に原告としてすべき「主張」／第1問小問(5)

(1)　代理権の消滅を知らなかった旨の主張／再抗弁か予備的請求原因か？

〔Xの言い分〕3の1～2行目「代理権授与を撤回した話など，～　全く知りません」は，民法112条本文をどう読むかにかかわる問題。ただ，本問では，その見解の対立（次のア）イ））は，解答に影響しない。問題文は，いずれの立場でも答え方は同じになるよう，「主張」としているからである。

ア）再抗弁説（表見代理の規定ではないと読む説）

イ）予備的請求原因説（有力説）

再抗弁とは，抗弁のもたらす法律効果を覆し，その結果，請求原因事実のもたらす法律効果を復活させる機能を果たす主張であるところ，相手方が自己の善意を立証しても，これによって代理権消滅の効果を覆して有権代理の効果が復活するわけではない。

そこで，本条は，有権代理による請求原因事実が代理権消滅により否定された場合に，有権代理とは別個の請求原因事実（予備的請求原因事実）となる，という考え方。

(2)　消滅時効の抗弁に対する主張（その1）

〔Xの言い分〕3の3行目「Yの自宅に飾るために購入　～　」は，商事消滅時効の抗弁における営業性の推定（商§503－Ⅱ）を破る主張か？

(3)　消滅時効の抗弁に対する主張（その2）／再抗弁

　　〔Xの言い分〕4の4行目「売買代金の支払いに代えて　〜　」の捉え方

　　時効援用権の喪失（最判昭41・4・20）

　＊この再抗弁については，⇒『ながめてわかる』第3章－5。

(4)　**第1問小問(5)の解答例**

　　ア）代理権の消滅を知らなかった旨の主張

　　イ）Yが本件売買契約を営業のためにしたものとの推定を覆す主張

　　ウ）消滅時効完成後の債務承認による時効援用権喪失

7　証拠説明書に記載すべき立証趣旨及びその他の事項／第1問小問(6)

(1)　写真の位置づけ

　　写真は準文書として，書証に準じた扱いを受ける（民訴§231）。

(2)　証拠説明書

　　文書を提出する方法によって書証の申出をする者は，文書の標目，作成者及び立証趣旨を明らかにした証拠説明書を提出しなければならない（民訴規§137－Ⅰ）。

　　「標目」とは，名称である。「立証趣旨」とは，証明すべき事実と証拠との関係をいう。実務では，書証の場合，立証趣旨として証明すべき事実のみが記載されることが多い。

(3)　写真を証拠として提出する方法

　　証拠説明書に，撮影の対象・日時・場所を記載しなければならない（民訴規§148）。

(4)　**第1問小問(6)の解答例**

　　ア）立証趣旨

　　　　売買代金債務の承認をしたことの間接事実として，Yがブロンズ像を所有し，代物弁済の目的物としたい旨の申入れをした事実

　　イ）撮影者，撮影の対象・日時・場所

　　　　撮影者：X

　　　　撮影の対象：ブロンズ像

　　　　日時：平成17年4月30日

　　　　場所：Yのレストラン

8　司法書士倫理／第2問

(1)　裁判書類作成関係業務の禁止

　　司法書士は，司法書士法人の社員または使用人たる司法書士としてその業務に

従事していた期間内に，その法人が相手方の依頼を受けて裁判書類等の作成業務（法§3-Ⅰ④）を行った事件であって自らこれに関与したものにつき，裁判書類作成関係業務をすることはできない（法§22-Ⅱ②）。

これは，法人の社員または使用人として関与した事件につき，その法人を退職した後，同一事件について相手方のために業務を行うことを禁ずる趣旨である。

(2) 認定司法書士の簡裁訴訟代理等関係業務の禁止

認定司法書士は，裁判書類作成関係業務を行うことができない事件と同一の事件については，簡裁訴訟代理等関係業務を行うことはできない（法§22-Ⅳ本文，同-Ⅱ②）。

(3) **第2問の解答例**（150～200字程度指定）

司法書士法人の社員は，その社員であった期間にその法人が相手方の依頼を受けて裁判書類作成業務を行った事件のうち自ら関与した事件については，簡裁訴訟代理等関係業務を行うことはできない。よって，Bは，書類作成に自ら関与しているときは，Yの訴訟代理人として本件訴訟を受任することはできない。

9 簡裁代理権の範囲／第3問

(1) 少額訴訟／**第3問小問(1)の解答例**（条文の引用は不要。以下同じ）

この訴訟事件の審理及び裁判を求めるためには，訴えを提起する際にその旨を申述しなければならない（民訴§368-Ⅱ）。本問では，Cは訴えを提起する際にこの申述をしていない。よって，小問(1)については，Cは少額訴訟による審理及び裁判を求めることはできない。

(2) 少額訴訟債権執行／**第3問小問(2)の解答例**

認定司法書士のうち，少額訴訟につき自ら代理人となったものは，その債務名義に係る少額訴訟債権執行の手続については代理権が認められる（法§3-Ⅶただし書）。Cは，本件少額訴訟において原告代理人となり，債務名義を得ているから，その権利を実現するために，少額訴訟債権執行手続を代理して行うことができる。

(3) 少額訴訟が通常訴訟手続へ移行した場合／**第3問小問(3)の解答例**

少額訴訟を提起された被告は，事件を通常訴訟手続へ移行させる旨の申述をすることができ（民訴§373-Ⅰ本文），あるいは裁判所は，一定の場合，職権により通常訴訟手続へ移行させる旨の決定をすることができる（同-Ⅲ）。その後は通常事件として審判されるところ，移行後の手続で作成された債務名義は，少額訴訟に係る債務名義にはならないものと解されている。よって，移行後の手続において原告が勝訴判決を得ても，その判決は少額訴訟手続における判決ではない。

したがって，小問(3)の場合，小問(2)と異なり，Cは少額訴訟債権執行手続を代理して行うことはできない。

第5回認定考査／建物明渡請求事件

1 賃貸借契約の終了による建物明渡請求の訴訟物

⑴ 主たる請求の訴訟物／**第1問小問(1)の解答例**

賃貸借契約の終了による目的物返還請求権としての建物明渡請求権

⑵ 附帯請求の訴訟物（その1）

賃貸借契約に基づく賃料支払請求権

⑶ 附帯請求の訴訟物（その2）／**第1問小問(1)の解答例**

（目的建物の返還債務の）履行遅滞に基づく損害賠償請求権

2 無断転貸解除を理由とする建物の明渡請求

⑴ 無断転貸を理由とする解除（⇒『ながめてわかる』第5章）

⑵ 無断転貸解除を理由とする建物の明渡請求の要件事実（⇒『ながめてわかる』第5章）

⑶ 主たる請求の請求原因事実／**第1問小問(2)の解答例**

ア）Xは，Yに対し，平成13年9月25日，本件建物を次の約定で賃貸した。

　　賃　　　料　　1か月7万円

　　賃貸期間　　平成13年10月1日から3年間

イ）Xは，平成13年10月1日，ア）の契約に基づいて，Yに対し，本件建物を引き渡した。

ウ）平成16年9月30日は経過した。＊1

エ）Yは，Zに対し，平成17年4月頃，本件建物の2階部分を，賃料月額3万円で期間を定めず賃貸した。＊2

オ）Zは，エ）の契約に基づいて，本件建物の2階部分に居住した。

カ）Xは，平成17年10月3日，Yに対し，ア）の契約を解除する旨の意思表示をした。

＊1　「法定更新」について

第3回認定考査は「解約申入れ」のケースであり，法定更新が請求原因になることは理解しやすかった。しかし，本問は法定更新後の無断転貸解除のケースである。同様に考えるべきか疑問が残るが，特別研修においては積極に解されている（ゼミナール講師の指導）ので，とりあえずその立場で解答しておく。

なお，「平成16年9月30日，法定更新された」との表記は，具体的事実の記載
　ではないから，誤りである。
　＊2　「無断で」賃貸したは，重大な誤り。「承諾」（ある賃貸）が被告の抗弁に
　　回る（⇒4(1)）。

3　主たる請求の請求原因事実に対する認否／第1問小問(3)の解答例
　(1)　ア）は，認める。
　(2)　イ）は，認める。
　(3)　ウ）は，認める。
　(4)　エ）は，認める。
　(5)　オ）は，認める。
　(6)　カ）は，認める。

4　無断転貸解除を理由とする建物の明渡請求に対する抗弁
　(1)　承諾の意思表示（民§612－Ⅰ）（⇒『ながめてわかる』第5章－6）
　(2)　黙示の承諾（同上）
　(3)　非背信性の評価根拠事実（同上）
　(4)　本問の請求原因事実に対する抗弁の要件事実／第1問小問(4)の解答例
　　ア）Xは，平成17年4月5日，Yに対し，YがZと請求原因事実エ）の契約をする
　　　ことを承諾した。
　　イ）Xは，平成17年4月5日以降，頻繁にZと顔を合わせ，Zがスーパーの袋を下
　　　げて本件建物に戻ってくるところや本件建物の周りを掃除したりするところも
　　　見ていたはずであるが，Xは無断転貸による解除の主張をしたことはなかった。
　　ウ）ZはYの会社の同僚であり，転貸部分は2階部分のみの間借にすぎない。ま
　　　た，転貸期間はZが急な転勤により適当な住宅を借りるまでの短期間であり，
　　　実際に転貸は平成17年9月末日には終了し，Zは翌月3日までには2階部分から
　　　退去した。

5　無断転貸解除を理由とする建物の明渡請求における再抗弁
　(1)　黙示の承諾の抗弁とは別の事実
　　　黙示の承諾（4(2)）の抗弁に対し，原告は被告の非背信性の評価障害事実すな
　　わち背信性の評価を根拠づける具体的事実を主張することができる。
　(2)　非背信性の評価障害事実
　　　非背信性の評価根拠事実（4(3)）の抗弁に対し，原告は被告の非背信性の評価

障害事実すなわち背信性の評価を根拠づける具体的事実を主張することができる。

(3) 本問における再抗弁の要件事実／**第1問小問(5)の解答例**

（抗弁の要件事実イ）に対する再抗弁）

　　Xは，平成17年9月，Zに退去要求をした。

（抗弁の要件事実ウ）に対する再抗弁）

　　Xは，本件賃貸借契約を締結するに際し，本件建物は自宅の敷地内の離れであり，本来は親族を住まわせるものであり，古くても愛着があるので丁寧に扱ってもらいたいこと，近隣に迷惑をかけては困ること，したがって，賃料を格安にするとともに，真に信頼できる人でなければ貸さない旨をYに話した。しかし，Zは夜遅くまで本件建物で大勢で騒いだことが何回もあり，また本件建物の2階からボールを壁に投げつける音が何回もしたが，Yがこれを注意してやめさせた形跡はない。このようなZに又貸しするようでは，今後どのような人物が本件建物に出入りするか分からない。

6 　訴え提起前の照会制度

(1) 提訴予告通知

　　訴えを提起しようとする者は，被告となるべき者に対し，訴えの提起を予告する通知をすることができる（民訴§132の2 - Ⅰ）。この通知を提訴予告通知という。通知者と被通知者との間に，訴訟当事者の関係に準じた関係を生じさせ，相互に主張立証を準備するための照会をし，あるいは裁判所に対し一定の処分を求めることを認めている。

(2) 提訴予告通知の効果

　　予告通知者または予告通知に回答した者は，提訴予告通知がされた日から4月内に限り，(3)の照会及び裁判所に対し一定の処分の申立てをすることができる（民訴§132の2 - Ⅰ，同§132の4 - Ⅰ）。

(3) 訴え提起前の照会

　　通知者・被通知者は，裁判所を介さないで，主張立証の準備のために必要な事項について，相当の期間を定めて，書面で回答するよう，書面で照会することができる（民訴§132の2 - Ⅰ）。

(4) **第1問小問(6)の解答例**

　　Aは，Yに対し，Zの氏名及びYZ間の賃貸借契約の内容について照会することができる。この照会をするためには，Aは，Yに対し，書面をもって，本件訴訟の提起を予告する通知をする必要がある。

7 司法書士倫理／第2問

(1) 受任している事件の依頼者を相手方とする他の事件

　　司法書士は，受任している事件の依頼者を相手方とする他の事件については，裁判関係業務（書類作成，簡裁代理）を受任することはできない（司倫§61−③）。例えば，乙を相手方とする貸金請求事件を甲から現に受任している場合，第三者丙から甲を相手方とする売買代金請求事件について裁判業務を受任することはできない。

(2) 受任を禁止する趣旨

　　裁判業務（裁判書類作成関係業務及び簡裁訴訟代理等関係業務）につき，以上のような受任をすると，司法書士の誠実さを疑わせて依頼者の信頼を損ない，受任事件に関する真実の情報の開示も望めず，その有効な業務は不可能となり，ひいては司法書士に対する社会的信頼を傷つけるからである。

(3) 受任している事件の依頼者の同意を得た場合

　　上記事件については，依頼者の同意があれば，受任することができることとされている（司倫§61柱書ただし書）。しかし，同意を求めるためには，以下の手順を踏む必要があり，結局，同意を得ることは現実にはほとんど不可能である。

　ア）新たな依頼者（B）には，特別関係を告知する（司倫§26）。

　イ）すでに受任している事件の依頼者（A）の同意を得る前提として，Bからの依頼内容をAに告げていいかどうかの承諾を，Bから得る。

(4) **第2問の解答例**（150〜200字程度指定）

　　Aは，すでにXから本件訴訟を受任しており，Xを相手方とする訴訟事件の書類作成の受任は司法書士倫理において禁じられている。よって，Bからの依頼は受任できない。ただ，Xの同意を得れば受任できるが，その同意を得るためには，すでにXから本件訴訟を受任している旨をBに告知するとともに，Xの同意を得る前提として，Bからの依頼内容をXに告げることの承諾をBから得る必要があるから，Xの同意を得るのは困難である。

8 簡裁代理権の範囲／第3問

(1) 上訴と簡裁代理権（原則）

　　認定司法書士は，上訴の提起に関する事項については，代理権は認められない（法§3−Ⅰ⑥柱書ただし書）。簡裁における「上訴の提起に関する事項」の主要例として，簡裁の判決に対する控訴の提起（民訴§286−Ⅰ），第一審判決が仮執行宣言付判決であった場合における控訴提起に伴う執行停止の申立て（民訴§404−Ⅰ，同§403−Ⅰ③），民事保全手続における保全抗告（民保§41−Ⅰ本文）があ

る。

(2)　上訴と簡裁代理権（特例）

　　自ら代理人として手続に関与している事件の判決，決定または命令に係るものについては，上訴の提起につき代理権が認められる（法§3−Ⅰ⑥柱書ただし書のカッコにおいて代理権の否定が解除されている）。「自ら代理人として手続に関与している事件」とは，上訴の提起について代理しようとする司法書士が判決等の際に現に代理権を有している事件を指す。

(3)　上訴の提起についての代理権（特例の内容）

　　簡裁の判決に対して控訴を提起する場合の例で検討すると，司法書士が代理し得るのは，一定の事項を記載した控訴状を第一審裁判所である当の簡裁に提出することだけである（民訴§286）。

　　これに対し，控訴審における手続の代理は含まれない。例えば，控訴状には攻撃防御方法を記載し得る（民訴規§175）が，攻撃防御方法の提出はその審級における代理行為に外ならず，司法書士法が認めた代理権とは異なる性質の行為である。あるいは，控訴状に不備がある場合に控訴裁判所の裁判長がする控訴状の補正命令（民訴§288，同§137−Ⅰ前段）に応ずることもできない。

(4)　**第3問小問(1)の解答例**

　　司法書士は，判決がされた際に自ら代理人として手続に関与していた訴訟事件については，上訴の提起の代理権が認められるから，本件訴訟の判決がされた際にCがYの代理人であったときは，CはYを代理して控訴の提起をすることができる。

(5)　**第3問小問(2)の解答例**

　　司法書士に認められる上訴の提起についての代理権は，控訴状の提出行為だけであり，控訴審における手続の代理は含まれない。攻撃防御方法の提出は手続の代理行為であるから，Cは控訴状に攻撃防御方法を記載することはできない。

第6回認定考査／動産引渡請求事件

1　所有権に基づく返還請求権

(1)　所有権に基づく返還請求権（⇒『ながめてわかる』第5章−7）

(2)　返還請求の典型例

　　目的物の「占有」が「全面的」に「奪われた」場合に請求する例が多い。

　　例）建物の無断転借人に対する明渡請求

(3)　占有の一部侵奪／放置自動車の撤去請求（⇒『ながめてわかる』第5章−7）

2　本件絵画の返還請求権の性質

(1)　〔Xの言い分〕4の下から1行目

「私としては，是非，本件絵画を返してほしい。」

(2)　Xに考えられる権利／所有権

〔Xの言い分〕1，2によれば，本件絵画は，自分がAに描いてもらって所有者となり（原始取得），売却先の選定をBに依頼しただけであるから，その所有権は現在でも自分にある。にもかかわらず，本件絵画は，現在Yが占有している。

(3)　本件絵画の返還請求訴訟の訴訟物／**第1問小問(1)の解答例**

所有権に基づく返還請求権としての動産引渡請求権

3　本件訴訟の請求の趣旨／第1問小問(2)の解答例

「Yは，Xに対し本件絵画を引き渡せ，との判決を求める。」

4　所有権に基づく動産引渡請求の要件事実

(1)　請求者の目的動産の所有

(2)　目的動産の相手方占有

＊　相手方の占有権原（⇒『ながめてわかる』第5章−7）

＊　民法188条の適法推定との関係（同上）

5　所有要件の構造，占有

(1)　所有要件と権利自白（⇒『ながめてわかる』第5章−7）

(2)　いわゆる「もと所有」

現在（口頭弁論終結時）または過去の一定時点における某の所有または過去の一定時点における某の前所有者某々等の所有について権利自白が成立する場合，某はそれ以前の所有権取得原因事実を主張立証する必要はない。この場合の，某や某々等の過去の一定時点における所有を，「もと所有」と表現する。

〔請求原因事実の記載例〕

「原告は，平成○○年○○月○○日当時，本件動産を所有していた」

(3)　権利自白の成立時点

現時点から当事者間で争いのない直近の時点まで遡った時点で成立するものと考えられている（『新問題研究　要件事実』p.60〜62参照）。

本問では，Yは現時点では自己所有を主張し，反面，Xの所有を認めていないから，権利自白の成立時点は，ＢＹ間の売買時まで遡る。

(4)　相手方の占有

　　その内容については，⇒『ながめてわかる』第5章−7。

　　〔請求原因事実の記載例〕

　　「被告は，本件絵画を被告の画廊に展示し，これを占有している。」

　　＊　本問設例では，Yは自己の占有を認めているから，次の解答例のように，単に「被告は本件絵画を占有している」と記載すれば足りる。

(5)　本問における主たる請求の請求原因事実／**第1問小問⑶の解答例**

　　ア）Xは，平成18年8月19日当時，本件絵画を所有していた。

　　イ）Yは，本件絵画を占有している。

6　主たる請求の請求原因事実に対する認否／第1問小問⑷の解答例

(1)　請求原因事実ア）は，認める。〔Yの言い分〕1

(2)　同イ）は，認める。〔Yの言い分〕1

7　本問で構成することのできる抗弁（その1）

(1)　有権代理による売買

　　〔Yの言い分〕2の2〜3行目「（代理人）Bとの間で，〜本件絵画の売買契約を締結した」との言い分は，過去の一定時点においてXが本件絵画を所有していたことを前提として，その後のX以外の者の所有権取得原因事実を主張するものであるところ，X以外の者が所有権を取得することにより，反面，Xが所有権を喪失するという実体法的効果が発生するから，この主張は所有権に基づく物の引渡請求事件では抗弁として機能する。

(2)　所有権喪失の抗弁としての売買

　　売主の所有する特定物は，売買契約の締結によって買主への所有権移転の効果が発生する（民§176）。そこで買主は，売主の所有権喪失の抗弁として，売主と買主とが売買契約を締結したことを主張することができる。なお，代金の支払いの事実を主張する必要はない。

(3)　有権代理の請求原因事実／**第1問小問⑸の解答例（その1）**

　　ア）Bは，平成18年8月19日，Yに本件絵画を100万円で売った。

　　イ）Bは，ア）に際し，Xのためにすることを示した。

　　ウ）Xは，平成18年7月1日，Bにア）の売買契約締結の代理権を授与した。

8　本問で構成することのできる抗弁（その2）

(1)　権限外の行為の表見代理（民§110）による売買

　　〔Yの言い分〕2の下から4〜3行目「少なくとも〜本件絵画の売却のための

媒介契約を～委任していた」との言い分は，権限外の行為の表見代理の主張と捉えることができる。すなわち，110条は，もし無権代理行為ではあっても，一定の要件の下で，取引の相手方を保護し，有権代理と同様の責任を本人に負わせることを認めた規定であるところ，Yの言い分はこの規定による保護を求めているものと解することができる。なお，この主張が所有権に基づく物の引渡請求事件においては抗弁となることについては，7(1)と同じである。

(2) 権限外の行為の表見代理の要件事実（民§110）

ア）相手方・代理人間の法律行為

イ）顕名

ウ）ア）の法律行為の際，相手方が代理人に代理権があると信じた

エ）ア）の法律行為の際，ア）のように信じたことについて正当な理由があることを基礎づける具体的事実

オ）基本代理権の発生原因事実

(3) 本問の請求原因事実／**第1問小問(5)の解答例**（その2）

ア）Bは，平成18年8月19日，Yに本件絵画を100万円で売った。

イ）Bは，ア）に際し，Xのためにすることを示した。

ウ）Yは，ア）の契約の際，Bにその締結の代理権があると信じた。

エ）Xは，平成16年頃，ある骨董品の売却の代理をBに依頼した。

オ）Xは，平成18年7月1日，本件絵画の売却のための媒介契約を美術商との間で締結することをBに委任した。

9 **本問で構成することのできる抗弁**（その3）

(1) 所有権喪失の抗弁としての即時取得

即時取得の効果は，原始取得と考えられている。すなわち，取得者は譲渡人の権利を承継取得するのではなく，譲渡人に権利がなくても権利を取得する。取得者が動産所有権を即時取得により原始取得すると，結果的に，譲渡人は所有権を失う。

このように，即時取得は，所有権を基礎とする請求原因のもたらす法律効果の発生を障害するという実体法的効果が発生するから，この主張は本件では抗弁として機能する。

(2) 即時取得の実体法上の成立要件（民§192）

ア）取引行為

イ）基づく引渡し（占有の開始）

ウ）平穏かつ公然

エ）善意

オ）無過失

(3)　即時取得の要件事実

　　民法186条１項により，占有者の「善意」と「平穏かつ公然」とが推定される（**暫定事実**）。したがって，(2)ウ），エ）は即時取得の要件事実とはならない。また民法188条の適法性の推定により，即時取得の場面では，動産を占有する者は適法に処分権限を有するものと推定される。したがって，占有の取得者は，占有者を権利者であると信じても過失がないものと扱われる（判例）。よって，(2)オ）は即時取得の要件事実とはならない。

　　以上によれば，即時取得の要件事実は，次の２つである。

ア）取引行為

イ）ア）に基づく引渡し（占有の開始）

　　「引渡し」は，現実の引渡し，簡易の引渡し，指図による占有移転の方法によることは可能であるが，「占有改定」の方法によることは認められない（判例）。

(4)　本問の請求原因事実／**第１問小問(5)の解答例（その３）**

ア）Bは，平成18年8月19日，Yに本件絵画を100万円で売った。

イ）Bは，ア）に際し，Xのためにすることを示した。

ウ）Xは，平成18年7月1日，Bにア）の売買契約締結の代理権を授与した。

エ）Yは，平成18年7月1日，Bから本件絵画の引渡しを受けた。

(5)　取引行為の瑕疵

　　制限行為能力，錯誤，代理権の欠缺等により，取引行為に瑕疵があったときは，即時取得によって保護されるはずの取引行為自体が保護を受ける効力を失う。これらの瑕疵は，即時取得の効果の発生を障害するから，攻撃防御の上では再抗弁に位置づけられる（大江忠『要件事実民法（上)』）。

　　本問では，Bが売買の代理権を有しない旨を，Xが再抗弁として主張することができる。

10　書証の申出に対する認否，立証活動

(1)　文書の成立の真正

　　文書がその作成名義人の意思により作成されたことをいう。これが認められることにより，その文書には形式的証拠力（民訴§228－Ⅰ）が備わる。

(2)　書証の認否

　　そこで，文書が提出されると，まず相手方は文書の成立の真正につき認否を求

められる。この認否をすることを書証の認否という。これがなぜ必要となるかというと、相手方が文書の成立の真正を認めている（補助事実の自白）場合、特に立証するまでもなくその成立を認めることができるのに対し、文書の成立の真正を相手方が争う態度（否認、不知）をとる場合は、他の証拠（例えば、立会証人）によりその成立の真正を立証する必要が生ずるからである。

(3) 本問のXによる認否／**第1問小問(6)の解答例**

〔Xの言い分〕2の下から5～4行目及び第1問小問(6)の問題文で成立を認めているから、認否は「本件委任状の成立は認める」となる。

(4) Xの訴訟代理人の立証活動／**第1問小問(6)の解答例**（300字）

XのBに対する代理権の授与は、抗弁の要件事実であり、Yはこれを推認させる間接事実を持ち出してくることが想定されるところ、その間接事実として、Xが、平成16年頃、骨董品の売却の代理をBに依頼したことが挙げられる。これに対し、Xの訴訟代理人は、その推認を破るための立証活動（反証）として、Xにつき当事者尋問の申出をして、本件委任の趣旨及びこれをBに差し入れた経緯を尋問し、Bに売却の代理権までは授与していなかった旨を立証することが考えられる。なお、Xはこの争点につき立証責任を負わないから、代理権を授与しなかったことにつき裁判官に確信を抱かせる必要はなく、その授与があったかどうか不明の状態に持ち込めば、立証活動としては成功したことになる。

11 業務を行い得ない事件／第2問

(1) 受任事件の相手方からの依頼による他の事件（筆界特定申請却下に関する審査請求書の作成）

認定司法書士は、簡裁訴訟代理等関係業務に関するものとして受任している事件の相手方からの依頼による他の事件については、裁判書類作成業務を行うことはできない（法§22−Ⅲ柱書本文、同項3号）。このような業務を受任すると、受任している事件の処理について、依頼者に不安を与えるからである。

(2) 依頼者の同意を得た場合

(1)による規制の趣旨は、受任している事件の依頼者を保護するにあるから、その依頼者が受任に同意した場合はこの限りではない（法§22−Ⅲ柱書ただし書）。

(3) **第2問の解答例**

認定司法書士は、簡裁訴訟代理等関係業務に関するものとして受任している事件の相手方からの依頼による他の事件については、裁判書類作成業務を行うことはできない。Yの依頼はこの業務の依頼に当たるから、Cはその作成をYから受任することはできない。ただし、この規制は受任している事件の依頼者を保護す

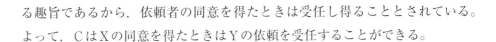

る趣旨であるから，依頼者の同意を得たときは受任し得ることとされている。
よって，CはXの同意を得たときはYの依頼を受任することができる。

12　簡裁代理権の範囲／第３問

(1)　占有移転禁止の仮処分（⇒『ながめてわかる』第６章）

(2)　保全異議（同上）

(3)　保全異議と簡裁代理権（同上）

(4)　**本件保全異議事件／第３問小問(1)の解答例**

　　本件仮処分の本案訴訟の訴額は，50万円（100万円×１／２）であるから，事物管轄は簡裁であり，本件仮処分については簡裁が管轄裁判所となり得る。その場合，仮処分命令に対する保全異議の申立て及びその審理も，当の簡裁でされる。よって，Dはこれらの手続を代理することができる。

(5)　保全抗告とは（⇒『ながめてわかる』第６章）

(6)　上訴と簡裁代理権（原則）

　　認定司法書士は，上訴の提起に関する事項については，代理権は認められない（法§３−Ⅰ⑥柱書ただし書）。簡裁における「上訴の提起に関する事項」の主要例として，簡裁の判決に対する控訴の提起（民訴§286−Ⅰ），第一審判決が仮執行宣言付判決であった場合における控訴提起に伴う執行停止の申立て（民訴§404−Ⅰ，同§403−Ⅰ③），民事保全手続における保全抗告（民保§41−Ⅰ本文）がある。

(7)　上訴と簡裁代理権（特例）

　　自ら代理人として手続に関与している事件の判決，決定または命令に係るものについては，上訴の提起につき代理権が認められる（法§３−Ⅰ⑥柱書ただし書のカッコにおいて代理権の否定が解除）。「自ら代理人として手続に関与している事件」とは，上訴の提起について代理しようとする司法書士が判決等の際に現に代理権を有している事件を指す。

(8)　上訴の提起についての代理権（特例の内容）

　　簡裁の判決に対して控訴を提起する場合の例で検討すると，司法書士が代理し得るのは，一定の事項を記載した控訴状を第一審裁判所である当の簡裁に提出することだけである（民訴§286）。これに対し，控訴審における手続の代理は含まれない。例えば，控訴状には攻撃防御方法を記載し得る（民訴規§175）が，攻撃防御方法の提出はその審級における手続の代理行為に外ならず，司法書士法が認めた簡裁代理権とは異なる性質の行為である。あるいは，控訴状に不備がある場合に控訴裁判所の裁判長がする控訴状の補正命令（民訴§288，同§137−Ⅰ前段）

に応ずることもできない。

(9) 保全抗告と簡裁代理権／**第3問小問(2)の解答例**

　　Dは，自ら代理人としてした保全異議の申立てが却下されているところ，この却下決定に対する上訴である保全抗告の申立てについては，代理することができる。これに対し，上訴審の手続については代理が認められないので，保全抗告に係る手続の代理をすることはできない。

第7回認定考査／保証債務履行請求事件

1　Z，Yに併合請求訴訟をする場合の主請求の訴訟物／第1問小問(1)の解答例

(1)　Zに対する主請求の訴訟物

　　消費貸借契約に基づく貸金返還請求権

(2)　Yに対する主請求の訴訟物

　　保証契約に基づく保証債務履行請求権

2　請求の趣旨

(1)　請求の趣旨とは（⇒『ながめてわかる』第2章）

(2)　給付の訴えにおける請求の趣旨

　　給付の法的性格や理由づけを含まない抽象的な表現を用いる。

　　例）

×	○
「貸金○○万円を支払え」	「金○○万円を支払え」
「原告所有の○○を引き渡せ」	「○○を引き渡せ」
「年6分の割合による損害金を支払え」	「年6分の割合による金員を支払え」

(3)　複数の被告に対する金銭支払請求

　　全員に対し，それぞれ全額の支払いを請求するときは，「連帯して」，「それぞれ」，「各自」の旨を記載する。これらの記載がないと，分割債権（民§427）の支払請求と受け取られる。

(4)　金銭債務の一部が連帯関係にある場合

　　（例）

　「1　今井光子は，原告に対し，5万円（うち2万5,000円は鈴木良子と連帯して）を
　　　支払え。

　　2　鈴木良子は，原告に対し，今井光子と連帯して2万5,000円を支払え。」

(5)　**第1問小問(2)の解答例**

「被告らは，原告に対し，連帯して，60万円及びこれに対する平成18年7月1日から同19年6月30日まで年1割の割合による金員を支払え。」

3 保証債務履行請求の要件事実（⇒『ながめてわかる』第4章）

Yに対する主たる請求の請求原因事実／**第1問小問(3)の解答例**

ア）Xは，平成17年12月20日，Zとの間で，以下のとおりの金銭消費貸借契約を締結した。

　　元　　金　60万円

　　弁済期日　平成18年6月末日

　　損害金　年1割

イ）Xは，平成17年12月20日，上記金員を乙に交付した。

ウ）平成18年6月末日が経過した。

エ）Yは，平成17年12月20日，Zのア）の債務を保証した。

オ）エ）の契約は，書面を以てした。

4 請求原因事実に対する被告の認否／第1問小問(4)の解答例

(1) ア）は不知。

　　〔Yの言い分〕4の下から1行目「結局のところよく分かりません」

(2) イ）は認める。

　　〔Yの言い分〕4の3行目 「Xからお金を借りたのかもしれません」

　　ウ）〔顕〕

(3) エ）は否認する。〔Yの言い分〕1，2

(4) オ）は否認する。〔Yの言い分〕1，2

5 抗弁の要件事実

(1) 〔Yの言い分〕3の下から2〜1行目

　　「XとZは，十分に相談の上で，実体のない嘘の契約書を形だけ作り上げておいた」＝通謀虚偽表示の主張？（貸金債務を無効とする意思表示であり，抗弁に位置づけられる）

(2) 〔Yの言い分〕5の3〜5行目

　　「仮に，父親Zが，〜　平成18年6月末日には，間違いなく全額弁済しています」＝弁済の主張？

(3) 通謀虚偽表示（民§94−Ⅰ）の要件事実

　　ア）意思表示が真意でないこと（表示と効果意思の不一致）

イ）ア）につき相手方との間で通謀した（表示に対応する意思があるかのように仮
装する合意をした）

* 虚偽表示の証明

虚偽表示を主張しても，現実にこれを証明することは困難であり，実務では
ほとんど認められないといわれている。錯誤の主張も同様である。しかし，認
定考査では，攻撃防御の基本構造を理解しているかどうかが問われるから，言
い分から読み取れる主張は，漏れなく主張すべきである。

(4) 弁済の要件事実（判例による）

ア）債務者（第三者）が債権者に対し債務の本旨に従った給付をした

イ）ア）の給付がその債権についてされた

(5) **第1問小問(5)の解答例**

（通謀虚偽表示の抗弁の要件事実）

XとZは，請求原因事実エ）の保証契約を，真に締結する意思はないのに，こ
れがあるかのように装ってした。

（弁済の抗弁の要件事実）

ア）Zは，平成18年6月末日，Xに対し60万円を支払った。

イ）Zは，ア）の支払いを，本件債務に対する返済としてした。

(6) 相殺の抗弁が考えられるか？

〔Yの言い分〕4の3〜5行目「でも，Xも，〜 もののようにも思う」から
相殺の抗弁を構成するのは，無理であろう。Yの言い分の趣旨は，「仮にZが
Xから60万円を受け取ったとしたら，それはZのXに対する貸金に対する返済
であろう」という仮定である。相殺の抗弁の主張というには，その要件（自働
債権の発生，意思表示）が明確でない。

なお，第7回認定考査の問題文は，内容はもちろん，文章としても稚拙であ
り，練れていない。おそらく，史上最低レベルの出題である。過去問の学習者
は，拙劣な問題について深読みをしないよう注意されたい。

6 書証についての主張と立証活動／第1問小問(6)

(1) 〔Yの言い分〕3の2〜3行目

「連帯保証人欄には，私の名前が書いてありますが，私の字ではないように思
いますし，父親Zの字のように見えます」＝連帯保証人作成部分の成立を否認す
る趣旨？（署名は否認しているが，印影については不明）

(2) 印影についての認否の必要性

私文書に本人または代理人の印章による印影が顕出されている場合，いわゆる

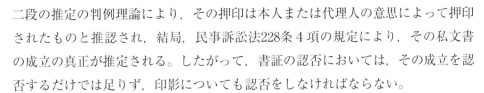

二段の推定の判例理論により，その押印は本人または代理人の意思によって押印されたものと推認され，結局，民事訴訟法228条4項の規定により，その私文書の成立の真正が推定される。したがって，書証の認否においては，その成立を認否するだけでは足りず，印影についても認否をしなければならない。

(3) 印影についての求釈明

書証の認否において，提出者の相手方が印影について認否をしないときは，裁判所は印影についても認否をするよう釈明する（民訴§149−Ⅰ）はずである。裁判所がこの釈明をしないときは，書証の提出者は，裁判所に対し，この釈明を求めるべきである（同−Ⅲ）。

(4) 印影についての認否があった場合

相手方が印影を認めたときは，相手方が反証を挙げない限り，その文書については，成立の真正が推定される。逆に，相手方が印影を認めないときは，書証の提出者は，他の証拠（人証等）により，その印影が名義人のものであることを立証することができる。

(5) **第1問小問(6)の解答例**

Xは，本件契約書のY名義作成部分の成立の真正を主張し，いわゆる二段の推定を受けるための立証活動をすべきである。すなわち，Y名下の印影がYの印章によって顕出された場合，判例によれば，その印影はYの意思により顕出されたものと推認され（第一段の推定），結局，民事訴訟法上，その文書は真正に成立したものと推定される（第二段の推定）。本件では，Yがその印影が自己の印章によるものであるかどうかを明らかにしていないので，Xはこの点についての釈明を求めるべきである。もしその印影が自己の印章によるものであることをYが否認したときは，Xは，人証等の他の証拠により，その印影がYのものであることを立証し，二段の推定を受けなければならない。

7　訴額の算定／第2問

(1) 併合請求訴訟の訴額と吸収関係

一の訴えで数個の請求をする場合，訴額はそれぞれの価額を合算した額となる（民訴§9−Ⅰ本文）が，経済的利益を共通とする数個の請求をする場合，訴額はそれぞれの価額を合算せず（同ただし書），多額の一方の訴額をもって併合請求の訴額とする（吸収関係）。

(2) 貸金請求とその保証債務の履行請求

吸収関係の代表例であり，それぞれの請求の訴額は合算されない。なお，附帯請求の額は訴額に算入されず，元本請求の額のみが訴額となる（民訴§9−Ⅱ）。

(3)　第2問の解答例

　　①の場合，Z及びYに対する請求は経済的利益を共通にしているから，それぞれの訴額は合算されない。また，訴額は主請求のみを基準に定まり，附帯請求の額は訴額に算入されない。よって，本件訴訟の訴額は80万円である。②の場合も，訴額はZに対する主請求のみで定まり，附帯請求の額は訴額に算入されない。よって，本件訴訟の訴額は130万円である。

8　業務を行い得ない事件／第3問

(1)　公正を保ち得ない事件

　　司法書士は，職務の公正を保ち得ない事由のある事件については，職務を行ってはならない（司倫§23）。「公正を保ち得ない事由」とは，利益相反関係がある場合だけでなく，一定の事件を受任すればすでに受任している事件の依頼者の信頼を損ねるおそれがある事由を指す。依頼者間において利害が対立する事件であれば，依頼者双方の代理が禁じられ，また相手方のために書類作成業務をすることも許されない。

(2)　公正を保ち得ないおそれのある事件

　　受任の段階では「公正を保ち得ない事由」が顕在化していない場合，依頼者に対しその事情をあらかじめ説明し，職務を行えなくなることが将来あり得ることについて同意を得るよう努めなければならない（司倫§24）。受任後に利益相反関係が顕在化した場合，代理の場合，すべての依頼者の代理人の地位を辞任しなければならない。書類の作成業務も，全員から受任することができなくなる。

(3)　第3問の解答例

　　YとZは，本件訴訟の成り行きいかんでは，求償関係をめぐって対立し合う間柄にあり，もし対立が顕在化した場合，Bは，司法書士倫理上，Yの代理人は辞任すべきであり，Zの書類作成も受任できなくなる地位にある。本問では，ZがXY間の契約の成立を認めていることから，対立の顕在化する可能性は高い，よって，Bは，Zから準備書面の作成を受任することは望ましくない。

第8回認定考査／抵当権抹消登記請求事件

1　登記請求権

(1)　意義

　　登記権利者（または登記義務者）が登記義務者（または登記権利者）に対し，登記官に対する登記申請という公法上の意思表示をすべきことを求める実体法上の

権利。

(2) 登記請求権の法的性質（発生原因）

その説明の仕方については，一元説と多元説とが対立している。一元説とは，登記を実体的な権利変動の過程と態様とに符合させるために，登記制度の理想から当然に生ずる権利であると説く立場。多元説は，登記請求権の発生原因はさまざまであり，これを一元的に説明することはできないと説く立場。

(3) 判例

多元説に立ち，登記請求権の発生原因として，一種の物権的請求権，物権変動的請求権，及び債権的請求権の３つを挙げている。２で，所有権に関連する登記請求権を中心に述べる。

2 物権的登記請求権，物権変動的登記請求権，債権的登記請求権

(1) 物権的登記請求権

ア 意義

現在の所有権と登記とが一致しない場合に，この不一致を除去するため，所有権の効力として発生する登記請求権。実務では多用されている。

イ 発現態様

真の所有者からの不実登記の抹消請求という態様で現れることが多い。判例によれば，真正な登記名義の回復を原因とする所有権移転登記請求権も認められる。

ウ 物権的登記請求権の法的性質（訴訟物）

所有権が，相手方の登記という占有侵奪以外の態様によって妨害されているものとみて，一般に所有権に基づく「妨害排除」請求権と解されている。

本問のようなケースでは，実体のない抵当権の登記により所有権が侵害されているものと捉え，その抹消登記を求める権利はこの物権的登記請求権として構成することが多い。

(2) 債権的登記請求権

一定の登記手続をする旨の合意をした場合に発生する請求権。登記をする旨の特約がある場合はもちろん，明示の特約がなくても，売買のように契約の効果として対抗要件たる登記を具備させる義務を買主に対して負う場合に認められる。

契約解除に基づく原状回復請求権としての所有権抹消登記請求権もこれに属するものと解されている。

(3) 物権変動的登記請求権

物権変動の過程や態様と登記とが一致しない場合に，その不一致を除去するた

めに，物権変動それ自体からこれに対応する権利として発生する登記請求権。

　　例）不動産の買主がこれを転売して所有権を喪失し，かつ売買による債権的登記
　　　請求権も消滅時効にかかっている場合（所有権がA→B→Cと順次移転した後の，
　　　BのAに対する移転登記請求権）

3　抵当権抹消登記請求訴訟の訴訟物，請求の趣旨

(1)　訴訟物／**第1問小問(1)の解答例**

　　　所有権に基づく妨害排除請求権としての抵当権設定登記抹消登記請求権

(2)　請求の趣旨／登記原因の記載

　　　従来の訴訟実務では，移転登記手続を命ずる判決主文では登記原因を明記する
　　のに対し，抹消登記手続を命ずる主文ではこれを記載しないのが通例である（『民
　　事判決起案の手引』p.15）。

　　　この実務の論拠は何であろうか。訴訟物を物権的妨害排除請求権と構成すると，
　　請求原因事実は2つだけである（原告の所有，被告名義の登記の存在）。抹消原因は，
　　抗弁が主張されて初めて再抗弁として現れる。したがって，訴状（請求原因のレ
　　ベル）には記載できず，もって判決主文にも記載されないのではなかろうか。こ
　　の結論は，被告が欠席して抗弁を主張しない場合には分かりやすい道理である。

(3)　請求の趣旨／登記権利者の記載

　　　従来の訴訟実務では，移転登記請求訴訟における判決主文では，「被告は，原
　　告に対し，～」の要領で記載する（前掲『手引』p.15）。これに対し，抹消登記請
　　求訴訟における判決主文では，「原告に対し，」の部分を記載しない慣例」である
　　（前掲『手引』p.15）。

　　　実務の論拠は何であろうか。抹消されるべき登記は，物件と登記の名称・登記
　　所の名称・受付年月日・受付番号によって特定し得るから，その点のみ主文で明
　　らかにすれば足りると解されて（いる）（前掲『手引』p.14）？

(4)　請求の趣旨／**第1問小問(2)の解答例**

　　　被告は，別紙物件目録記載（省略）の建物について，別紙登記目録記載（省略）
　　の抵当権設定登記の抹消登記手続をせよ。

4　抵当権抹消登記請求の要件事実

(1)　請求権者がその不動産を所有していること

(2)　その不動産に，請求の相手方名義の抵当権設定登記が存在すること

(3)　請求原因事実／**第1問小問(3)の解答例**

　　ア）Xは，別紙物件目録（省略）記載の建物を所有している。

イ）別紙物件目録記載（省略）の建物について，別紙登記目録（省略）記載のY
名義の抵当権設定登記がある。

5 請求原因事実に対する認否／第1問小問(4)の解答例

(1) 請求原因事実(3)ア）は認める。←〔Yの言い分〕3

(2) 請求原因事実(3)イ）は認める。←〔Yの言い分〕4

6 抵当権抹消登記請求訴訟における攻撃防御の構造

(1) 原告による請求原因事実の主張

(2) 被告による抗弁／いわゆる「登記保持権原」

　被告は，抵当権設定登記が正当な権原に基づくものであると主張することにより，原告の抹消登記請求を拒むことができる。この主張は，抗弁として機能する。

(3) 原告による再抗弁／抵当権の消滅原因事実の主張

　被告による登記保持権原の抗弁に対し，原告はその抵当権が消滅した旨を主張することができる。この主張は，登記保持権原の抗弁のもたらす法律効果の発生を障害する主張であるから，再抗弁に位置づけられる。

7 登記保持権原の抗弁の要件事実

(1) 被担保債権の発生原因事実

(2) 抵当権設定者が抵当権者との間で(1)の債権を担保するため抵当権を設定した

(3) 抵当権設定者が(2)の契約の当時その不動産を所有していた

(4) 抵当権設定登記が(2)の契約に基づく

(5) 登記保持権原の抗弁の要件事実／第1問小問(5)の解答例

　ア）Yは，平成19年12月28日，Xに対し，弁済期日を平成20年12月28日と定め，100万円を貸し渡した。

　イ）YとXは，ア）の債務を担保するため，本件建物に抵当権を設定する旨の合意をした。

　ウ）Xは，イ）の抵当権設定契約当時，本件建物を所有していた。

　エ）請求原因事実(3)イ）の登記は，イ）の抵当権設定契約に基づく。

8 抵当権の消滅原因事実の再抗弁

(1) 抵当権の消滅原因

　被担保債権が消滅すれば，附従性により抵当権も消滅する。抵当権の消滅原因としては，一般に，弁済，消滅時効，相殺等の被担保債務の消滅事由が主張され

る。

(2) 弁済の要件事実（⇒『ながめてわかる』第4章）

(3) 相殺の要件事実（同上）

(4) **再抗弁の要件事実／第1問小問(6)の解答例**

（弁済の再抗弁の要件事実）

ア）Xは，Yに対し，平成20年9月3日，抗弁ア）の債務の履行として，100万円を支払った。

（相殺の再抗弁の要件事実）

イ）Xは，Yに対し，平成20年12月23日，ヴァイオリンを120万円で売った。

ウ）Xは，Yに対し，上記同日，ヴァイオリンを引き渡した。

エ）Xは，Yに対して，平成21年6月1日の本件口頭弁論期日において，イ）の代金債権を以てYの本訴請求債権とその対当額において相殺する旨の意思表示をした。

9 書証の提出方法

(1) 文書提出義務

　民事訴訟法は，文書の所持者に対し，その提出義務を広く負わせている。すなわち，引用文書，挙証者の引渡・閲覧請求権のある文書，利益・法律関係文書のほか，原則としてすべての文書につき提出が義務づけられている（民訴§220）。本問の売上帳は，ＸＹ間の取引につき作成された文書（同－③）であるから，Ｙはこれを提出する義務がある。

(2) 文書提出命令の申立て

　挙証者は，裁判所に対し，文書提出義務を負う者に文書の提出を命ずる旨の申立てをすることができる（民訴§221－Ⅰ）。本問では，Ｙは売上帳の提出義務を負っているから，Ｘはこれにつき文書提出命令の申立てをすることができる。

(3) **第1問小問(7)の解答例**

　本件売上帳は，ＸＹ間の取引につき作成された文書であるから，Ｙはこれを裁判所に提出する義務がある。よって，Ｘは本件売上帳につき文書提出命令の申立てをすることができる。

10 裁判上の自白及びその撤回／第2問

(1) Ｙの第1回口頭弁論期日における陳述

　Ｙは，当該期日においてＸの再抗弁事実（売買契約の締結）を認めている。これは，裁判上の自白である（民訴§179）。

(2) 自白の拘束力／対当事者

　　自白をした当事者は，原則として自白を撤回してこれに反する主張をすることはできない。信義則ないし禁反言の法理に基づく効果である。ただし，判例によれば，以下のとおり，自白の撤回をすることができる場合がある。

(3) 自白の撤回をすることができる場合

　ア）他人の刑罰行為によって自白した場合（民訴§338－Ⅰ⑤）

　イ）相手方の同意がある場合または相手方が撤回に異議を述べない場合

　ウ）自白が真実に反しかつ錯誤に基づいたものである場合

　　　なお，自白が真実に反することの証明があれば，特別の事情がない限り，その自白は錯誤に基づいたものと推定される。

(4) **第2問の解答例**（350字以内指定）

　　Yは，口頭弁論期日においてXの再抗弁事実（売買契約の締結）を認める旨の陳述をしているが，これは裁判上の自白である。自白をした当事者は，信義則ないし禁反言の法理により，原則としてこれを撤回することはできない。ただし，判例によれば，相手方の同意を得た場合，または自白が真実に反しかつ錯誤に基づいたものである場合には撤回することができ，さらに自白が真実に反することの証明があれば，特別の事情がない限り錯誤に基づいたものと推定される。Yは，代金が20万円であったのに120万円であったと誤った陳述をしている点で錯誤がある。よって，Aは，Xの同意を得るか，代金が20万円であったことを証明して，Yの自白を撤回し，代金額を争うことができる。

11　業務を行い得ない事件／第3問

(1) 司法書士法人とその使用人たる認定司法書士との対立関係

　　司法書士は，司法書士法人の使用人である場合に，その法人が相手方から簡裁訴訟代理等関係業務に関するものとして受任している事件については，裁判書類作成関係業務（法§3－Ⅰ④，⑤）を行うことはできない（法§22－Ⅱ③）。これは，法人と法人に雇用されている使用人とが対立関係に立つことを防止する趣旨である。

　　認定司法書士は，裁判書類作成関係業務を行うことができない事件と同一の事件については，簡裁訴訟代理等関係業務を行うことはできない（法§22－Ⅳ本文）。

(2) 公正を保ち得ない事件

　　司法書士は，職務の公正を保ち得ない事由のある事件については，職務を行ってはならない（司倫§23）。「公正を保ち得ない事由」とは，利益相反関係がある場合だけでなく，一定の事件を受任すればすでに受任している事件の依頼者の信

頼を損ねるおそれがある事由を指す。Yからの依頼は，裁判業務ではなく，後見終了の登記であり，法人がすでにXから受任している本件訴訟とは利益相反関係はないように見えるが，Yと本件訴訟で対立関係に立つXの立場に立てば，Bがこれを受任すれば，Xの信頼を損ねるといわざるを得ない。よって，BはYからの依頼を受任することは司法書士倫理上許されない。

(3) **第3問の解答例**

　司法書士法人が簡裁訴訟代理等関係業務に関するものとして受任している事件については，その使用人たる司法書士はこれを受任することは司法書士法により禁じられている。よって，小問(1)の場合，BはYから本件訴訟を受任をすることはできない。司法書士は，職務の公正を保ち得ない事由のある事件については，司法書士倫理上受任することはできない。公正を保ち得ない事由とは，一定の事件を受任すればすでに受任している事件の依頼者の信頼を損ねるおそれがある事由を指す。小問(2)の場合，Yと本件訴訟で対立関係に立つXの立場に立てば，Bがこれを受任すれば，Xの信頼を損ねるといわざるを得ない。よって，BはYからの依頼を受任することは司法書士倫理上許されない。

〔附〕抵当権抹消登記請求訴訟の訴額の算定／2つの基準
　　　（最高裁事務総局民事局長昭和31年12月12日付「訴額通知」）
　1　目的物の価額の2分の1
　2　被担保債権の額が1の額に満たない場合，被担保債権の額
　＊　土地を目的とする訴訟については，原則として固定資産評価証明書上の価額をもって訴額とするが，平成6年4月1日から当分の間はその価額に2分の1を乗じた額とする扱いである（最高裁事務総局民事局長平成6年3月28日通知）。
　　　（計算例）
　　　評価額400万円の土地に設定された抵当権の抹消登記請求訴訟を提起する場合の訴額は，100万円である（400万円×1/2×1/2）。なお，この訴訟において，被担保債権の額が100万円に満たない場合，訴額はその被担保債権の額となる。

第9回認定考査／請負代金請求事件

1　請負契約に基づく代金支払請求訴訟の訴訟物
(1)　主たる請求の訴訟物／**第1問小問(1)の解答例**
　請負契約に基づく報酬請求権（民§632）

（請負契約に基づく代金請求権も可か？）

(2) 附帯請求の訴訟物

（報酬支払債務の）履行遅滞に基づく損害賠償請求権

2 請負代金（報酬）の支払時期について

(1) 請負代金（報酬）の支払時期

特約がない場合は，目的物の引渡しの時であると解されている（民§633）。

(2) 遅延損害金の起算日

仕事の引渡日の翌日であると解されている。なお，本問では，附帯請求の利率は法定利率によるべしとの指定がある。

(3) 請求の趣旨の記載例／**第1問小問(2)の解答例**

「Yは，Xに対し，100万円及びこれに対する平成22年1月13日から支払済みまで年5分の割合による金員を支払え。」

3 請負代金請求の要件事実（民§633）

（主請求の要件事実）

(1) 請負契約の締結（仕事の内容，報酬支払約束）

(2) 仕事の完成

報酬請求権は契約成立時に発生するという見解（判例，通説）に立てば，この事実は本来は要件事実にはならないが，民法633条は「報酬の支払い」と「目的物の引渡し」とを同時履行の関係と位置づけているから，目的物の引渡しの前提として目的物が完成していることを要するとしているものと考えられる（通説）。

そこで，仕事の完成が先履行の関係に立ち，請求原因事実になるものと解されている（いわゆる「せり上がり」）。

（附帯請求の要件事実）／上記(2)を受ける

(3) (2)の仕事の引渡し

引渡しによって相手方の同時履行の抗弁権を奪う必要がある。

4 本問の請求原因事実／第1問小問(3)の解答例

（主たる請求の請求原因事実）

(1) Xは，平成21年12月19日，Yと次の請負契約を締結した。

仕事の内容　本件マンションのリフォーム工事

報酬の額　　100万円

(2) Xは，平成22年1月11日，(1)の工事を完成させた。

（附帯請求の請求原因事実）

　　　　　（(1)，(2)のほか）

　(3)　Xは，平成22年1月12日，Yに(2)の工事を引き渡した。

5　主たる請求の請求原因事実に対する認否／第1問小問(4)の解答例

　(1)　は，認める。← 〔Yの言い分〕3の3～4行目

　(2)　は，認める。← 〔Yの言い分〕4の1行目

6　請負代金請求（主たる請求）に関する抗弁の要件事実（その1）／債権の準占有者に対する弁済（民§478）

　(1)　準占有者であることを基礎づける事実

　(2)　弁済者の善意

　(3)　(2)につき無過失を基礎づける評価根拠事実

　(4)　準占有者に対する債務の履行

　　　本問における抗弁の要件事実／**第1問小問(5)の解答例（その1）**

　　ア）Yは，平成22年1月31日，Aに請求原因事実(1)の工事の報酬として100万円を
　　　　支払った。

　　イ）Aは，ア）に際し，報酬の受領権限がある旨を述べた。

　　ウ）Yは，イ）の発言を信用した。

　　エ）XとAは，かなり親密な間柄であり，取引関係もあった。

7　請負代金請求（主たる請求）に関する抗弁の要件事実（その2）／瑕疵修補請求との同時履行の抗弁（民§634－Ⅱ）

　(1)　仕事の目的物に瑕疵があること

　(2)　瑕疵修補請求をする旨の意思表示

　(3)　同時履行の抗弁を主張するとの権利行使
　　　　いわゆる「権利抗弁」である。

　(4)　本問における抗弁の要件事実／**第1問小問(5)の解答例（その2）**

　　オ）本件マンションの浴室の換気が悪く，なかなか乾燥しない。

　　カ）Yは，本件口頭弁論期日において，オ）の修補を請求する。

　　キ）Yは，本件口頭弁論期日において，オ）の修補がされるまで報酬の払いを拒
　　　　絶する。

8 主たる請求に関してすべき再抗弁の要件事実／第1問小問(6)の解答例

（債権の準占有者に対する弁済の抗弁に対する再抗弁／抗弁の要件事実6(3)の無過失の評価障害事実に対する再抗弁）

「AとYには，個人的な貸し借りがあった。」

（瑕疵修補請求との同時履行の抗弁に対する再抗弁／瑕疵が注文者の指図によって生じた（民§636本文）旨の主張）

「7(4)オ）の瑕疵は，YからD社製の乾燥機を使ってほしいと言われ，これを設置することにより生じた。」

9 本件における保全処分／第1問小問(7)の解答例

Xの被保全権利は100万円の金銭請求権であり，一方，Yの勤務するB社は資金繰りに窮していること（役員報酬が得られにくい），Yには本件マンション以外に見るべき資産がない（保全の必要性）から，Yの本件マンションに対する仮差押えが考えられる。なお，本件マンションに付いている担保の被担保債権の額が多くないことは，保全の必要性を阻害しない。

10 本件乾燥機につきD社が有する情報を利用するための訴訟手続上の立証方法／第1問小問(8)の解答例（条文の引用は不要）

D社が有する仕様書（製造，設置）につき文書送付嘱託の申立て（民訴§226本文）をすることが考えられる。もし，D社が嘱託に応じないときは，文書提出命令の申立て（民訴§221－Ⅰ）も可能である。

11 証拠共通の原則，証拠の申出の撤回の可否／第2問

(1) 証拠共通の原則

当事者の一方が提出した証拠は，その当事者に有利に使用できるだけでなく，不利に（つまり相手方当事者に有利に）使用することもできる。これを証拠共通の原則という。自由心証主義（民訴§247）の一内容である。

(2) 証拠の申出の撤回

これが許されるかどうかについては，3つの時期に分けて検討しなければならない。まず，証拠調べの「開始前」は自由に撤回することができる。次に，証拠調べの「開始後」に撤回するには，相手方の同意を要する。なぜなら，証拠共通の原則が認められる自由心証主義の下では，証拠調べが開始されると，相手方も有利な証拠資料が得られる可能性が生じるところ，申出者の一存でこれを奪うことは許されないからである。証拠調べの「終了後」は，裁判官の心証は形成済み

であるから，証拠の申出の撤回の余地はない。

(3) **第2問の解答例**

　当事者の一方が提出した証拠は，その提出者に有利に使用できるだけでなく，相手方に有利に使用することもできる（証拠共通の原則）。自由心証主義の一内容である。したがって，本問では，Ａの証人尋問の結果を，Ｘに有利な証拠として採用することができる。証拠の申出は，証拠調べの開始前は自由に，開始後は相手方の同意を得れば撤回することができるが，証拠調べの終了後は裁判官の心証は形成済みであるから，撤回の余地はない。したがって，本問ではＰはＡの証人尋問の申出を撤回することはできない。

12　司法書士倫理／第3問

(1) 認定司法書士の簡裁訴訟代理等関係業務の禁止

　ア）協議を受けて賛助した事件

　　認定司法書士は，簡裁訴訟代理等関係業務に関するものとして相手方の協議を受けて賛助した事件については，簡裁訴訟代理等関係業務を行うことはできない（法§22−Ⅳ本文，同−Ⅲ①）。

　　「協議を受けて」＝　具体的事件の内容について法律的な解釈や解決を求める相談を受けること

　　「賛助し」　　＝　協議を受けた具体的事件について，相談者が希望する一定の結論（または利益）を擁護するための具体的な見解を示したり，法律的手段を教示または助言すること

　イ）相手方からの依頼による他の事件

　　認定司法書士は，簡裁訴訟代理等関係業務に関するものとして受任している事件の相手方からの依頼による他の事件については，簡裁訴訟代理等関係業務を行うことはできない（法§22−Ⅳ本文，同−Ⅲ③）。

　ウ）立法趣旨

　　当事者の利益保護，司法書士の職務の公正さ，信用確保，品位保持

(2) **第3問小問(1)の解答例**

　認定司法書士は，簡裁訴訟代理等関係業務に関するものとして相手方の協議を受けて賛助した事件については，司法書士法により簡裁訴訟代理等関係業務を行うことはできない。本問では，Ｑは，Ｙから相談を受け，採り得る法的手段を具体的に教示しているから，この禁止規定によりＸの訴訟代理人となることはできない。

(3) **第3問小問(2)の解答例**

認定司法書士は，簡裁訴訟代理等関係業務に関するものとして受任している事件の相手方からの依頼による他の事件については，司法書士倫理により簡裁訴訟代理等関係業務を行うことはできない。ただ，この制限は，現に受任している事件についての禁止であり，すでに終了した事件については，受任は禁止されていない。本問では，YのZに対する訴訟はすでに終了しているから，QはXの訴訟代理人となることはできる。

第10回認定考査／建物明渡請求事件

1　はじめに

実務では，賃貸借契約の終了事由としては賃料不払による解除が最も多いが，被告側に格好の抗弁事由が見当たらないため，これまで出題されなかった。本問の抗弁は，雨漏りによる修繕費用に関する主張である。

形式の点では，立証に関する出題がないこと，簡裁代理権を第1問の小問(9)で出題し，第2問で民事訴訟法の基礎知識（相殺に供している債権を以てする別訴の提起の可否）が問われたことが例年と異なった。

2　本問における「最も適切な」訴訟物

(1)　主たる請求の訴訟物／**第1問小問(1)の解答例**

「賃貸借契約の終了に基づく目的物返還請求権としての建物明渡請求権」が最も適切である（所有権構成はとらない）。

(2)　附帯請求の訴訟物（その1）／**第1問小問(1)の解答例**

不払い開始時である平成22年10月1日から解除日である同23年4月20日までの「賃貸借契約に基づく賃料支払請求権」

(3)　附帯請求の訴訟物（その2）／**第1問小問(1)の解答例**

解除による賃貸借契約終了日の翌日である平成23年4月21日から明渡済みまでの賃料相当額の使用損害金を請求できるので，（目的建物の返還債務の）「履行遅滞に基づく損害賠償請求権」

3　建物明渡請求訴訟の請求の趣旨／第1問小問(2)の解答例

1　Yは，Xに対し，本件建物を明け渡せ。

2　Yは，Xに対し，平成22年10月1日から本件建物の明渡済みまで月額15万円の割合による金員を支払え。

（または，解除日までの賃料額を確定額で明示する記載方法として）

2　Yは，Xに対し，100万円及び平成23年4月21日から本件建物の明渡済みまで月
　額15万円の割合による金員を支払え。

4　請求原因事実（主たる請求，附帯請求）／第1問小問(3)の解答例

（主たる請求の請求原因事実）

1　Xは，平成18年8月21日，Yとの間で，本件建物につき以下のとおりの賃貸借
　契約を締結した。
　　期　　間　　平成18年9月1日から同23年8月31日まで
　　賃　　料　　月額15万円
　　特　　約　　賃料の支払いを2か月分以上怠ったときは，無催告で本件賃貸借契約
　　　　　　　　を解除することができる。＊1

2　Xは，平成18年9月1日，1に基づいて本件建物をYに引き渡した。

3　平成22年10月から同23年3月までの各末日が経過した。＊2

4　Yは，平成22年10月分以降の賃料を継続して支払わない。＊3

5　Xは，平成23年4月20日，Yに対し，本件賃貸借契約を解除する旨の意思表示
　をした。＊4

　＊1　無催告で解除するために，この特約を主張する。

　＊2　本件の賃料の支払期日は毎月末日で民法614条本文と同じであるから，そ
　　　の合意を主張する必要はない（なお，目的物が「建物」であることの主張は必
　　　要であるが，これは1にあらわれている）。そこで，賃料の支払時期が「経過」
　　　した事実を主張すれば足りる。

　＊3　無催告解除特約による解除をするには，催告をしなくても不合理とは認め
　　　られない事情（賃借人の背信性）が存在することを要する（判例）ので，背信
　　　性の評価根拠事実として6か月間の賃料の「不払い」を主張する。

　＊4　解除するには民法541条の催告が必要であるが，本件では無催告解除特約
　　　がある（請求原因事実1）ので不要。

（附帯請求の請求原因事実）

1　主たる請求の請求原因事実1～3に同じ。＊1

2　平成22年10月から同23年3月までの各末日が到来した。＊2

3　主たる請求の請求原因事実5に同じ。＊3

4　平成23年4月21日以降の本件建物の相当賃料額は，月額15万円である。＊4

　＊1　目的物を一定期間賃借人の使用収益可能な状態に置いたことが先履行の関
　　　係になるので，主たる請求の請求原因事実1，2及び一定期間の経過が必要で
　　　ある（ただし，一定期間の経過は，次の2にあらわれている）。

＊2　賃料の支払時期の「到来」は，賃料請求の要件事実である。

＊3　解除によりYが本件建物の返還債務を負ったことを主張する。

＊4　実務では，履行遅滞による損害賠償の範囲は賃料相当額とする扱いであるので，この額を主張する。なお，賃料の額はすでに主たる請求の請求原因事実1にあらわれているので，実務ではこの事実を独立して主張せず，よって書きの中で「相当賃料額月額15万円の割合による損害金の支払を求める」と主張する例が多い。

5　主たる請求の請求原因事実に対する認否／第1問小問(4)の解答例

1　1は，認める。

2　2は，認める。

3　（顕著な事実）

4　4は，認める。

5　5は，認める。

6　抗弁の要件事実／第1問小問(5)の解答例

（免除の抗弁）

平成22年9月ころ，大型台風により本件建物に雨漏りがしたため，Yは修繕工事をして同年10月5日に費用90万円を支出したところ，Xは，同月10日ころ，Yに対し，平成22年10月分以降の賃料は修繕工事費用分を免除する旨の意思表示をした。

（相殺の抗弁）

1　Yは，平成22年10月5日，本件建物に雨漏りの修繕工事費用90万円を支出した。

2　Yは，Xに対し，平成23年4月15日，主たる請求の請求原因事実3の賃料債務と1の費用償還請求権とを相殺する旨の意思表示をした。

7　再抗弁の要件事実／第1問小問(6)の解答例

（相殺の抗弁に対する再抗弁）

XとYは，本件賃貸借契約を締結するに際し，本件建物の修繕費用はYが負担する旨の合意をした。

8　無催告解除特約がない場合に必要な措置／第1問小問(7)の解答例

（措置の内容）

未払賃料の支払催告をする。

（措置の理由）

賃料の不払いを理由として賃貸借契約を解除するには，その支払いを催告し，相当期間内に支払いのないことを要するから。

9　建物の明渡請求権の保全処分／第1問小問(8)の解答例

（保全処分）　占有移転禁止の仮処分

（保全処分を検討した理由）

保全処分をしないままYに対し明渡請求権の債務名義を取得しても，執行時に第三者が占有していると執行不能となるところ，このような事態を回避する必要があるため。

（保全処分の手続を採らないこととした理由）

X及びYの言い分によれば，Yは本件建物で営業を継続する意思が明確であり，占有を第三者に移転する気遣いはなく，保全処分の手続を採る必要性はないから。

10　簡裁代理権の範囲／第1問小問(9)の解答例

認定司法書士は訴額140万円以下の簡裁訴訟事件の代理権を有するところ，本件訴訟の明渡請求（主たる請求）の訴額は140万円以下であるから，Pは本件訴訟を代理して提起することができる。未払賃料の請求は附帯請求であり，その額は訴額に算入されないから，これが150万円であっても代理権の範囲に影響を与えない。

11　相殺の抗弁に供した修繕費用償還請求権につき別訴請求をすることの可否／第2問の解答例

民事訴訟法は，審理の重複を避け既判力の矛盾抵触を防止する趣旨から二重起訴を禁止する。本件訴訟において，Yは修繕費用償還請求権を以て賃料債務との相殺の抗弁を主張することができるところ，この抗弁は単なる攻撃防御方法ではなく訴えに相当する実質があり，しかもその判断には既判力が生ずる。よって二重起訴禁止の法意に照らすと，本問の別訴の提起は許すべきではない。なお，Yの裁判を受ける権利は，反訴の提起によってこれを保障することが可能である。

12　司法書士倫理／第3問の解答例

法人の使用人は，その法人が受任した簡裁訴訟代理関係業務に在職中に関与していたときは，法人を退職した後であっても，事件の相手方から委任を受けてその事件を受任することはできない。Qは，法人在職中は法務大臣認定を受けていないから，事件には自ら関与していなかったといえる。したがって，上記制限は受けず，Yから本件訴訟を受任することができる。ただし，Qが代理人としてではなく，司

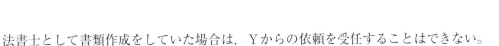

法書士として書類作成をしていた場合は，Yからの依頼を受任することはできない。

第11回認定考査／譲受債権請求事件

1　はじめに

(1)　本年度の出題テーマ

　　譲受債権請求事件が出題された。特別研修ではまったく採り上げられなかったテーマであり，特別研修の教材を中心に勉強しただけでは対応が難しかったといえよう。

(2)　本年度の出題形式の特徴

　　まず，立証に関する出題がないことが挙げられる（僅かに第1問の小問(7)で公示送達の要件の立証が問われた）。次に，第1問の小問(8)及び第2問で民事訴訟法の基礎知識（訴訟告知，訴訟代理人の権限）が問われた点が注目される。

(3)　本年度の設問の難易度

　　譲受債権請求事件は，抗弁以下の攻撃防御の構造がやや複雑である。すなわち，抗弁事由が基本的なもので3つあり，それぞれに対する再抗弁も考えなければならないので，一見，難易度は低くはなさそうである。

　　しかし，譲渡された債権は消費貸借契約に基づく貸金債権であり，実質的には，請求原因事実はほとんど貸金返還請求と同じである。また，抗弁及び再抗弁は，常識に属する条文の知識（民§466-Ⅱ，同§467-Ⅰ，同§468-Ⅱ）である。

(4)　次年度に向けて

　　ア　売消賃を中心とする勉強

　　イ　攻撃防御方法についての基本的思考（＝民事訴訟の基礎）

　　ウ　抗弁及び再抗弁は，条文の知識（民§466-Ⅱ，同§467-Ⅰ，同§468-Ⅱ）

　　エ　ウは，受験者に過度の要求をしているか？

　　　　cf.　第3回認定考査／借地借家法の参照条文

　　　　　　第9回認定考査／請負の参照条文

　　オ　債権譲渡に関する条文（ウに掲記）は，常識？

2　本問における「最も適切な」訴訟物

(1)　Xの求める結論

〔Xの言い分3〕

（AのYに対する貸付金を）「現金化してあげようと考え，98万円で買い取ることにした～」

〔Ｘの言い分6〕

「訴訟になった際には，Ｙには，利息も含めて，全額払ってほしい」

(2) 譲受債権請求訴訟における訴訟物

債権が譲渡されると，債権は同一性を保ちつつその帰属主体が変わる。したがって，譲渡された債権の内容は，譲渡前の債権者と債務者との間における法律関係（売買契約，金銭消費貸借契約等）によって決まる。

譲受人は，その債権につき帰属主体となったにすぎず，帰属主体となった経路や原因は訴訟物を特定する要素とはならない。したがって，譲受債権請求訴訟における訴訟物は，譲渡された債権である。本問では，ＡのＹに対する貸金返還請求権及びその附帯請求が訴訟物となる。

(3) 主たる請求の訴訟物／**第1問小問(1)の解答例**

（ＡＹ間の）「消費貸借契約に基づく貸金返還請求権」

(4) 附帯請求の訴訟物（その1）／**第1問小問(1)の解答例**

金銭消費貸借契約締結日である平成24年1月10日から弁済期日である同年4月10日までの「利息契約に基づく利息請求権」

利率は，利息制限法の範囲内で契約の内容により定まる。本問では，「100万円に3か月で25,000円＝3月2分5厘＝年1割」

(5) 附帯請求の訴訟物（その2）／**第1問小問(1)の解答例**

弁済期日の翌日である平成24年4月11日から支払済みまでの「履行遅滞に基づく損害賠償請求権」

損害賠償の額は，原則として法定利率によるが，約定利率がこれを超えるときは約定利率による（民§419－Ⅰ）。本問では，約定利率が法定利率を超える年1割であるから，この割合による損害賠償を請求することができる。

3　請求の趣旨／第1問小問(2)

(1) 請求の趣旨とは

原告がその訴訟において如何なる判決を求めるかを簡潔に記載した部分であり（民訴§133－Ⅱ②），いわば訴状の結論部分である。訴訟物は，通常，この請求の趣旨及び請求原因によって特定される。

(2) 請求の趣旨の記載事項

ア　訴訟物（主たる請求，附帯請求）についての裁判を求める旨

イ　訴訟費用の負担の裁判を求める旨（民訴§67－Ⅰ本文）

ウ　仮執行の宣言を求める旨（民訴§259－Ⅰ）

(3) 給付の訴えにおける請求の趣旨

給付の法的性格や理由付けを含まない抽象的な表現を用いる。

×	○
「貸金○○万円を支払え」	「金○○万円を支払え」
「原告所有の○○を引き渡せ」	「○○を引き渡せ」
「年6分の割合による損害金を支払え」	「年6分の割合による金員を支払え」

⑷ **第1問小問⑵の解答例**

「Yは，Xに対し，100万円及びこれに対する平成24年1月10日から支払済みまで年1割の割合による金員を支払え」

（または確定利息を合算する記載方法として）

「Yは，Xに対し，102万5000円及びうち金100万円に対する平成24年4月11日から支払済みまで年1割の割合による金員を支払え」

4　譲受債権請求の要件事実

⑴　譲受債権請求の要件事実

ア　譲受債権の発生原因事実

売買契約，金銭消費貸借契約の締結等がこれに当たる。本問では，譲受債権はAY間の貸金債権であるから，消費貸借契約に基づく貸金返還請求の要件事実がこれに当たる。

イ　アの債権の取得原因事実

支配的実務によれば，物権変動における物権行為の独自性の問題と同様，債権の移転自体を目的とする準物権行為としての処分行為（債権譲渡という特別な法律行為）は要しない（『判決起案の手引・事実摘示記載例集』p.7）。つまり，債権譲渡とは，売買等の取引により債権が移転したという結果を表現する用語である。

この立場によれば，債権譲渡の原因行為たる債権契約（売買，贈与等）を主張立証すれば足りる。

⑵　**請求原因事実／第1問小問⑶の解答例**

（主たる請求の請求原因事実）

1　Aは，平成24年1月10日，Yとの間で，弁済期日を3か月後と定めて，100万円の消費貸借契約を締結した。

2　Aは，同日，Yに100万円を交付した。

3　Aは，平成24年3月19日，Xに対し，1の貸金債権を98万円で売った。

4　平成24年4月10日が到来した。

（附帯請求の請求原因事実）

5　主たる請求の請求原因事実1，2に同じ。

6　AとYは，主たる請求の請求原因事実1の契約をするに当たり，3か月で25000円の利息を支払う旨の合意をした。＊1

7　主たる請求の請求原因事実4に同じ。＊2

8　平成24年4月10日が経過した。＊3

　＊1　利息請求の要件事実（利息の支払約束及び利率）

　＊2　利息請求の要件事実（付利期間）

　　　利息を生ずべき一定期間の「経過」が要件事実であるが，末日が到来すれば利息は請求できるから，末日の「到来」で足りる。

　＊3　履行遅滞に基づく損害賠償請求の要件事実（弁済期の経過）

　　　主たる請求の請求原因事実3は附帯請求にも必要となるかに見えるが，主物従物の関係（民§87−Ⅱ）の類推適用（判例）により，附帯請求の請求原因事実とする必要はないといえようか？

5　主たる請求の請求原因事実に対する認否／第1問小問(4)の解答例

1　1は，認める。

2　2は，認める。

3　3は，認める。

4　（顕著な事実）

6　譲受債権請求訴訟における抗弁／第1問小問(5)

(1)　譲渡禁止特約の抗弁

　ア　債権の「譲渡性」に関する防御方法

　　　債権は原則として譲渡性を有する（民§466−Ⅰ本文）が，当事者が反対の意思を表示した（譲渡禁止特約）場合には譲渡できない（同−Ⅱ本文）。したがって，譲渡債権の請求に対して債務者がこの特約を主張すれば，譲受人は債権を取得できない。

　イ　抗弁に位置付けられる理由

　　　譲渡禁止特約がある場合，譲受人は債権を取得できないから，債務者によるその特約の主張は債権譲渡のもたらす法律効果を障害するものとして，譲受債権の請求訴訟においては抗弁として機能する。

　ウ　譲渡禁止特約の制限／譲受人の善意・無重過失

　　　譲渡禁止特約は，善意の第三者には対抗できない（民§466−Ⅱただし書）。

譲受人の善意（または無重過失）についての主張立証責任の所在については，債権譲渡の自由の原則から，債務者が譲受人の悪意（または重過失）についての主張立証責任を負うものと解されている（判例，多数説）。

＊少数説

債務者は譲渡禁止特約の主張立証をするのみで足り，譲受人の善意は再抗弁に回り，その重過失が再々抗弁になると解する立場（条文の構造に忠実で分かりやすい）。

エ　譲渡禁止特約の抗弁の要件事実

ａ）譲渡禁止特約の合意

ｂ）譲受人が債権を譲り受けた際，ａ）を知っていた（または）

譲受人が債権を譲り受けた際，ａ）を知らなかったことにつき重過失があったことを基礎づける具体的事実

(2)　債務者に対する対抗要件の抗弁

ア　対抗要件の内容

債権譲渡は，譲渡人が債務者に通知または債務者が承諾しなければ，債務者その他の第三者に対抗できない（民§467−Ⅰ）。したがって，譲渡人が債務者に通知または債務者が承諾しない限り，債務者は譲受人による譲受債権に基づく請求を拒むことができる。

イ　抗弁に位置付けられる理由

債務者に認められるこの対抗要件の主張は，請求原因事実のもたらす法律効果すなわち譲受債権による請求について，譲受人が対抗要件を備えるまではその権利行使を阻止する旨の主張である。したがって，譲受債権に基づく請求訴訟においては抗弁に位置付けられる。

ウ　対抗要件の抗弁の要件事実

ａ）相手方の対抗要件の欠缺を主張する正当な利益を有する第三者であることを基礎づける事実（但し，請求原因事実としての「譲受債権の発生原因事実」に表れている）

ｂ）対抗要件の有無を問題として指摘し，これを争う旨の権利主張（「権利抗弁」と呼ばれる）

(3)　譲渡人について生じた事由の抗弁

ア　譲渡人について生じた事由

債権譲渡においては，債権がその同一性を保ったままその帰属主体が代わるだけであるから，債権に付着していた抗弁事由は原則として譲受人にも承継される。

また，債務者保護の観点から，債務者は債権譲渡から譲渡通知の到達時まで
　の間に譲渡人に生じた事由を以て譲受人に対抗できる（民§468-Ⅱ）。例えば，
　譲受債権の発生原因である契約の取消し・解除による債権の消滅，譲渡人に対
　する弁済，代物弁済（民§482）等による債権の消滅がこれである。
　イ　抗弁に位置付けられる理由
　　　債務者は，譲受債権に対する弁済等の「譲渡人について生じた事由」を主張
　すれば，譲受人による譲受債権による請求を拒むことができる。すなわち，譲
　渡人について生じた事由から生ずる法律効果によって，請求原因事実のもたら
　す法律効果すなわち譲受債権による請求について，障害，消滅，阻止の効果を
　もたらすことができる。
　　　したがって，譲渡人について生じた事由は，譲受債権に基づく請求訴訟にお
　いては抗弁に位置付けられる。
　ウ　譲渡人について生じた事由の要件事実
　　　弁済，代物弁済等のそれぞれの要件事実を主張立証する。
(4)　抗弁の要件事実／**第１問小問(5)の解答例**
（譲渡禁止特約の抗弁）
　１　Ｙは，請求原因事実１の消費貸借契約の際，Ａとの間で，その債権の譲渡を
　　禁止する旨の合意をした。
　２　Ｘは，１の合意を知っていた（判例，多数説）。
（債務者に対する対抗要件の抗弁）
　３　主たる請求の請求原因事実３の債権譲渡につき，ＡがＹに通知しまたはＹが
　　承諾するまではＸを債権者とは認めない。
（譲渡人について生じた事由の抗弁）
　４　ＡとＹは，平成24年４月15日，請求原因事実１の貸金債務の弁済に代えて本
　　件壺の所有権を移転する旨の合意をした。
　５　Ｙは，４の当時，本件壺を所有していた。
　６　Ｙは，４に基づいて，Ａに本件壺を引き渡した。

7　譲受債権請求訴訟における再抗弁／第１問小問(6)

(1)　譲渡禁止特約の抗弁に対する再抗弁／承諾の再抗弁
　　　譲渡禁止特約は，債務者の利益を保護するための合意であるから，この特約が
　ある場合であっても，債権譲渡を債務者が承諾したときは，特約による譲渡制限
　は解消され，債権譲渡は有効なものとなる。よって，承諾は譲渡禁止特約の抗弁
　のもたらす法律効果を障害するから，再抗弁に位置付けられる（請求原因事実の

もたらす法律効果を復活させる）。

　本問では，〔Yの言い分〕からこの承諾を読み取ることはできない。

(2)　対抗要件の抗弁に対する再抗弁／対抗要件具備の再抗弁

　譲受人は，債務者に対する対抗要件を具備した旨の主張をすることができる。すなわち，債権譲渡につき，以下のいずれかを主張立証することができる。

　ア　譲渡人が債務者に対して譲渡後に通知した（または）

　イ　債務者が譲渡人または譲受人に対し承諾した

　本問では，AはYに対し平成24年3月20日譲渡通知をしたから，Xはこれを再抗弁として主張できる（〔Xの言い分〕5）。

(3)　譲渡人について生じた事由の抗弁に対する再抗弁／先立つ債務者対抗要件の再抗弁

　代物弁済の抗弁に対しては，代物弁済に先立ち，譲渡人が債務者に対し債権譲渡の通知（または債務者が承諾）をしたことを主張立証すれば，代物弁済のもたらす法律効果は障害することができる。

　本問では，Yの代物弁済に先立ち，AがYに対し債権譲渡の通知をした旨を主張立証することができる。

(4)　再抗弁の要件事実／**第1問小問(6)の解答例**

（譲渡禁止特約の抗弁に対する再抗弁）

　本問の解答として，少数説の立場に立って，Yが譲渡禁止特約の抗弁を主張したのに対し，Xは再抗弁として自己の善意を主張することは許されよう（条文に忠実だから）。この場合，再抗弁は次のとおりである。

　1　Xは，請求原因事実1の消費貸借契約の際，抗弁の要件事実1の合意を知らなかった。

（債務者に対する対抗要件の抗弁に対する再抗弁）

　2　Aは，Yに対し，平成24年3月20日，主たる請求の請求原因事実3の債権譲渡を通知した。

（譲渡人について生じた事由の抗弁に対する再抗弁）

　3　Aは，抗弁の要件事実4ないし6の代物弁済に先立ち，Yに対し，主たる請求の請求原因事実3の債権譲渡を通知した。

8　公示送達の方法及び準備すべき資料／第1問小問(7)

(1)　公示送達の要件

　ア　住居所等の送達すべき場所が知れない場合（民訴§110-Ⅰ①）

　イ　第107条1項の規定により送達できない場合（同②）

ウ 〔同③以下省略〕

(2) 公示送達の方法（民訴§111）

(3) (1)の要件を証明するための視点

　　ア 受送達者の最後の住居所等はどこか

　　イ 最後の住居所等に受送達者が居住（法人の場合は存在）しないこと

　　ウ 就業場所がないことまたは就業場所が判明しないこと

(4) 準備すべき資料（(1)の要件の証明）／**第1問小問(7)の解答例**

　　1 住民票の写し（戸籍の附票）／(3)アを立証

　　2 当事者の調査報告書／(3)ア〜ウを立証

　　3 民生委員の不居住証明書／(3)イを立証

9　訴訟告知／第1問小問(8)

(1) Xの請求が棄却される場合（「Yの主張が認められて」）

　　ア Xが請求原因事実を立証できない場合（Yの否認，不知により）

　　イ Yの抗弁が認められた場合（本件では，3つ考えられる／上記6）

　　ウ その他？

(2) XによるAの責任の追及

　　債権の買主は，売主に対しその担保責任（民§560〜）を追及することができるものと解されている（例えば，代物弁済により消滅していた債権を譲渡した場合）。

　　よって，本訴においてYの主張が認められてXが敗訴した場合，XはAに対し債権の売主としての担保責任を追及し得ると考えられる。

(3) (2)の責任追求に備えて検討すべき手続／訴訟告知

　　ア Aは本訴への参加資格者（←(2)）

　　イ X→Aに対する訴訟告知（民訴§53−Ⅰ）

　　ウ 訴訟告知の目的／参加的効力（民訴§53−Ⅳ，同§46柱書）

(4) 訴訟告知の効力／参加的効力

　　判決の効力は，一定の限定付ではありながらも，補助参加人に対しても効力を有する（民訴§46柱書）。この効力は，被参加人敗訴の場合に，補助参加人との間で責任を分担させるための特別の効力（参加的効力＝「仲間割れの防止」）であると解されている（既判力とは異なる）。

　　例えば，保証債務履行請求訴訟において，主債務が存在するとの理由により請求認容判決がされた場合，補助参加人（主債務者）は，保証人から求償された（民§459−Ⅰ）ときは，主債務が存在することは争えない（これが民訴§46柱書の参加的効力の意味）。

(5) **第1問小問(8)の解答例**

　Xの請求が棄却された場合，XはAに対して債権の売主としての担保責任を追及することができるから，Xは，本訴の係属中，Aに対し訴訟告知をすることができる。これにより，Aには参加的効力が及ぶ。

10　簡裁代理権の範囲／第2問

(1)　**訴訟代理人の反訴に関する権限**

　訴訟代理人は，受任事件につき反訴に関する訴訟行為を当然にすることができる（民訴§55−Ⅰ）。「当然に」とは，本人の授権は要しないという意味である。なお，ここでいう「反訴」とは，相手方から提起された反訴を意味する。

　例えば，訴え（本訴）を提起したところ，被告から反訴が提起された場合，本訴の原告訴訟代理人は反訴につき本人の委任を得なくても，当然に反訴に関する訴訟行為をすることができる。

(2)　**反訴の提起**

　訴訟代理人が反訴を提起するには，本人の特別の委任を要する（民訴§55−Ⅱ①）。反訴の提起は新しい訴えの提起であるから，本人の意思を確認することが相当であるという趣旨である。

　例えば，被告の訴訟代理人が反訴を提起するには，被告本人からその授権を得る必要がある。

(3)　**反訴に関する認定司法書士の権限**

　認定司法書士は，訴額140万円以下の簡裁訴訟事件の代理権を有する（司書§3−Ⅰ⑥イ）。したがって，その本訴の原告の訴訟代理人である認定司法書士は，140万円以下の反訴事件については，本人の委任を得なくても訴訟行為をすることができる。

　これに対し，140万円を超える事件については，これを認める法令上の根拠がないから，代理権は認められない（第1回認定考査の第2問で出題済み）。

(4)　**第2問の解答例**

　民事訴訟法によれば，本訴の原告訴訟代理人は，被告から提起された反訴については当然に訴訟行為をすることができる。よって，Pが本件反訴につき訴訟行為をするには，民事訴訟法上は本訴原告から特別の委任を受ける必要はない。しかし，司法書士法によればPの訴訟代理権は140万円以下の事件に限られるから，これを超える150万円の本件反訴については訴訟行為をすることはできない。

11 司法書士倫理／第3問

(1) 公正を保ち得ない事件

司法書士は，職務の公正を保ち得ない事由のある事件については，職務を行ってはならない（司倫§23）。「公正を保ち得ない事由」とは，利益相反関係がある場合のほか，一定の事件を受任すれば既に受任している事件の依頼者の信頼を損ねるおそれがある事由を指す。

禁止される業務は，裁判関係業務に限られず，司法書士のすべての業務が含まれるものと解されている。ただ，ここで禁じられるのは，現に受任している事件相互間についてであり，既に終了した事件については利益相反関係は考慮されないものと解されている。

(2) 受任している事件の依頼者を相手方とする他の事件

司法書士は，受任している事件の依頼者を相手方とする他の事件については，裁判関係業務（書類作成，簡裁代理）を受任することはできない（司倫§61-③）。これは，同一人を，ある事件では依頼者とし，他の事件においては相手方とすることを禁ずる規定である。例えば，Bを相手方とする貸金請求事件をAから現に受任している場合，第三者CからAを相手方とする売買代金請求事件について裁判業務を受任することはできない。

規定の趣旨は，このような受任をすると，司法書士の誠実さを疑わせて依頼者の信頼を損ない，受任事件に関する真実の情報の開示も望めず，結果的に有効な業務を遂行することが難しくなるからである。

ここで禁じられるのは，現に受任している事件相互間についてであり，既に終了した事件につき裁判関係業務を受任していたとしても，新たな事件の受任は禁じられないものと解されている。

（類題／第5回認定考査第2問／受任している事件の依頼者を相手方とする他の事件）

(3) 秘密保持の義務

司法書士または司法書士であった者は，正当な事由がある場合でなければ，業務上取り扱った事件について知ることのできた秘密を他に漏らしてはならない（司書§24。司倫§10-Ⅰも同旨）。

(4) 第3問の解答例

①の場合，登記事件とはいえYらから報酬を得ていたわけであるから，Xから本訴を受任すると，職務の公正を保ち得なくなる危険性があるが，登記事件は過去の事件であるから，Qの受任は倫理に反するとはいえない。②の場合，先に受任した事件が訴状の作成である点で，本訴を受任すると，受任している事件の依頼者を相手方とする他の事件の受任として倫理違反になるかに見える。しかし，

142

訴状の作成は過去の受任であり，しかも当該訴訟は既に終了しているから，Qの受任は倫理に反するとはいえない。ただ，訴状作成の業務の遂行過程でYの秘密を知ったこともあり得るから，Qの受任は望ましくはない。

第12回認定考査／保証債務履行請求事件

1　はじめに

(1)　本年度の出題テーマ

不法行為に基づく損害賠償債務の保証債務履行請求事件が出題された。保証といえば，従来は貸金債務の保証に限られたことに照らすと，今回の出題には意表を突かれたといえるのではなかろうか。

しかし，不法行為の要件事実は特別研修で学習したテーマであり，まずは穏当な出題だったといえるのではなかろうか。

(2)　本年度の出題形式の特徴

特に目立った特徴はなかった。立証に関する問題は，繰り返し出題されている二段の推定であり，過去問対策をしている人にとっては，解答しやすかったといえよう。字数が420字とやや多かったから，うろ覚えにしている人にとっては，解答に苦労したであろう。

主張については，再抗弁まで出題されたので，攻撃防御についての基礎的素養のない者は，出題の意図がつかめなかったかも知れない。ただ，この点は毎回の考査についていえることであり，今回に限ったことではない。

(3)　本年度の設問の難易度

例年に比較して，やや平易だったといえるのではなかろうか。請求原因（不法行為）→　抗弁（消滅時効）→　再抗弁（時効完成後の債務の承認）の構造が理解できれば，合格最低点はとれたであろう。過失相殺の抗弁については，これを記載しなくても合格できたはずである。

権限の問題（第2問）は，訴えの変更であった。訴えの変更自体についての知識はなくても，請求額が160万円になり，簡裁の事物管轄の上限を超える点について述べれば，最低限の得点はできたはずである。倫理（第3問）は，主債務者と保証人の双方から事件を依頼された場合の利益相反関係の問題であり，これも特別研修において学習した。

(4)　次年度に向けて

ア　売消賃を中心とする勉強（＝要件事実の「ものの考え方」）

イ　攻撃防御の基本構造（＝民事訴訟の基礎）

ウ　抗弁及び再抗弁は，民法の基礎的な条文や重要基本判例の知識

エ　ウは，受験者に過度の要求をしているか？

オ　立証は？

2　不法行為に基づく損害賠償請求の要件事実（特別研修の教材に基づく）

(1)　原告が一定の権利・法律上保護された利益を有すること

　　本問では，Ｘの自動車の所有権

(2)　(1)の権利・利益に対する被告（行為者）の加害行為

　　本問では，Ａの運転する自動車によるＸの自動車への衝突事故

(3)　(2)についての被告の故意または過失の評価根拠事実

　　　Ａは，狭い道路を通行するに漫然と運転し，Ｘの自動車に衝突させた

(4)　原告に損害が発生したこと及びその数額

　　　Ｘは，100万円の損害を被った

(5)　(2)の加害行為と(4)の損害との間の因果関係

　　　(4)の損害は，(2)の加害行為によって生じた

3　保証債務履行請求訴訟の訴訟物／第1問小問(1)

(1)　保証契約

　　他人がその債務を履行しない場合に，その債務を他人に代って履行することを内容とする合意（民§446-Ⅰ）。

　　本問では，5月9日の「君のお父さんに保証人になってもらって，～修理代を何とかしてもらえないかと　～」が申込み，10日付けの念書からＹの承諾の意思表示が考えられる？

(2)　保証債務履行請求訴訟の訴訟物

　　保証契約に基づく保証債務履行請求権

(3)　訴訟物の個数

　　保証債務は，主債務の利息や損害賠償等の支払いを保証する（民§447-Ⅰ）から，主債務の元本，利息及び遅延損害金を1個の保証契約に基づいて請求する場合，これらの請求はすべてその保証契約に基づく保証債務履行請求権に含まれる。

　　したがって，この場合，訴訟物は1個である。

(4)　連帯保証債務の履行請求訴訟の訴訟物

　　単純保証についての(2)と同じであると解されている。連帯保証契約という別個独立の契約類型は存在せず，単純保証債務という基本債務に連帯の特約が付加されたにすぎないからと説明されている。

(5) **第1問小問(1)の解答例**（Yに対する訴訟物）

「保証契約に基づく保証債務履行請求権」

4　請求の趣旨／第1問小問(2)

(1) 請求の趣旨とは

原告がその訴訟において如何なる判決を求めるかを簡潔に記載した部分であり（民訴§133－Ⅱ②），いわば訴状の結論部分である。訴訟物は，通常，この請求の趣旨及び請求の原因によって特定される。

(2) 請求の趣旨の記載事項

ア　訴訟物（主たる請求，附帯請求）についての裁判を求める旨

イ　訴訟費用の負担の裁判を求める旨（民訴§67－Ⅰ本文）

ウ　仮執行の宣言を求める旨（民訴§259－Ⅰ）

＊　イ，ウは，「付随的申立て」（認定考査では記載不要）と呼ばれる。
アの訴訟物としての「附帯請求」と混同しないことに注意。

(3) 給付の訴えにおける請求の趣旨

給付の法的性格や理由付けを含まない抽象的な表現を用いる。

〔誤〕	〔正〕
「貸金○○万円を支払え」	「金○○万円を支払え」
「原告所有の○○を引き渡せ」	「○○を引き渡せ」
「年6分の割合による損害金を支払え」	「年6分の割合による金員を支払え」

(4) 不法行為に基づく損害賠償債務の附帯請求

この債務は，期限の定めのない債務であると解されている。とすると，その遅滞の時期は履行の請求の時からと言えそうである（民§412－Ⅲ）。しかし，判例によれば不法行為の時から当然に遅滞となる。

よって，附帯請求としての遅延損害金の発生日は不法行為時である。

(5) **第1問小問(2)の解答例**

「Yは，Xに対し，100万円及びこれに対する平成21年4月25日から支払済みまで年5分の割合による金員を支払え，との判決を求める」

5　保証債務履行請求の要件事実／第1問小問(3)

(1) 主債務の発生原因事実

保証債務は，その附従性（主債務が存在しなければ保証債務も存在しないという性質）から，主債務の存在が不可欠である。したがって，保証債務履行請求の要

件事実として，「主債務の発生原因事実」が必要である（民§446-Ⅰ）。

　　例えば，主債務が消費貸借契約に基づく貸金返還債務である場合，貸金返還請求の要件事実を記載する。

(2)　保証契約の締結（民§446-Ⅰ）

(3)　(2)の契約を書面または電磁的記録でした（民§446-Ⅱ，Ⅲ）

　　＊　平成17年4月1日，改正法が施行された。

　　＊　連帯保証債務の履行請求の要件事実

　　　　「連帯」の約定は，要件事実ではない。これは，催告の抗弁（民§452），検索の抗弁（同§453）に対する再抗弁である。

(4)　**第1問小問(3)の解答例**

　　1　Xは，自動車を所有していた。

　　2　Aは，平成21年4月25日，1の自動車に自己の運転する自動車を衝突させた。

　　3　Aは，狭い道路を通行するに際し漫然と運転し，2の事故を起こした。

　　4　Xは，100万円の損害を被った。

　　5　4の損害は，2のAの行為によって生じた。

　　6　Yは，平成21年5月10日，Aの上記債務を保証した。

　　7　6の契約は，書面をもってした。

6　**請求原因事実に対する被告の認否／第1問小問(4)**

(1)　認否とは

　　一方当事者の主張した事実に対し，相手方がこれを認めるか否かといった事実についての認識を明らかにすること。

(2)　認否をする目的

　　証拠調べを要するか否かを判別するためである。すなわち，自白された事実は証拠調べを経ないで主張どおり認定すべきこととされる（民訴§179）。これに対し，争う態度をとったとき（否認，不知）は証拠調べによって事実認定をする必要がある。

　　これを受けて，顕著な事実（民訴§179）については，実務ではそもそも認否さえ要しない扱いである。

(3)　事実上の主張に対する相手方の態度（認否）

　ア　裁判上の自白

　　　事実上の主張に対する裁判所における陳述。弁論主義により，自白された事実については，証拠調べは不要であり（民訴§179），また証拠調べをすることも許されない（裁判所の事実認定権の排除）。

　　イ　沈黙（擬制自白）

　　　相手方の事実上の主張を明らかには争わない態度。これにより，自白が擬制される（民訴§159－Ⅰ本文＝「擬制自白」）。

　　　擬制自白の規定は，口頭弁論期日に欠席した場合に準用される（同－Ⅲ本文）。但し，その期日の呼出しが公示送達によるときは，擬制自白は成立しない（同ただし書）。

　　ウ　否認

　　　相手方の事実上の主張を否定する陳述。否認する場合，その理由を記載しなければならない（民訴規§79－Ⅲ）。

　　エ　不知

　　　相手方の事実上の主張を知らない旨の陳述。その事実を争ったものと推定される（民訴§159－Ⅱ）。なお，自己の関与した事実については，不知の主張は許されない（←認否とは，事実についての認識を問われているわけだから）。

(4)　法律上の主張を争う場合の対応

　　事実上の主張に対する認否のような対応はしない。相手方の請求を認めないときは，「争う」と主張する。逆に，原告の請求を被告が認めてしまうと，請求の認諾（民訴§267）になり，訴訟は終了する。

(5)　**第1問小問(4)の解答例**

　　1は，認める（「不知」も可か？）。

　　2は，認める。

　　3は，認める。

　　4は，認める（「不知」も可か？）。

　　5は，認める。

　　　（以上，〔Yの言い分〕2）

　　6は，否認する。

　　7は，否認する。

　　　（以上，〔Yの言い分〕1，3）

7　抗弁及びその要件事実（その1）／消滅時効／第1問小問(5)

(1)　〔Yの言い分〕4

　　「Aの責任は，時効によって既に消滅していると思います」

　　＝　Yは，請求棄却を求めるための消滅時効の抗弁を主張？

　　←　第1問の問題文の4行目

　　　「当該主張は，平成25年5月31日の口頭弁論期日において〜」

⑵　主債務の消滅と保証債務／主張の位置づけ

　　主債務が消滅すれば保証債務も附従性により消滅するので，主債務についての消滅時効の主張が認められれば，保証債務も附従性により消滅する。

　　したがって，主債務の消滅時効は，請求原因事実に基づく保証債務の履行請求権を消滅させる主張であるから，これに対する抗弁に位置づけられる。

⑶　消滅時効の抗弁の要件事実

　ア　権利を行使しうる状態になった（民§166−1）

　〔消滅時効の起算点〕

　　ア）確定期限のある債権　　＝　　期限到来の時

　　イ）期限の定めのない債権　＝　　債権成立の時

　　ウ）不確定期限のある債権　＝　　期限到来の時（債務者が期限の到来を知ると否とにかかわらない）

　　エ）停止条件付債権　　　　＝　　条件成就の時

　イ　アの時から時効期間（民§167−I）が経過した

　　例）商事債権の消滅時効期間は，5年間（商§522本文）

　　例）不法行為による損害賠償請求権の消滅時効期間は，3年間（民§724前段）

　　＊　724条所定の消滅時効期間の計算についても，初日は不算入（最判昭57・10・19）。

　ウ　時効援用の意思表示（民§145）

　　　判例によれば，時効の援用権者は，時効によって直接利益を受ける者であり，保証人は主債務の消滅時効を援用することができる。

　エ　（商事時効を主張する場合）債権が商行為によって生じた（商§522本文）

⑷　**第1問小問⑸の解答例**

（消滅時効の抗弁の要件事実）

1　平成24年4月25日は経過した。

2　Yは，1の時効を援用する。

　＊　権利を行使しうる状態になったこと（⑶アーイ）は，請求原因事実に表れている（不法行為の発生）ので，抗弁として主張する必要はない。

8　抗弁及びその要件事実（その2）／過失相殺／第1問小問⑸

⑴　〔Yの言い分〕5

　　「駐車禁止　〜　Xは重々承知　〜　Xにも責任　〜」

　　＝　Yは，請求棄却を求めるための過失相殺の抗弁を主張？

　　←　第1問の問題文の4行目

「当該主張は，平成25年5月31日の口頭弁論期日において〜」

(2) 過失相殺／主張の位置づけ

　被害者側に過失があったときは，裁判所は，賠償額を定めるについてこれを斟酌することができる（民§722-Ⅱ）。この斟酌により賠償額が減額されれば，請求原因事実に基づく保証債務の履行請求権を減額させるから，これに対する抗弁に位置づけられる。

　なお，過失相殺をするかどうかは裁判所の裁量に係ることから，被告はこれにつき主張責任を負わないという視点に立って，その主張は厳密な意味では抗弁にならないと解する説もある。

(3) 過失相殺の抗弁の要件事実

　原告の過失を基礎づける具体的事実

(4) **第1問小問(5)の解答例**

（過失相殺の抗弁の要件事実）

　3　請求原因事実2の事故は，Xが駐車禁止の路上に同1の自動車を駐車したために生じた。

9　消滅時効の抗弁に対する再抗弁の主要例／第1問小問(6)

(1) 履行の催告　＋　訴えの提起（民§147-Ⅰ，同§153）

　通常は，時効完成間際に内容証明郵便を出して時効の完成を阻止しておいて，6月内に訴えの提起等をする例が多い。

(2) 債務の承認（民§147-③）

　例）時効期間中に弁済期限の猶予の申入れをした

(3) 時効利益の放棄（民§146）

　消滅時効の完成を知ってすることを要する（意思表示理論）。知らなかった場合，放棄の効果は発生しない。

(4) 時効援用権の喪失

　消滅時効完成後に債務の承認（返済猶予の申入れ，利息の支払い等）をした場合，時効完成の事実を知らなかったときでも，完成した消滅時効を援用することは信義則に照らし許されない（最判昭41・4・20）。

(5) 本件におけるYの行為／〔Xの言い分〕8

　「Yは，『Aが支払えないときは，私が責任を持つつもりだ』とはっきり言い〜」＝　消滅時効完成後の債務の承認？

　　→　消滅時効の抗弁に対する再抗弁？

　　←　第1問の問題文の4行目

「当該主張は，平成25年5月31日の口頭弁論期日において〜」

(6)　**第1問小問(6)の解答例**

「Yは，平成25年1月12日，Aの損害賠償債務に責任を持つ旨を述べ，債務の承認をした」

10　書証について／第1問小問(7)

(1)　形式的証拠力

　ア　文書の成立の真正

　　　文書は，真正に成立したものでなければ事実認定に用いることはできない（民訴§228-Ⅰ）。

　　　＝　（要するに）偽造文書を証拠に用いることはできない

　イ　「真正に成立」

　　　＝　その文書が作成名義人の意思に基づいて「作成」されたこと

　　　内容の真正は意味しない（書面の「内容」とは別問題である）。

　ウ　形式的証拠力

　　　文書の成立の真正が認められるときは，「形式的証拠力がある」という表現をする。

　エ　文書の成立に争いがあるとき

　　　この場合，立証者は他の証拠（例えば，立会証人の証言）によってその成立の真正を証明しなければならない。

　　　これに対し，文書成立の真正を相手方が認めたとき（＝補助事実の自白）は，その文書は形式的証拠力が認められる。

(2)　書証の認否の必要性

　　　提出者の相手方がその成立（＝補助事実）を認めれば，特に証明するまでもなく文書の成立を認めることができる（という扱い）。逆に相手方がその成立を争ったときは，提出者は証拠（例：証人尋問）により，その成立の真正を証明しなければならない。なお，成立を否認するときは，その理由を記載しなければならない（民訴規§145）。

　　　そこで，当事者の一方から書証の申出がされたときは，相手方にはその認否が求められる。「裁判長：被告代理人は，甲号証の認否をして下さい」

(3)　成立の真正の推定／立証の困難の緩和

　　　私文書は，本人または代理人の署名または押印があるときはその成立の真正が推定される（民訴§228-Ⅳ）。

〔推定〕

　　　「署名または押印があるとき」　　→　　　「成立の真正」

　　注意したいのは，単に署名または押印があれば当然に成立の真正が推定される
　のではなく，署名または押印が本人等の「意思に基づいて」されることを要する
　点である（定説）。となると，その意思の立証もまた困難である。そこで，(4)の
　判例が出された。

(4)　いわゆる「二段の推定」

　　　　　　　実質的証拠力（民訴§247）

　　　　　　　　　　　↑

　　　　　　　文書成立の真正（形式的証拠力／民訴§228－Ⅰ）

　　　　〔二段目〕　↑　推定（民訴§228－Ⅳ）

　　　本人（Y）の「意思による」押印

　　　　〔一段目〕　↑　経験則による推認（最判昭39・5・12）

　　　本人（Y）の印章による印影

(5)　書証の認否のあり方／二段の推定（判例理論）を受けて

　ア　「成立を否認する」だけでは不十分

　　　二段の推定との関係で，書証の成立を争う場合，「成立を否認する」だけ（第
　　1回認定考査第1問小問(5)）では不十分。以下のイまたはウのいずれかの対応
　　をする必要がある（民訴規§145）。

　イ　印影自体の認否（一段目の推認の前提問題）

　　　印影を認めれば（本問ではYの言い分3），一段目の推認が働き，二段目の推
　　定へと動いていく。逆に，印影を否認すれば，印影が本人のものであることの
　　立証が必要になる（提出者にとって本証）。

　ウ　意思による押印かどうかの認否（一段目の推認を争う）

　　　印影自体は認めるものの，意思による押印ではないことを立証できれば，二
　　段の推定は働かない。これは，一段目の推認を破るための立証活動（提出者X
　　の相手方Yにとっては反証）である。

　エ　二段目の推定（民訴§228－Ⅳ）は，法定証拠法則（経験則を法文に書き込ん
　　だ）と解するのが通説であり，この推定を破ることは困難であるといわれてい
　　る（無駄な抵抗はやめよう？）。

　　　そこで，相手方としては，通常，一段目の推定を破るための反証活動に注力
　　する。

(6)　二段の推定を破るための立証（反証）活動

　ア　一段目の推定を破る

　　　一段目の推定は事実上の推定である。したがって，相手方は反証によりこの

151

推定を破ることが可能である。

　　　例）印鑑の盗用，他目的預託，保管者冒用を当事者尋問等で証明する。

　イ　印鑑の盗用の立証例

　　　例）保証債務履行請求訴訟において，保証契約書の署名押印欄に，主債務者が保証人の印鑑を盗用して押印した事実を，被告（保証人）本人尋問により立証する。

　ウ　反証活動の具体例（他目的預託）

　　　「甲第○○号証の成立は，否認する。同書面の印影は，被告の印鑑によるものではあるが，被告は，平成○○年○○月○○日頃，……の目的で○○○○に印鑑を預託していたところ，同人がこれを被告に無断で甲○○号証に押捺したものと思われる。」

(7)　**第1問小問(7)の解答例**（420字以内指定）

　　Xの訴訟代理人は本件念書がYの意思によって成立したことを立証しなければならないが，その立証は困難である。民事訴訟法は，この困難を緩和するために，本人の（意思による）押印があればその成立の真正を推定している。しかし，意思による押印であることの立証もまた困難である。そこで，この立証の困難を緩和するために，判例は，顕出された印影が本人の印鑑によるものであることが認定されれば，その印影は本人の意思により押印されたものと事実上推定し，結局，文書の成立の真正の推定を認める。ところが，Yは印影は自己の印鑑によるものであることは認めるものの，Aによる印鑑の盗用を主張する。これは自己の意思による成立を否認するための立証活動である。これに対し，Xの訴訟代理人は，Yが家族の誰もが知っている場所に印鑑を保管していたことにより，Aの使用を黙認したかあるいは盗用の危険性を回避しなかったことを主張する。

11　簡裁代理権の範囲／第2問

(1)　金銭請求訴訟における請求の増額

　　その訴訟行為の性質については，訴えの変更になるかどうかについて争いがある。通説によれば，訴訟物としての請求に変更を来すものとして，訴えの変更となる（民訴§143-Ⅰ本文）。

(2)　60万円の請求の追加

　　通説によれば，本件訴訟において60万円の請求を追加する訴訟行為は，訴えの変更である。これにより，本件訴訟の訴額は160万円となる。

(3)　認定司法書士の簡裁代理権

　　訴えの変更後の訴額が140万円以下にとどまる限り，簡裁代理権は認められる

（司書§3-Ⅰ⑥イ）。これに対し，これを超える額については簡裁代理権は認められない。

⑷　第2問の解答例

　　請求の増額後の訴額が140万円以下にとどまる限り，認定司法書士は訴えの変更の手続を代理してすることができる。しかし，認定司法書士の簡裁代理権は簡易裁判所の事物管轄事件の範囲内に限られるので，これを超える額の訴えの変更の代理はすることができない。

　　本件では，請求の増額後の訴額は160万円となり，140万円を超える。よって，Ｐは本件訴えの変更の手続をすることはできない。

12　業務を行い得ない事件／第3問

⑴　ＹとＡの関係

　　主債務者と保証人の関係にある。このため，両者に対する訴訟の成り行き如何では，保証人Ｙは主債務者Ａに求償権を行使することもあり得る（民§459-Ⅰ）。その場合，ＹとＡとの間に利益相反関係が生じ得る。利益相反関係が生じたときは，司法書士は「公正を保ち得ない事由」のある事件として，これを受任することはできない（司倫§23）。

⑵　公正を保ち得ないおそれのある事件

　　受任の段階では「公正を保ち得ない事由」が顕在化していない場合，依頼者に対しその事情を予め説明し，職務を行えなくなり得ることについて，同意を得るよう努めなければならない（司倫§24）。

　　受任後に利益相反関係が顕在化した場合，すべての依頼者の代理人の地位を辞任しなければならない。

⑶　第3問の解答例

　　ＹとＡは，本件訴訟の成り行き如何では，求償関係をめぐって対立し合う可能性がある。もし両者の対立が顕在化した場合，Ｑは，司法書士倫理上，双方の代理人を辞任せざるを得ない。よって，ＱはＡからの依頼は受任し得るものの，将来，双方の訴訟代理人を辞任せざるを得ない事態があり得る旨を予め説明し，その同意を得なければならない。

第13回認定考査／売買代金請求事件

1　はじめに（概観）

(1)　訴訟物

　　売買代金の「主たる請求」のみが出題された。

(2)　攻撃防御方法（抗弁，再抗弁）がやや難問か？

　ア　請求原因　－　「売買」＋「代理」

　イ　抗　弁　－(1)「同時履行の抗弁」（？）

　　　　　　　－(2)「契約解除」（引渡債務の不履行）

　　　　　　　－(3)「相殺」（貸金債権を以てする）

　ウ　再抗弁　－(1)「反対給付の履行」

　　　　　　　－(2)「引渡債務の履行の提供」（債務不履行なし）

　　　　　　　－(3)「代物弁済」（自働債権＝貸金債権の消滅）

(3)　立証についての出題がなかった

　　第10回認定考査のとき以来である。代わりに，少額訴訟が出題された（類似問題／第4回認定考査第3問）。

(4)　簡裁代理権

　　紛争性のある140万円超の反対債権を以てする相殺（典型論点）

(5)　司法書士倫理

　ア　共同事務所における執務の規制（典型論点）

　イ　認定司法書士の簡裁訴訟代理等関係業務の禁止

　　　（類似問題／第3回認定考査第2問，第9回認定考査第3問）

2　売買代金請求訴訟における訴訟物／第1問小問(1)

(1)　主たる請求の訴訟物／第1問小問(1)の解答例

　　「売買契約に基づく代金支払請求権」

(2)　附帯請求の訴訟物

　　本問では，出題されなかった（主たる請求に限定）。

(3)　「最も適切な」との出題形式の意味は？

　　(1)以外に構成しようがあるのだろうか？

3　本問における主たる請求の請求原因事実／第1問小問(2)

(1)　売買代金請求の要件事実

　　「売買契約の締結」1個（民§555）

（申込みの意思表示　＋　承諾の意思表示　＝　売買契約の締結）

(2)　代理の要件事実（民§99-Ⅰ）

　　ア　代理人による意思表示

　　イ　顕名（代理人が本人のためにすることを示した）

　　ウ　本人がアに先立って代理人に代理権を授与した

(3)　**第1問小問(2)の解答例**

　　ア　Xは，平成25年11月20日，Aに本件彫刻像を50万円で売った。

　　イ　Aは，アの契約の際，Yのためにすることを示した。

　　ウ　Yは，同年10月30日，Aにアの契約締結の代理権を授与した。

4　請求原因事実に対する被告の認否／第1問小問(3)の解答例

(1)　アは認める　←〔Yの言い分〕1の6～7行目

(2)　イは認める　←〔Yの言い分〕1の6～7行目

(3)　ウは認める　←〔Yの言い分〕1の5～6行目

5　抗弁（その1）／同時履行の抗弁／第1問小問(4)

(1)　代金債務の支払時期の定め　＝「11月25日引渡後5日以内」

　　〔Yの言い分〕2の2～3行目／「本件彫刻像は届きませんでした」

　　　　＝　停止条件（売主Xが引き渡すかどうかは停止条件？）が成就していない旨の
　　　　主張が可能ではないか（？）→　下記＊

(2)　確定期限の定め？

　　　引渡日＝11月25日，支払日＝その5日後の11月30日という確定期限付と解する
　　ことはできないか？

　　　共に確定期限付である場合，もし引渡期日が先に定められていても，双方が既
　　に経過しているときは，先履行の特約は意味を失い，同時履行の関係になると解
　　されている。

(3)　同時履行の抗弁

　　　売主の代金請求に対し，買主は目的物が引き渡されるまで代金の支払いを拒む
　　ことができる（民§533）。この主張が認められると，引換給付判決「売主が目的
　　物を引き渡すのと引換えに金〇〇円を支払え」が出される。

　　　したがって，この主張は請求原因事実のもたらす法律効果である代金請求とい
　　う権利行使を阻止する機能を有するので，抗弁となる。

(4)　同時履行の抗弁の要件事実

　　ア　相手方が債務の履行をするまで自らの債務の履行を拒絶するとの権利主張

（＝「権利抗弁」）

(5) 本問の抗弁（その1）の要件事実／**第1問小問(4)の解答例**

（同時履行の抗弁の要件事実）

「請求原因事実アの代金は，Xが本件彫刻像を引き渡すまで支払いを拒絶する」

＊　「条件未成就の抗弁」の要件事実（民§127－Ⅰ）

ア　停止条件の内容となる事実（『紛争類型別の要件事実』p.7）

（条件未成就の抗弁の要件事実の記載例）

「請求原因事実アの代金は，Xが本件彫刻像を引き渡した後5日以内に支払う約定である」

6　抗弁（その2）／売買契約の解除／第1問小問(4)

(1) 〔Yの言い分〕3の5～6行目

「Xに対し，本件売買契約を解除する　～　配達されました」

＝　売買契約の解除（民§541）の主張

(2) 売買契約解除の主張が抗弁となる理由

売買契約が解除されると，契約は遡及的に無効となる（直接効果説）。その結果，請求原因事実のもたらす法律効果である代金請求は認められなくなるから。

(3) 履行遅滞に基づく契約解除の要件事実

イ　履行の催告（民§541）

ウ　イの催告後相当期間の経過（民§541）

エ　ウの期間経過後の解除の意思表示（民§541）

オ　反対給付の先履行の合意（＝遅滞が違法であること）

＊　履行期の定めがある場合，「履行期限の定め」＋「期限の経過」が要件事実になるという説がある（『要件事実論30講』p.149）。

これに対し，支配的な立場ではこれらは要件事実にならない（法曹会『要件事実（第1巻）』p.294）。イの催告は，期限の定めのない場合の付遅滞のための催告（民§412－Ⅲ）を兼ね得（判例），期限の定めのない場合はもとより，これがある場合でも履行遅滞の要件としてはイの催告で十分，という理由（この説では，「履行期限の定め」＋「期限の経過」は，いわゆる過剰主張「a＋b」となる）。

(4) 本問の抗弁（その2）の要件事実／**第1問小問(4)の解答例**

（契約解除の抗弁の要件事実）

イ　Yは，平成25年12月3日，Xに対し，本件彫刻像を引き渡すよう催告した。

ウ　同月15日は経過した。

エ　Yは，同年12月28日，Xに対し，請求原因事実アの売買契約を解除する旨の意思表示をした。

オ　請求原因事実アの代金は，Xが本件彫刻像を引き渡した後5日以内に支払う約定である。

7　抗弁（その3）／相殺／第1問小問(4)

(1)　相殺の要件事実（民§505-Ⅰ本文）

ア　自働債権の発生原因事実

イ　受働債権につき債務者が債権者に対し一定額について相殺の意思表示をした

＊1　「対立する債権が同種の目的を有する」（民§505-Ⅰ本文）

受働債権（例えば，本件Xの代金）の発生原因事実とアの自働債権の発生原因事実（例えば，本件Yの貸金の発生原因事実）とが主張立証されれば，両債権が金銭債権等同種の目的を有することが明らか。

＊2　「双方の債務が弁済期にある」（民§505-Ⅰ本文）

ア）アの自働債権の発生原因が売買型の契約（即時の履行が予定される契約）である場合，自働債権の債権者（本件ではY）はアの事実だけを主張立証すれば足りる。弁済期の合意は再抗弁である（未だ弁済期が到来していない旨は自働債権の債務者（本件ではX）が主張しなければならない）。

イ）なお，自働債権に同時履行の抗弁権が付着している場合，抗弁権の存在効果として相殺が許されない（判例，通説）から，アの自働債権の発生原因事実の主張自体から抗弁権が付着していることが明らかである（例えば，自働債権が売買代金債権である）場合，自働債権の債権者（本件Y）はその抗弁権の発生障害または消滅原因となる事実（例えば，売買の目的物の引渡しの提供）をも合わせて主張立証しないと相殺の抗弁が主張自体失当となる（いわゆる「せり上がり」）。

ウ）アの自働債権の発生原因が貸借型の契約である場合，アの事実を主張立証することにより弁済期の合意の事実が表れる（貸借型理論）ので，自働債権の債権者（本件Y）が相殺をする（自働債権につき履行を求める実質がある）ためには，弁済期の到来も主張立証しなければならない。

(2)　相殺の主張が抗弁となる理由

相殺が認められると，双方の債務は対当額で消滅する（民§505-Ⅰ本文）。その結果，請求原因事実のもたらす法律効果である代金請求は消滅した限度で認められなくなるから。

(3)　本問の抗弁（その3）の要件事実／**第1問小問(4)の解答例**

（相殺の抗弁の要件事実）

カ　Yは，Xとの間で，平成25年6月10日，以下の消費貸借契約を締結した。

　ア）元　金　100万円

　イ）弁済期日　平成26年3月10日

キ　Yは，平成25年6月10日，Xに100万円を交付した。

ク　平成26年3月10日は到来した。

ケ　Yは，Xに対し，平成26年4月1日，請求原因事実アの本訴請求債権とカの貸金債権とをその対当額で相殺する旨の意思表示をした。

(4)　相殺の抗弁の審理順序

　　この抗弁は，自働債権を消滅させる効果を生ぜしめるから，抗弁事由が複数あるときは最後に審理しなければならない。実務上は，「予備的抗弁」として主張されることが多い。

8　再抗弁（その1）／同時履行の抗弁に対する再抗弁／第1問小問(5)

(1)　〔Xの言い分〕2の下から1～2行目

　　「本件彫刻像が　～　手配しました」＝　反対給付の履行

(2)　反対給付の履行がなぜ再抗弁となるか？

　　反対給付を履行すると，同時履行関係ではなくなり，売主は売買代金の請求をすることができる。したがって，この主張は同時履行の抗弁のもたらす法律効果の発生を障害し，請求原因事実のもたらす法律効果を復活させるから，再抗弁として機能する。

　　なお，反対給付の「履行の提供」をしたにすぎない場合，その提供が継続されない限り同時履行の抗弁権は失われない（判例）。したがって，「履行の提供」をしたという過去の一時点での主張は，法的に成り立たない主張（主張自体失当）である。

(3)　反対給付の履行の再抗弁の要件事実

　ア　反対給付の履行

(4)　**第1問小問(5)の解答例**

（同時履行の抗弁に対する反対給付の履行の再抗弁の要件事実）

　　「Xは，平成25年11月25日，Aに本件彫刻像を引き渡した」

9　再抗弁（その2）／売買契約の解除に対する再抗弁／第1問小問(5)

(1)　〔Xの言い分〕2の下から1～2行目

　　「本件彫刻像が　～　手配しました」

(2) 売買契約の解除の抗弁に対する再抗弁の要件事実

　ア　解除の意思表示（6⑶エ）前の「弁済の提供」（民§492）

⑶　**第1問小問(5)の解答例**

（契約解除の抗弁に対する再抗弁の要件事実）

　「Xは，平成25年11月25日，Aに本件彫刻像の引渡しの提供をした」

（8⑶アに同じ）

10　再抗弁（その3）／相殺の抗弁に対する再抗弁／第1問小問(5)

⑴　〔Xの言い分〕5の4行目

　「借入金の弁済に代えてその掛け軸を譲ることにより返済済み」

　　＝　代物弁済の主張

⑵　代物弁済がなぜ再抗弁となるか？

　代物弁済は債務の消滅原因である（民§482）から，この主張が認められると，相殺の抗弁に用いられる自働債権は消滅し，抗弁のもたらす法律効果を消滅させる。したがって，代物弁済の主張は再抗弁として機能する。

⑶　動産の代物弁済の要件事実

　ア　弁済に代えて動産の所有権を移転する旨の合意

　イ　債務者がアの当時その動産を所有していた

　ウ　アに基づくその動産の引渡し

⑷　**第1問小問(5)の解答例**

（相殺の抗弁に対する再抗弁の要件事実）

　ア　XとYは，平成25年6月30日，相殺の抗弁の要件事実カの貸金100万円の弁済に代えて掛け軸の所有権を移転する旨の合意をした。

　イ　Xは，アの当時，掛け軸の所有権を有した。

　ウ　Xは，アの日に，アに基づいてYに掛け軸を引き渡した。

11　少額訴訟／第1問小問(6)

⑴　少額訴訟の要件

　少額訴訟による審理及び裁判を求めるためには，訴えを提起する際にその旨を申述しなければならない（民訴§368-Ⅱ）。

⑵　少額訴訟の終局判決に対する不服の申立て

　民事訴訟法上は異議の申立てのみが認められている（民訴§378-Ⅰ本文）。控訴をすることはできない（同§377）。

⑶　**第1問小問(6)の解答例**

〔小問①〕

　少額訴訟による審理及び裁判を求めるためには，訴えを提起する際にその旨を申述しなければならないところ，Ⅹの訴訟代理人は提訴の際にはこれをしていない。よって，少額訴訟による審理及び裁判を求めることはできない。

〔小問②〕

　少額訴訟の終局判決に対する不服の申立て手段は異議の申立てのみである。なお，控訴は認められていない。よって，Ⅹの訴訟代理人は異議の申立てをすることができる。

12　簡裁代理権の範囲／第2問

(1)　〔Ｙの言い分〕4の攻撃防御方法

　Ｙは，貸金債権を以てする相殺の予備的抗弁を主張している。ただ，その貸金債権の額は150万円であり，しかも債務者Ⅹがその額を争っている（問題文の1～2行目）。

　そこで，本問では，紛争性のある140万円超の反対債権を以てする相殺の抗弁が簡裁代理権の範囲内かどうかが問われている。

(2)　抗弁としての相殺の主張

　訴訟代理人は，本人を勝訴させるために攻撃防御方法を提出することができる（民訴§55−Ⅰ）ところ，相殺についての被告の主張（抗弁）は防御方法である（民訴§161−Ⅱ①）。したがって，認定司法書士が被告の訴訟代理人として，140万円以下の債権につき相殺の主張をすることは，簡裁訴訟代理等関係業務の範囲内の行為である（法§3−Ⅰ⑥イ）。

(3)　140万円超の反対債権を以てする相殺

　140万円を超える反対債権に紛争性がある場合，この債権を以て相殺の抗弁を主張すると，その債権全額につき法律相談（法§3−Ⅰ⑦）を受けたことになるものと解されている。

　したがって，このような反対債権を以てする相殺は，簡裁訴訟代理等関係業務の範囲を超えることになる。

(4)　**第2問の解答例**

　140万円を超える反対債権に紛争性がある場合，この債権を以て相殺の抗弁を主張すると，その債権全額につき法律相談を受けたことになるものと解されている。したがって，このような反対債権を以てする相殺は，簡裁訴訟代理等関係業務の範囲を超える。

　本問では，反対債権の額が150万円と140万円を超え，かつその債務者Ⅹが額に

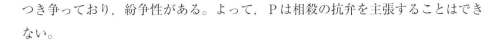

つき争っており，紛争性がある。よって，Ｐは相殺の抗弁を主張することはできない。

13　司法書士倫理／第3問

⑴　業務を行い得ない事件／認定司法書士の簡裁訴訟代理等関係業務

　ア　協議を受けて賛助した事件

　　　認定司法書士は，簡裁訴訟代理等関係業務に関するものとして相手方の協議を受けて賛助した事件については，簡裁訴訟代理等関係業務を行うことはできない（法§22-Ⅳ本文，同-Ⅲ①）。

　「協議を受けて」　＝　具体的事件の内容について法律的な解釈や解決を求める相談を受けること

　「賛助し」　＝　協議を受けた具体的事件について，相談者が希望する一定の結論（または利益）を擁護するための具体的な見解を示したり，法律的手段を教示しまたは助言すること

　イ　立法趣旨

　　　当事者の利益保護，司法書士の職務の公正さ，信用確保，品位保持（法§22-Ⅳ本文，同-Ⅲ②）。

　ウ　法律相談会における相談と相手方の訴訟代理人となること

　　　法律相談会における売主による代金請求の相談　＝　ア

　　　被告買主の訴訟代理人となること　＝　簡裁訴訟代理等関係業務

⑵　共同事務所に関する司法書士倫理

　ア　共同事務所における職務の規律

　　　共同事務所において執務をする司法書士にとって，職務の規律の基準をどのように考えるべきかは難しい問題である。共同事務所の形態は一律ではないが，司法書士倫理は，特に1章（第13章）設けて，共同事務所における規律を定めている。

　イ　規律の基本視点

　　　司法書士倫理は，基本視点として，共同事務所に所属する司法書士は一体となって責任と負担を引き受けるという前提（事務所単位の視点）に立ち，その共同事務所は恰も一人の司法書士が行動するのと同じレベルの規制に服することが要請される，との立場に立っている。

　　　また，依頼者の立場に立てば，看板等により共同事務所である旨が表示してある場合，依頼者は，それらの司法書士は相互に依頼者情報を共有し，また損益も共通にしているものと推定するであろう。この視点に立って業務の規律を

検討する必要もある。

　　ウ　規律の内容／所属司法書士が業務を行い得ない事件

　　　共同事務所に所属する司法書士は，他の所属司法書士が業務を行い得ない事件については，業務を行ってはならない。但し，業務の公正を保ち得る事由があるときは，この限りでない（司倫§82）。「他の所属司法書士が業務を行い得ない事件」の代表例が，上記(1)の事件である。

　(3)　**第3問の解答例**

　　　認定司法書士は，協議を受けて賛助した事件については，相手方の訴訟代理人となることはできない。また，司法書士倫理によれば，共同事務所に所属する司法書士は，他の所属司法書士が業務を行い得ない事件については，業務の公正を保ち得る事由があるときでない限り，業務を行ってはならない。

　　　本問では，Qは，既にXの売買代金請求事件につき相談を受け，採りうる法的手段を具体的に教示しているから，Yの依頼を受任できない立場にある。したがって，Qと共同事務所を構えるRも，業務の公正を保ち得る事由があるときでない限り，Yの訴訟代理人となることはできない。

第14回認定考査／建物明渡請求事件

1　はじめに（概観）

　(1)　形式に関する特徴

　　ア　小問の出題の順序

　　　従来は，小問(1)では「訴訟物」が問われた。「請求の趣旨」は，小問(2)で出題されたものであった。これに対し，今年度は，出題の順序が逆になり，「請求の趣旨」が先に問われた。

　　イ　請求原因が複数

　　　従来は，主たる請求の請求原因事実と附帯請求の請求原因事実とを書き分けさせるだけであった。これに対し，今年度は，請求原因事実が複数となる設例であった。

　　ウ　「請求原因の要件事実」という用語

　　　従来は，もっぱら「請求原因事実」という用語が用いられたが，今年度は「請求原因の要件事実」という用語が用いられた。過去問に真剣に取り組んでいた人ほど緊張したのではなかろうか。

　　　この用語は，たいしたことではない。請求原因事実が複数あったことによる事務的な問題である。

エ　認否についての出題がなかった。

オ　立証に関する出題がなかった。

その代わりに，第1問の小問(5)で弁論主義と間接事実の問題が出題された（事実認定に関する出題といえる）。

カ　字数の指定について

従来は，第1問の小問(5)のような論述問題並びに第2問及び第3問については字数が指定されたが，今年度はこれがなかった。第1問の小問(5)については解答欄の枠（約12行）が与えられ，同様に，第2問については6〜7行，第3問については15〜16行の解答欄が与えられた（解答欄は，枠の中に下線が施されていた）。

(2)　攻撃防御方法（請求原因，抗弁）の構造

〔請　求　原　因〕　　　　　　　　〔抗　弁〕

請求原因1（用法遵守義務違反による解除）　−　承諾

請求原因2（賃料不払いによる解除）　　　　−　期限の猶予

(3)　間接事実と弁論主義

弁論主義の第1テーゼとされる「主張責任の原則」に間接事実が適用されるかという問題が出題された（民事訴訟法の基礎知識である）。

(4)　簡裁代理権

控訴及び強制執行に関する代理権限（典型論点）

(5)　司法書士倫理

受任している事件の相手方からの依頼による他の事件の受任の可否が出題された。明文の根拠規定のある典型論点であるところ，委任者の同意がある場合とない場合とに分けて答えさせる出題形式は，解答のヒントを与えるようなものであり，解答は容易であったといえよう。

(6)　本年度の設問の難易度

ア　第1問（本案訴訟）は，難しかったか？

ア）請求原因1（用法遵守義務違反による解除）

特別研修では討議していないグループが多いであろう（教材では採り上げていない）が，標準的な解説書である加藤・細野『要件事実の考え方と実務』では解説されている。

イ）請求原因2（賃料不払いによる解除）

これは基礎知識であり，完璧に解答しなければならない（配点も高いはず）。

ウ）間接事実と弁論主義（第1問の小問(5)）

この問題の出題意図を的確に捉えることのできた人は，ほとんどなかった

のではなかろうか。配点は，8点前後か。
イ　倫理及び権限は，いずれも典型論点（条文の知識）。
ウ　結論
　　仮に，間接事実と弁論主義（第1問の小問(5)）で0点であったとしても，合否には影響はないといえよう（誰もができていないから）。用法遵守義務違反（第1問の請求原因1）も同様である。
　　これに対し，賃料不払いによる解除（第1問の請求原因2）並びに第2問及び第3問は典型論点であり，ここである程度書ければ，何とか合格最低点はとれたのではなかろうか。

2　本問における「適切な」訴訟物／第1問小問(2)
(1)　Xの言い分8
「本件賃貸借契約の終了に基づき甲建物の明渡しを求めます」
「未払賃料及び甲建物の明渡しまで毎月5万円の損害全も支払ってもらいたい」
(2)　主たる請求の訴訟物／**第1問小問(2)の解答例**
「賃貸借契約の終了に基づく目的物返還請求権としての建物明渡請求権」が適切であろう（所有権構成はとらない）。
(3)　附帯請求の訴訟物（その1）／**第1問小問(2)の解答例**
「賃貸借契約に基づく賃料支払請求権」（不払い開始日である平成26年8月1日から解除日である同年11月24日までの未払賃料）
(4)　附帯請求の訴訟物（その2）／**第1問小問(2)の解答例**
（目的建物の返還債務の）「履行遅滞に基づく損害賠償請求権」（解除による賃貸借契約終了日の翌日である平成26年11月25日から明渡済みまでの賃料相当額の使用損害金の請求）

3　請求の趣旨／第1問小問(1)の解答例
1　Yは，Xに対し，甲建物を明け渡せ
2　Yは，Xに対し，平成26年8月1日から甲建物の明渡済みまで月額5万円の割合による金員を支払え
との判決を求める。

4　用法遵守義務違反による解除／第1問小問(3)
(1)　用法遵守義務とその違反
賃借人は，賃貸借契約で定まった目的に従って目的建物を使用収益する義務

（用法遵守義務）を負い（民§616，同§594－Ⅰ），これに違反して使用収益すると債務不履行となる。

〔用法遵守義務違反の例（居住用建物）〕

ア　「ハト御殿」や「ゴミ屋敷」として使用

イ　店舗として使用

ウ　一部改装してペットホテルとして使用（第14回認定考査）

(2)　用法遵守義務違反を理由とする解除

ア　民法541条の催告の要否（原則型）

　　　民法616条は，594条3項の無催告解除の規定を準用しない。したがって，用法遵守義務違反による解除をするには，541条の催告を要する（判例，通説）。

イ　義務違反に背信性がある場合

　　　賃借人の義務違反が賃貸借契約の継続を著しく困難にする背信行為に当たる場合，無催告解除が認められる（最判昭27・4・25，司法研修所編『民事訴訟における要件事実〔第二巻〕』（法曹会）p.112）。

(3)　用法遵守義務違反を理由とする解除の特別の要件事実

ア　建物賃貸借の目的（例：居住目的）

イ　賃借人による目的外の使用収益

ウ　イの使用収益の中止（または原状回復）の催告（民§541）

エ　ウの後，賃借人が相当期間内にイの使用収益を中止しなかった

オ　ウの後，相当期間の経過

　　（以上，前掲『民事訴訟における要件事実〔第二巻〕』p.105）

カ　（(2)イの場合，ウ～オが不要となる代わりに）

　　　背信性を基礎づける具体的事実

(4)　主たる請求の請求原因1の要件事実／**第1問小問(3)の解答例**

（主たる請求）

請求原因1

1　Xは，平成25年4月1日，Yに対し，甲建物を，期間を3年間，賃料を月額5万円と定めて賃貸した。*1

2　1の目的は，居住用建物として使用することとした。

3　Xは，1の日に，1の契約に基づいてYに甲建物を引き渡した。

4　Yは，甲建物につき，居間と和室との間の壁を撤去するリフォームをし，これをペットホテルとして使用した。*2

5　Xは，平成26年11月24日，Yに対し，1の契約を解除する旨の意思表示をした。

＊1　賃貸期間の定めは，貸借型理論による。

＊2　(3)カの要件事実である。

なお，この場合，解除の要件としての催告は不要であるから，Ｙの言い分４の下から２行目の主張は無意味である（この主張を真に受けると，請求原因は１つしか書けない）。

5　賃料不払いによる解除／第１問小問(3)

(1)　解除に基づく建物明渡請求の要件事実

ア　賃貸借契約の締結

イ　アに基づく目的建物の引渡し

ウ　一定期間（賃貸借期間）の経過

エ　民法614条所定の支払時期の経過

賃料の支払時期につき民法の定めとは異なる合意がある場合，ウエに代え，その「合意の存在（内容）」及びその支払時期の「経過」が要件事実になる。

（例）「毎月末日までに翌月分を支払う」特約がある場合

ウ　賃料は，毎月末日までに翌月分を支払う約定である

エ　当月末日の経過

オ　一定期間の賃料の支払いの催告（民§541）

ア）賃貸借契約を解除する場合も，541条の催告を要する（判例）

イ）期間が相当でない催告

催告から相当期間を経過した後にした解除は有効（判例）

ウ）相当期間を定めない催告

催告後相当期間を経過すれば，解除可能（判例）

エ）催告

イ），ウ）により，催告は「相当期間を定めた」ものである必要はなく，単に「催告」で足りる。

カ　オの催告後相当期間が経過した（民§541）

キ　賃貸借契約の解除の意思表示（民§540-Ⅰ，同§541）

意思表示は，到達した時に効力を生ずる（民§97-Ⅰ）から，厳密にいえば「到達」も要件事実になるが，要件事実論では到達日に意思表示がされたものとして摘示する扱いである（『紛争類型別の要件事実』p.103，『要件事実論30講』p.216）。

(2)　主たる請求の請求原因２の要件事実／**第１問小問(3)の解答例**

（主たる請求）

請求原因2

1　請求原因1の1，3，5に同じ。

2　請求原因1の賃料は，前月末日に当月分を支払う合意をした。

3　平成26年7月から同年10月までの各末日は，それぞれ経過した。

4　Xは，平成26年10月24日，Yに対し，同年8月分から同年10月分までの賃料の支払いを催告した。

6　建物明渡請求の附帯請求／第1問小問(3)

(1)　賃料請求の要件事実

ア　主たる請求の要件事実（5(1)ア～エ）に同じ。

イ　同ウが要件事実になるのは，賃料は目的物を一定期間使用収益させたことの対価であり，先履行の関係にあるから。

ウ　同エ（＊合意による支払時期も）は，各賃料の支払期日の「到来」で足りる（前掲『民事訴訟における要件事実〔第二巻〕』p.100）。当日の午前0時になれば請求できるから。

(2)　履行遅滞に基づく損害賠償請求の要件事実

ア　主たる請求の要件事実（5(1)ア～キ）に同じ。

同エの各賃料の支払期日は「経過」を要する。債務不履行解除だからである（民§412-Ⅰは「到来」と定めるが，これは「経過」と読む。当日24時までに履行すれば債務不履行ではないから）。

イ　損害の発生及びその額（原則）

実務では損害額は賃料相当額が認められるから，「賃料の額」が要件事実となる。

ウ　損害の発生及びその額（特約がある場合）

損害金特約があるときは，その「約定及び額」が要件事実となる。実務では，賃料の倍額とする特約を付す例が多い。

(3)　賃料を賃借人が「支払わない」旨の主張

附帯請求(1)(2)の要件事実（請求原因）ではない。逆に，賃料を「支払ったこと」が被告賃借人の「抗弁」の要件事実になる。

(4)　附帯請求の要件事実の記載例／第1問小問(3)の解答例

（附帯請求）＊1

1　請求原因1の1，3及び5に同じ。

2　請求原因2の2～4に同じ。＊2

3　甲建物の平成26年11月25日以降の相当賃料額は月額5万円である。＊3

＊1　附帯請求は2個あるから，それぞれの要件事実を書き分けるべきかも知れないが，出題者はそこまでは求めていないであろう。したがって，ここでは両者をまとめて記載する。

＊2　賃料の支払時期の「到来」は，賃料請求の要件事実である。

なお，前払特約があっても，その支払期限が経過しているケースでは，民法の規定（614条本文）が適用できるのでその主張は無意味であると言われることが，催告時では平成26年10月分についてはまだ支払期限は経過していないので，それ以前の3か月分とも併せて特約を主張した。

＊3　履行遅滞による損害賠償の範囲は，実務では賃料相当額とする扱いであるので，この主張をする。なお，実務では，賃料の額はすでに主たる請求の請求原因1の1に表れているので，この事実は独立して主張しないで，よって書の中で「相当賃料額月額5万円の割合による損害金の支払いを求める」と主張する例が多い。

7　用法遵守義務違反解除による明渡請求に対する抗弁／第1問小問(4)

(1)　Yの言い分2

「平成25年12月上旬，〜　好きに使っていい，〜　ペットホテルを経営することは全く問題はない」＝　Xは承諾（？）

(2)　承諾の意思表示

賃貸人が，契約で定めた目的とは異なる使用収益をすることにつき承諾を与えた場合，賃借人の使用収益方法の限定，制限を解消させるから，この承諾は抗弁となる（前掲『民事訴訟における要件事実〔第二巻〕』p.115）。

(3)　抗弁の要件事実の記載例／第1問小問(4)の解答例

（請求原因1に対する抗弁）

Xは，平成25年12月上旬，Yに対し，甲建物をペットホテルとして使用することを承諾した。

＊　非背信性の抗弁

用法遵守義務違反による建物賃貸借契約の解除が主張された場合，被告は背信行為と認めるに足りない特段の事情を抗弁として主張することができるものと解されている（最判昭41・4・21）。

しかし，本件では，居住用建物をペットホテル用に改装して営業しているから，背信性が高いといえよう（この意味が分からない者は，他人事と考えないで，Xの立場に身を置き換えて考えてみるとよい）。したがって，仮にYが非背信性の抗弁を主張しても，容易には認められないであろう。すなわち，本件では出

題意図としては抗弁にはならないと考えるべきであろう。

8　賃料不払いによる解除による明渡請求に対する抗弁／第1問小問(4)

⑴　Yの言い分3

「（平成26年10月24日）Xに電話して，〜　平成27年1月10日まで待ってほしいとお願いした。〜　Xには承諾してもらえました」＝　Xによる期限の猶予（？）

⑵　弁済期限の猶予

賃料債権の債権者である賃貸人が，賃料の支払期限を猶予すると，債務者の債務不履行は追及できなくなる（民§136-Ⅰ）。その結果，債務不履行による解除もできなくなり，結局，賃貸借契約の終了を理由とする目的物返還請求としての明渡請求は棄却を免れない。

よって，Xによる賃料の弁済期限の猶予は抗弁となる。

⑶　抗弁の要件事実の記載例／第1問小問(4)の解答例

（請求原因2に対する抗弁）

Xは，平成26年10月24日，Yに対し，同年8月分から平成27年1月分までの賃料の支払いを，同年1月10日まで猶予した。

9　間接事実について／第1問小問(5)

⑴　Yの言い分2（下線部分）

「Xは，〜　好きに使っていい，〜　ペットホテルを経営することは全く問題がないと言ってくれました」

＝　承諾の抗弁の要件事実（主要事実）

⑵　A証言

「甲建物をペットホテル用に改造したら，〜　Xは絶対怒るから，やめておいたほうがいい」

＝　承諾の抗弁の要件事実の推認を妨げる事実

＝　間接事実

⑶　間接事実と弁論主義

ア　弁論主義の第1テーゼ「主張責任の原則」

（訴訟の主体としての）当事者が口頭弁論において主張しない事実は，裁判所は判決の基礎として採用することはできない。

イ　弁論主義における「事実」

弁論主義の適用を受ける事実（アの事実）は，主要事実をいい，間接事実や補助事実はこれに含まれない（最判昭41・9・22，最判昭52・4・15）。

ウ　間接事実と弁論主義

　　間接事実は，当事者が主張しなくても，裁判所は判決の基礎としてこれを採用することができる。言い換えると，間接事実であれば，当事者の弁論に表れない事実（例えば，証人尋問において供述された事実）であっても，裁判所はその事実を判決の基礎として採用することができる（採用しても弁論主義には反しない）。

(4)　**第1問小問(5)の解答例**

①　Yの言い分の中にある下線部の事実は，承諾の抗弁の要件事実（主要事実）であり，A証言に係る事実はその推認を妨げる間接事実である。

②　判例によると，間接事実は弁論主義の適用は受けず，当事者が主張しなくても裁判所は判決の基礎としてこれを採用することができる。したがって，裁判所はA証言に係る事実を判決の基礎として採用することができる。

　＊類題

　　ある訴訟において，仮に，被告Yの訴訟代理人が抗弁の要件事実として主張すべき事実（*a*）を主張しなかったところ，当事者尋問において，Yが*a*の存在を供述したものとする。

　　この場合，裁判所は*a*を判決の基礎として採用することができるかどうかについて，150字以内で述べなさい。

〔解答例〕

　　Yの訴訟代理人は，*a*を主張していないから，当事者尋問において*a*の存在が明らかになったとしても，訴訟の主体（被告）としての主張があったことにはならない。よって，弁論主義における主張責任の原則から，裁判所はその主張があったものとしてこれを判決の基礎として採用することはできない。

10　簡裁代理権の範囲／第2問

(1)　上訴と簡裁代理権（原則）

　　認定司法書士は，上訴の提起に関する事項については，代理権は認められない（法§3－Ⅰ⑥柱書但書）。

　〔簡裁における「上訴の提起に関する事項」の主要例〕

ア　簡裁の判決に対する控訴の提起（民訴§286－Ⅰ）

イ　第一審判決が仮執行宣言付判決であった場合における控訴提起に伴う執行停止の申立て（民訴§404－Ⅰ，同§403－Ⅰ③）

ウ　民事保全手続における保全抗告（民保§41－Ⅰ本文）

(2) 上訴と簡裁代理権（特例）

　　自ら代理人として手続に関与している事件の判決，決定または命令に係るものについては，上訴の提起につき代理権が認められる（法§3−Ⅰ⑥柱書但書のカッコにおいて代理権の否定が解除されている）。

　　「自ら代理人として手続に関与している事件」とは，上訴の提起について代理しようとする司法書士が判決等の際に現に代理権を有している事件を指す。

(3) 上訴の提起についての代理権（特例の内容）／第5回認定考査

　　簡裁の判決に対して控訴を提起する場合の例で検討すると，司法書士が代理し得るのは，一定の事項を記載した控訴状を第一審裁判所である当の簡裁に提出することだけである（民訴§286）。

　　これに対し，控訴審における手続の代理は含まれない。例えば，控訴状には攻撃防御方法を記載し得る（民訴規§175）が，攻撃防御方法の提出はその審級における代理行為に外ならず，司法書士法が認めた代理権とは異なる性質の行為である。あるいは，控訴状に不備がある場合に控訴裁判所の裁判長がする控訴状の補正命令（民訴§288，同§137−Ⅰ前段）に応ずることもできない。

(4) 強制執行の申立ての代理権

　ア　民事訴訟法55条1項

　　　同条項は，訴訟代理人の訴訟代理権の範囲が強制執行に関する訴訟行為に及ぶ旨を定めている。そのため，認定司法書士も受任事件の勝訴判決等に基づく強制執行手続の代理人となり得ると解される余地がある。

　　　しかし，認定司法書士は法3条1項6〜8号の規定により法律事務を行うことができる（弁§72の特則と解されている）のであり，これら以外の法律事務を行うことはできない。

　イ　注意的な定め

　　　そこで司法書士法は，認定司法書士には民事訴訟法55条1項のうち強制執行に関する部分は適用されない旨を注意的に明らかにした（法§3−Ⅰ⑥柱書但書）。

　ウ　少額訴訟債権執行手続についての特例／第4回認定考査

　　　認定司法書士のうち少額訴訟につき自ら代理人となったものは，その少額訴訟債権執行の手続（民執第2章第2節第4款第2目）については代理権が認められる（代理権の否定が，法§3−Ⅶ但書で除外されている）。

(5) **第2問の解答例**

　① 　Qは，控訴の提起をすることができる。その理由は，認定司法書士は，自ら代理人として手続に関与している事件の判決に係るものについては上訴提起の

代理権が認められるところ，本件設例ではQは判決の際にYの代理人として手続に関与していたからである。

② 　Pは，強制執行の申立てをすることはできない。その理由は，認定司法書士には強制執行の申立ての代理権は認められないからである。なお，認定司法書士のうち少額訴訟につき自ら代理人となったものには，少額訴訟債権執行の手続につき代理権が認められる旨の例外規定があるが，それは60万円以下に限られるところ，本件設例はこれには当たらない。

11　司法書士倫理／業務を行い得ない事件／第3問

(1)　認定司法書士の裁判書類作成関係業務

認定司法書士は，簡裁訴訟代理等関係業務に関するものとして受任している事件の相手方からの依頼による他の事件につき裁判書類作成関係業務を行うことはできない（法§22-Ⅲ柱書，司倫§61-②）。

例）原告の訴訟代理人となっている場合において，被告の第三者に対する裁判事件の書類作成

(2)　認定司法書士の簡裁訴訟代理等関係業務

認定司法書士は，裁判書類作成関係業務を行うことができない事件と同一の事件については，簡裁訴訟代理等関係業務を行うことはできない（法§22-Ⅳ本文，司倫§61-②）。

例）原告の訴訟代理人となっている場合において，被告の第三者に対する裁判事件の代理

(3)　禁止される趣旨

裁判業務（裁判書類作成関係業務及び簡裁訴訟代理等関係業務）につき，(1)，(2)のような受任をすると，司法書士の誠実さを疑わせて依頼者の信頼を損ない，受任事件に関する真実の情報の開示も望めず，その有効な業務は不可能となり，延いては司法書士に対する社会的信頼を傷つけるからである。

なお，この禁止規定は，現に受任中の事件についての制限であり，既に完結した事件の依頼者を相手方とする事件については適用されない。

(4)　受任している事件の依頼者の同意を得た場合

上記(1)，(2)の事件については，依頼者の同意があれば受任することができる（法§22-Ⅲ柱書但書，同§22-Ⅳ但書，司倫§61柱書但書）。

なお，同意を求めることについては，以下の手順を踏む必要があり，結局，同意を得ることは現実にはほとんど期待できないであろう。

ア　新たな依頼者(B)には，特別関係を告知する（司倫§26）。

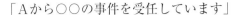

「Aから○○の事件を受任しています」

イ　すでに受任している事件の依頼者(A)の同意を得る前提として，Bからの依頼内容をAに告げていいかどうかの承諾を，Bから得る。

ウ　Aの同意を得る。

(5)　**第3問の解答例**

　　認定司法書士は，簡裁代理人として受任している事件の相手方からの依頼による他の事件は，委任者の同意がない限り受任できない。委任者の同意もなく他の事件を受任すると，委任者の信頼を損ない，受任事件に関する真実の情報の開示も望めず，その有効な業務は不可能となり，延いては司法書士に対する社会的信頼を傷つけるからである。よって，Rは，Xが同意していない場合はYの依頼は受任できない。

　　これに対し，委任者が同意している場合，上述のような弊害がない。よって，Rは，Xが同意している場合はYの依頼を受任できる。

第15回認定考査／抵当権抹消登記請求事件

1　実体上の問題

(1)　本件貸金債権

ア　平成15年に成立している。

イ　10年以上昔の債権である（ずいぶん古い話である）。

ウ　消滅時効が絡んでいるかも知れない。小問(5)と関係があるか？

(2)　A－Dの売買契約とその合意解除

ア　A　⇒　Dへの売却（H25・6・1）

　　これにより，Aは所有権を喪失したのではないか？

イ　アの売買契約の合意解除（Xによる代理）

　　これにより，Aは所有権を回復したのではないか？

ウ　Aが，売買代金をDに返還していないとき

　　イの合意解除により，Dは，Aに対し，支払った売買代金の返還請求権を取得するのではないか？この請求権の法的性質は，不当利得返還請求権？　⇒「第2問①」？

(3)　Xらによる共有持分権の取得

ア　H27・4・30，A死亡

イ　B，C及びXが甲建物を相続分に応じて法定相続（民§899）

ウ　現在，B，C及びXは，甲建物の共有持分権者？

⑷　共有持分権による妨害排除請求権

　ア　単独の妨害排除請求権

　　　各共有者は，共有持分権により，共有物につき単独で妨害排除請求権を行使できる（我妻榮『新訂物権法（民法講義Ⅱ）』p.327）。

　イ　その根拠

　　　共有は所有権の実質があるところ，共有者は共有物全部につき持分に応じた支配権を有するから，単独の妨害排除請求権の行使は当然に認められる。

　ウ　判例の理論的根拠

　　　登記の抹消請求については，保存行為（民§252但書）として認める（大判T8・4・2）。

⑸　弁済による抵当権の消滅（Xの主張）

　ア　H19・5・1　＝　30万円弁済（争いなし）←⑹ア

　イ　H20・6・30　＝　90万円弁済（「本件領収書」あり）

　ウ　抵当債務120万円は完済（＝抵当権の消滅）

⑹　抵当債務の存在（Yの主張）

　ア　⑸アの一部弁済は，認める。

　イ　⑸イの残債務90万円の弁済は，否認。

　　　否認の理由：90万円は，別口の債権（H17・7・1貸付）への弁済。

　ウ　抵当債務は，90万円未済（＝抵当権は存続）

⑺　Xが相続登記を了していない旨の主張

　ア　〔Yの言い分〕5後段

　イ　Xによる妨害排除請求に対し，YはXが相続登記を了していない旨を主張することができるか？

　ウ　XらはAの包括承継人であり，Yとは当事者の関係に立つ。両者の間に対抗問題は生ぜず，Yによるイの主張は認められない？

⑻　Aの相続債務

　ア　H27・4・30，A死亡

　イ　可分債務

　　　法定相続人が相続分に応じて分割承継する（民§896本文，大決S5・12・4）。

　ウ　AのYに対する90万円の貸金残債務

　　　仮に，その弁済の主張が認容されない場合，法定相続人B，C及びXが，法定相続分の割合で分割承継する（民§899）。よって，この場合，Xは30万円の債務を承継する。

　　エ　AのDに対する300万円の不当利得返還債務

可分債務であり，B，C及びXが，各3分の1の割合で分割承継した。⇒
「第2問①，②」

2 攻撃防御の基本構造

(1) 請求原因

　　ア　Xの甲建物所有（共有持分権）

　　イ　Y名義の抵当権設定登記の存在

(2) 抗弁

　　ア　所有権の喪失の抗弁（請求原因(1)アに対し）

　　イ　登記保持権原の抗弁（請求原因(1)イに対し）

(3) 再抗弁

　　ア　合意解除による所有権の回復（抗弁(2)アに対し）

　　イ　弁済による抵当権の消滅（抗弁(2)イに対し）

3 本件訴訟の訴訟物／第1問小問(1)

(1) Xが本件訴訟において請求する権利の性質

　　ア　所有権（共有持分権）による妨害排除請求権（←1(4)）

　　イ　所有権による「妨害排除」請求権

　　　　「占有侵奪以外」の態様により所有権が侵害された場合に成立

　　　　〔代表例〕＝不法無効の登記名義による所有権の侵害

　　ウ　所有権による「返還」請求権との違い

　　　　返還請求権＝「占有侵奪」による所有権の侵害の場合に成立

(2) **第1問小問(1)の解答例**

　　共有持分権による妨害排除請求権としての抵当権設定登記抹消登記請求権

(3) 「所有権による　～　」ではどうか（？）

　　ア　共有持分権は所有権の実質がある

　　イ　請求原因レベルでは，共有持分権は顕れない（⇒4(3)ウ）？

　　ウ　解答としては，「所有権」も誤りとはいえない？

4 請求原因の要件事実／第1問小問(2)

(1) 所有権に基づく抵当権抹消登記請求の要件事実

　　ア　請求権者の目的不動産所有

　　イ　相手方名義の抵当権設定登記の存在

(2) 本件訴訟における請求原因

ア　Xによる共有持分権（所有権）の主張

イ　Y名義の抵当権設定登記の存在

ウ　実際の審理の展開

　　ア）Yは，アは争う（「不知」または「否認」）であろう

　　　　＝　アにつき，権利自白は成立しない

　　イ）そこで，Xは，「相続」（による共有持分権の取得）を主張

　　　a　「H25・6・1A所有」（Yは権利自白／〔Yの言い分〕3前段）

　　　　「Aは平成25年6月1日までは甲建物を所有していた」

　　　b　「H27・4・30A死亡」（Yは自白／〔Yの言い分〕4）

　　　c　「Xは，Aの子」（Yは自白／〔Yの言い分〕1,4）

　　　　非のみ説によれば，この事実で足りる。他に法定相続人がない旨は，こ

　　　れを争う相手方が主張すべき事実である。

　　ウ）結局，Yがアを争ってみても，イ）の相続の要件事実は争えない？

　　エ）「甲建物はDに売却されたはず」／〔Yの言い分〕5

　　　　この主張は，イ）の相続の要件事実（b，c）とは相容れる（否定する関

　　　係にはない）。したがって，攻撃防御方法としては，抗弁である（⇒5）。

エ　ウイ）a〜cは，本問の請求原因の要件事実？

オ　Yは，イは自白せざるを得ない

(3)　請求原因の要件事実／**第1問小問(2)の解答例**

ア　Aは，平成25年6月1日，甲建物を所有していた。

イ　Aは，平成27年4月30日死亡した。

ウ　Xは，Aの子である。

エ　甲建物について，Y名義の抵当権設定登記がある。

5　抗弁（その1）の要件事実／第1問小問(3)

(1)　いわゆる「所有権の喪失」

ア　〔Yの言い分〕5

　　平成25年6月1日現在はAが所有していたものの，同日，AはDに売却した，

　旨を主張している。

イ　A　⇒　Dへの売却（H25・6・1）

　　A以外の者（＝D）が所有権を取得したことにより，反面，Aは所有権を喪

　失する（民§176）。なお，Aが所有者でなければ，Xも所有権（共有持分権）

　は取得しようがない。

ウ　抗弁となるか？

アの主張は，請求原因たる所有権（共有持分権）に基づく妨害排除請求権という法律効果の発生を障害する。したがって，抗弁として機能する。

⑵ 所有権喪失の抗弁の要件事実

「所有権移転原因事実」（1個）

例）「売買契約の締結」（民§176）

⑶ **第1問小問⑶の1の解答例**

Aは，平成25年6月1日，Dに甲建物を300万円で売った。

6 抗弁（その2）の要件事実／第1問小問⑶

⑴ いわゆる「登記保持権原」

ア 抵当権設定登記の正当性

被告は，抵当権設定登記が正当な権原に基づくものである（＝登記に対応する実体法上の権利関係を公示する）旨を主張することができてよいはずである。

イ 抹消登記請求の拒否

アを主張することができれば，原告の抹消登記請求を被告は拒むことができるのではないか。

ウ 抗弁となるか？

アの主張は，抵当権抹消登記請求権の発生（＝請求原因事実のもたらす法律効果）を障害する。したがって，抗弁として機能する。

⑵ 登記保持権原の抗弁の要件事実

ア 被担保債権の発生原因事実

抵当権の附従性から要求される。

イ 抵当権設定者がアの債権を担保するために抵当権を設定した

被担保債権と抵当権とを結びつける事実である。

ウ 抵当権設定者がイの契約の当時その不動産を所有していた

抵当権設定契約が物権契約（物権の発生を目的とする契約）であることから必要となる。

エ 抵当権設定登記がイの契約に基づく／「基づく登記」

抵当権設定登記が有効であるためには，その登記がイの設定契約に基づくものでなければならない（「基づく登記」）。その内容は，具体的には以下のとおりである。

ア）登記が設定契約に基づく私法上の義務の履行としてされた

イ）登記が手続的に適法にされた

なお，「基づく登記」という要件事実については，実体的権利関係と独立し

て争点となっていないときは，その摘示は「本件抵当権登記は，イの設定契約に基づく」で足りる。

(3) **第1問小問(3)の2の解答例**

ア　Yは，平成15年1月30日，Aに対し，弁済期限を定めず，120万円を貸し渡した。

イ　YとAは，アの債務を担保するため，甲建物に抵当権を設定する旨の合意をした。

ウ　Aは，イの当時，甲建物を所有していた。

エ　請求原因の要件事実エの登記は，イの契約に基づく。

＊　アの「弁済期限を定めず」は，貸借型理論による。これに対し，これが要件事実にならないという説がある（『新問題研究要件事実』p.40，46）。

7　再抗弁（その1）の要件事実／所有権喪失の抗弁に対する／第1問小問(4)

(1) 所有権の移転を妨げる事実

売買による所有権喪失の抗弁に対しては，売買による所有権移転（喪失）の効果を妨げる事実を再抗弁として主張することができる。

例）錯誤，虚偽表示，債務不履行解除，合意解除，詐欺取消し

(2) 売買契約の合意解除

ア　合意解除の法律効果（売主側）

解除された契約が売買であって，その契約により物権が移転していた場合，合意解除によりその物権は当然に売主に復帰する（我妻榮『債権各論上巻（民法講義Ⅴ1）』p.215～216）。

イ　合意解除の法律効果（買主側）

買主が売主に売買代金を支払済みである場合，合意解除により，買主は売主に対し不当利得返還請求権としてその支払請求権を取得する（大判S6・4・24）。⇒「第2問①」

cf.「法定解除」の効果　＝　原状回復請求権（民§545-Ⅰ本文）

直接効果説によれば，解除により契約が遡及的に消滅し，契約上の債務は当初から存在しないことになる。したがって，既履行の給付は法律上の原因なくされたものであり，理論上はこの原状回復請求権も不当利得返還請求権の性質を有する。

ただ，その範囲が原状回復にまで拡大されたにすぎない（我妻榮『債権各論上巻（民法講義Ⅴ1）』p.193，194）。

ウ　売買契約の合意解除の要件事実

　　　ア）売買契約の締結

　　　イ）ア）に基づく目的物の引渡し（目的物の返還請求の場合）

　　　　　本問では甲建物の引渡しを請求するわけではないから，不要。

　　　ウ）ア）の契約を合意解除した

(3)　代理の要件事実（民§99−Ⅰ）

　　ア　代理人による法律行為

　　イ　顕名

　　ウ　アに先立つ授権

(4)　**第1問小問(4)の1の解答例**　((2)＋(3))

　　ア　抗弁（その2）の要件事実に同じ。

　　（Aは，平成25年6月1日，Dに甲建物を300万円で売った）

　　イ　XとDは，平成25年8月1日，アの契約を合意解除した。

　　ウ　Xは，イの際，Aのためにすることを示した。

　　エ　Aは，イに先立って，Xに代理権を授与した。

8　再抗弁（その2）の要件事実／登記保持権原の抗弁に対する／第1問小問(4)

(1)　抵当権の消滅事由としての弁済

　　ア　抵当権が消滅した旨の主張

　　　　被告による登記保持権原の抗弁に対し，原告はその抵当権が消滅した旨を主張することができる。

　　イ　再抗弁となるか？

　　　　アの主張は，登記保持権原の抗弁のもたらす法律効果の発生を障害し，かつ請求原因事実の法律効果（抵当権の抹消請求権）を復活せしめる。したがって，再抗弁に位置づけられる。

　　ウ　抵当権消滅事由としての弁済

　　　　抵当権の被担保債権が消滅すれば，附従性により抵当権も消滅するところ，弁済は債権の消滅事由である。よって，弁済は登記保持権原の抗弁に対する再抗弁事由となる。

(2)　弁済の要件事実（判例による）

　　ア　債務者（第三者）が債権者に債務の本旨に従った給付をした

　　イ　アの給付がその債権についてされた

(3)　再抗弁の要件事実／**第1問小問(4)の2の解答例**

　　ア　Aは，Yに対し，平成19年5月1日，本件貸金債権の債務の履行として30万円を支払った。

イ　Aは，Yに対し，平成20年6月30日，本件貸金債権の債務の履行として90万円を支払った。

9　Xが消滅時効を主張しなかった理由／第1問小問(5)

(1)　消滅時効の可能性

　ア　本件貸金債権の成立

　　　平成15年1月30日に成立している。

　イ　消滅時効の起算点

　　　判例によれば，弁済期の定めのない債権の時効の起算点は，債権の成立時である。

　ウ　本件設例

　　　本件では，アの日から10年目の平成25年1月30日は経過しているから，消滅時効の可能性を検討しなければならない。

(2)　攻撃防御方法としての位置づけ（再抗弁事由となるか）

　　仮に，Xが90万円の残債務全額を承継していれば，被担保債務の時効消滅を主張し得るといえよう。

(3)　Xの承継額

　　しかし，Xが相続したのは，残債務90万円のうち30万円にすぎず，被担保債務全額を消滅せしめるには足りない。よって，Xは消滅時効を主張することはできない。

(4)　**第1問小問(5)の解答例**

　　本件貸金債権は，平成25年1月30日の経過を以て消滅時効が完成する。したがって，当日が既に経過している本問では，仮にXが90万円の残債務全額を相続していれば，Xは被担保債務の時効消滅による抵当権の消滅を主張（再抗弁）し得る。しかし，Xが相続したのは，残債務90万円のうち30万円にすぎず，被担保債務全額を消滅せしめるには足りない。よって，Xは消滅時効を主張することはできないから，これを主張しなかった。

10　Zに証言を依頼すべきかどうか／第1問小問(6)

(1)　本件訴訟の争点（認否）

〔請求原因〕	〔予想される認否〕
ア　AH25・6・1甲建物所有	◯
イ　AH27・4・30死亡	◯
ウ　Xは，Aの子	◯

エ　甲建物にＹ名義の抵当権設定登記　　　　　　　　　　　○

〔抗弁１〕所有権喪失

ア　ＡＨ25・6・1甲建物を300万円で売却　　　　　　　　○

〔抗弁２〕登記保持権原

ア　ＹＨ15・1・30Ａに120万円貸渡し　　　　　　　　　　○

イ　ＹＡ抵当権設定契約　　　　　　　　　　　　　　　　　○

ウ　イの当時甲建物をＡ所有　　　　　　　　　　　　　　　○

エ　基づく登記　　　　　　　　　　　　　　　　　　　　　○

〔再抗弁１〕所有権回復

ア　ＡＨ25・6・1甲建物を売却　　　　　　　　　　　　　○

イ　ＸＤＨ5・8・1アの合意解除　　　　　　　　　　　　△

ウ　顕名　　　　　　　　　　　　　　　　　　　　　　　　△

エ　先立つ代理権授与　　　　　　　　　　　　　　　　　　△

〔再抗弁２〕弁済

ア　ＡＨ19・5・1一部30万円弁済　　　　　　　　　　　　○

イ　ＡＨ20・6・30残債務90万円弁済　　　　　　　　　　×

(2)　本件訴訟の主たる争点

ア　残債務90万円の弁済／〔再抗弁２〕イ

イ　平成15年1月30日貸付は？

　　Ｘは，自白するであろう。「本件貸金債権の内容はＹの言うとおりだと思い
ます」（〔Ｘの言い分〕3）

ウ　自白された事実は，立証不要（民訴§179）。

(3)　**第１問小問(6)の解答例**

　　平成15年1月30日貸付の事実は，Ｘは自白するはずであるから，Ｙは立証は要
しない。したがって，Ｚに対して証言を依頼すべきかとのＹの質問に対しては，
Ｐは依頼不要と回答することができる。

11　本件書証の果たす機能／第１問小問(7)

(1)　本件預金通帳の記載

　　Ｙが平成17年6月30日に90万円を引き出した事実が記載されている。

(2)　(1)の事実の意味するところ

　　Ｙは，Ａに対し，平成17年7月1日，本件貸金債権とは別口で90万円を貸した旨
を主張する立場である（〔Ｙの言い分〕4）。この貸付では契約書を交わしていな
いから，Ｙはその事実を直接立証することは困難であろう（立会証人でもあれば

話は別）。

　　しかし，(1)の日は，その別口債権の貸付日の前日である。これは，別口債権の貸付原資に充てるために引き出した方向で作用する事実である。

(3)　本件貸金債権の残債務への弁済との関係

　　Xは，残債務90万円の弁済の主張（〔再抗弁2〕イ）につき立証責任を負うが，(2)により，本件預金通帳の記載は別口債権の貸付原資として引き出された旨が推認される。

　　逆に言えば，この90万円の引出しは，Xの主張する残債務90万円への弁済という事実の不存在を推認させる間接事実である。本件預金通帳の記載は，この間接事実を立証する証拠となる。

(4)　**第1問小問(7)の解答例**

　　①本件書証は，小問(4)の再抗弁事実，すなわちXの主張する残債務90万円への弁済という事実の不存在を推認させる証拠となる。②Yは，Aに対し，平成17年7月1日，本件貸金債権とは別口で90万円を貸した旨を主張するところ，本件書証に記載された日付は当該債権の貸付日の前日である。これは，当該債権の原資にするために引き出したとの方向で作用する事実である。言い換えると，Xの主張すべき再抗弁事実の不存在を推認させる間接事実である。

12　簡裁代理権の範囲／第2問

(1)　Aの相続債務

　ア　不当利得返還請求権

　　　売買契約の合意解除により，買主は，売主に対し，不当利得返還請求権を取得する（大判S6・4・24）。

　イ　本件の不当利得返還請求権の内容

　　　DがAに支払った売買代金300万円の返還請求権である。

　ウ　イの返還義務を負う者，その額

　　ア）返還債務の相続

　　　　Aは死亡しているから，イの返還債務はAの法定相続人に承継される（民§896本文）。

　　イ）可分債務の承継

　　　　イの債務は可分債務であり，法定相続人が相続分に応じて分割承継する（民§899，大決S5・12・4）。

　　ウ）相続人，相続分

　　　　Aの法定相続人は，その子B，C及びXであり，この3名が均分で承継し

た（民§900－④本文）。

(2) 300万円の返還請求訴訟の被告適格，訴額

　ア　各100万円の返還請求権

　　Dは，(1)ウにより，B，C及びXに対し，それぞれ100万円の返還請求権を有する。

　イ　共同訴訟の形態／必要的共同訴訟か通常共同訴訟か？

　　Xらが承継した債務は分割債務であるから，Xらを被告とする訴訟は通常共同訴訟である。したがって，Xらを個別に訴えることも，また全員を一挙に訴えることもできる。

　ウ　請求金額（訴額）

　　Xら全員に対し同一の訴えを以て請求する場合，訴額は300万円である。個別の訴えを提起する場合，各100万円である。

(3) 認定司法書士の簡裁代理権

　ア　個別の請求の可否

　　Dは，(2)により，B，C及びXに対し，それぞれ各別に100万円の返還請求訴訟を提起することは可能である。

　イ　簡裁代理権の範囲

　　訴額140万円以下の訴訟に限定される（司書§3－Ⅰ⑥イ，裁§33－Ⅰ①）。

　ウ　認定司法書士の簡裁代理権

　　ア）個別請求訴訟の訴額

　　　ア，イにより，DがXらに対し個別に各100万円の返還請求をする場合，訴額は140万円以下である。したがって，Qは，個別の訴えを代理人として提起することは可能であるかに見える。

　　イ）個別請求訴訟の実質

　　　Xら全員に対し同一の訴えを以て300万円の返還請求が可能なケースにおいて，敢えて各別の訴えを提起することは，一部請求をするに等しい。

　　ウ）品位保持義務違反？

　　　140万円を超える請求権につき，訴額140万円以下の一部請求訴訟をすることは，合理的理由がない限り，品位保持義務（司書§2）に反するものと解されている。

(4) **第2問の解答例**

　①Dは，300万円を回収するために，Xら3名を共同被告としてその不当利得返還請求訴訟を提起できるほか，各別に100万円の請求訴訟を提起することもできる。②Xら3名に対する300万円の返還請求訴訟の訴額は，簡裁代理権の訴額

の上限を超えるから，Qはこれは代理できない。これに対し，100万円の各別の請求訴訟は訴額の上限を超えないから，これは代理できるように見える。しかし，一の訴えを以て300万円の返還請求が可能なケースにおいて，敢えて各別に提訴することは一部請求をするに等しい。140万円を超える請求権につき訴額を140万円以下とする一部請求訴訟を代理することは，合理的な理由がない限り，司法書士の品位保持義務に反するおそれがある。よって，Qは100万円の各別の請求についても代理人として提訴することはできない。

13　業務を行い得ない事件／第3問

(1)　抵当権実行禁止の仮処分

ア　仮処分の類型

「仮の地位を定める仮処分」（民保§1）に属するものと解されている（瀬木比呂志『民事保全法』（判例タイムズ社）第6章第4）。

イ　「本案の権利関係」（民保§1）

本件貸金債権の残債務90万円（Xの承継した債務額30万円）の不存在である。Xは，これを理由に本件仮処分命令の申立てをしたわけである。

ウ　抵当権実行禁止の仮処分命令申立書の作成

裁判書類作成業務である（司書§3-I④）。その書類の核心をなすのは，本件貸金債権の残債務90万円（Xの承継した債務額30万円）が存在しない旨の主張である。

(2)　Yからの依頼（①，②）

Yは，本件貸金債権の残債権90万円のうち，Xに対してはその相続分相当額30万円の返還請求権を有する。また，Bに対しても同様に30万円の返還請求権を有する。

(3)　業務を行い得ない事件

ア　簡裁訴訟代理等関係業務の規制

認定司法書士は，裁判書類作成関係業務を行うことができない事件と同一の事件については，簡裁訴訟代理等関係業務を行うことはできない（司書§22-IV本文，同-II①）。利害相反関係にある業務を禁止する趣旨である。

したがって，例えば，本件ではRは先にXから抵当権実行禁止の仮処分命令申立書の作成を依頼されこれを受任しているから，後に仮処分債務者であるYから当該仮処分命令に対する保全異議の申立て等の代理を受任することはできない。

イ　Rの受任した先行業務の内容

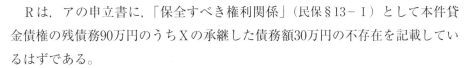

　　　Rは，アの申立書に，「保全すべき権利関係」（民保§13－Ⅰ）として本件貸
　　金債権の残債務90万円のうちXの承継した債務額30万円の不存在を記載してい
　　るはずである。

ウ　Yからの依頼①

　　　本件貸金債権の残債務90万円のうちXの承継した債務額30万円の返還請求訴
　　訟の代理である。この訴訟の訴訟物は，イの先行業務の保全すべき権利関係と
　　同一の債権である。

　　　よって，Rは本件依頼を受任することはできない。

エ　Yからの依頼②

　　　本件貸金債権の残債務90万円のうちBの承継した債務額30万円の返還請求訴
　　訟の代理である。この訴訟の訴訟物は，形式的にはイの先行業務の保全すべき
　　権利関係と同一の債権であるとはいえない。

　　　しかし，Bの債務は，Aの債務90万円の分割債務である。たまたま，相続に
　　よりXの債務とは別の債務となったにすぎず，両者は実質的には同一の債務で
　　ある。よって，利害相反関係にある業務を禁止する趣旨に照らすと，Rが本件
　　依頼を受任することは望ましくない。

⑷　**第3問の解答例**

　認定司法書士は，裁判書類作成関係業務を行うことができない事件と同一の事
件については，簡裁訴訟代理等関係業務を行うことはできない。利害相反関係に
ある裁判関係業務を禁止する趣旨である。Rは，Xから作成依頼を受けた本問の
申立書に，保全すべき権利関係としてAの債務90万円のうちXの承継した30万円
の債務の不存在を記載しているはずである。

　Yからの依頼①は，XがAから承継した債務30万円の返還請求訴訟の代理であ
る。その訴訟物は，先行業務の保全すべき権利関係と同一の債権である。よって，
Rは本件依頼を受任することはできない。

　Yからの依頼②は，BがAから承継した債務30万円の返還請求訴訟の代理であ
る。その訴訟物は，形式的には先行業務の保全すべき権利関係とは異なる。しか
し，本件債務はAの債務の分割債務である。たまたま相続によりXの債務とは別
の債務となったにすぎず，両者は実質的には同一の債務である。よって，利害相
反関係にある裁判関係業務を禁止する法の趣旨に照らすと，Rが本件依頼を受任
することは望ましくない。

第16回認定考査／所有権に基づく土地明渡請求事件

Ⅰ　出題項目，概観

1　訴訟物（Xの求める究極の結論は何か）

(1)　問題文の指示（〔Xの言い分〕6）

「所有権に基づき，甲土地の明渡しを求めます」

(2)　所有権に基づく返還請求権

(1)は，訴訟物を「所有権に基づく返還請求権」として構成せよとの指示にして，かつ解答が教示されたも同然。

(3)　その他の構成

「所有権に基づく妨害排除請求権」は誤りである（⇒Ⅱ4(1)イ）。なお，賃貸借契約の終了に基づく目的物返還請求権としての土地明渡請求は，論外である（問題文の指示に抗った解答である）。

2　請求原因（Xが所有権を裏付けるための手立て）

(1)　前主Aから相続により取得（現在の所有の根拠）

(2)　しかし，Yは，Xの現在の所有を争っている

(3)　そこで，Xは(1)の主張（自己所有）をするだけでは勝訴できない？

(4)　前主Aの所有権取得（30年前の相続）の時またはそれ以前にまで遡らなければならないか？

(5)　Xとしては，所有権の帰属につきYが争いようのない時点にまで遡ってこれを根拠づければ足り，さらにそれ以上遡る必要はないのでは？

(6)　(5)は，「権利自白」の問題？

権利自白は，時系列を素直に遡上して考える者にとっては，ごく当然の知識？これに対し，暗記型の人間にとっては難問かも？

(7)　時系列で時を遡ってみよう

(5)が正しいとして，所有権の帰属をYが争わない時点があるのか？あるとしたら，それはいつか？

3　抗弁（所有権を根拠とする請求に抗うためのYの手立て）

(1)　抗弁の意味（暗記した知識としてではなく，自分の言葉で）

請求原因のもたらす法律効果を否定するための被告側の反論。平たく言えば，原告の拠って立つ基盤（本件では，Xの甲土地の所有権）を，被告が崩すための言

186

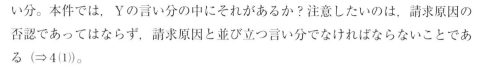

い分。本件では，Yの言い分の中にそれがあるか？注意したいのは，請求原因の否認であってはならず，請求原因と並び立つ言い分でなければならないことである（⇒4⑴）。

(2)　X（A）が所有権を有していない旨の主張はできないか？

Yとしては，Xの拠って立つ基盤を喪失せしめれば足りる。そこで，仮にある時点まではX（A）が所有していたとしても，その後X（A）が所有権を喪失した（具体的には，他人の手に渡った）旨をYが主張立証できれば，Xの請求は現時点では根拠を失うのではないか？

(3)　Xの所有権自体は争わず，かつ明渡請求を争う方法はないか？

Y（B）に占有を根拠づける権原（正当ならしめる権利）があれば，Yは大きな顔をして占有を継続できるはずであり，明渡請求には応じなくて済むはず？Yの言い分の中にそれらしい権原があるか？

4　再抗弁（3の⑵，⑶を封ずるためのXの再反論）

(1)　再抗弁の意味（暗記した知識としてではなく，自分の言葉で）

抗弁のもたらす法律効果を封じ，（元に戻って）請求原因の要件事実のもたらす法律効果を復活させる働きをもつ主張。

注意したいのは，抗弁の否認であってはならず，抗弁と並び立つ言い分でなければならないことである（⇒3⑴）。

(2)　「所有権喪失の抗弁」（3の⑵）に対し

所有権喪失（事由）は生じていない，旨の主張が果たして可能か？生じていない（存在しない）は，抗弁の否認ではないのか？

あるいは，そもそも，事実上の主張には非ず，法律上の主張に近いのでは？

(3)　「占有を根拠づける権原」の抗弁に対し

その権原を消滅（あるいは変更）させる事実はないか？その権原がかつていったんは発生していたとしても，その後消滅（あるいは変更）していれば，現時点では請求原因のもたらす法律効果を復活させ得るわけであるが。

5　立証の問題（「二段の推定」）

(1)　「認否の具体的内容」？

二段の推定の判例法理を正確に理解（暗記ではない）している者にとっては，問題文に答えが書いてあるも同然？

(2)　「判断する枠組み」？

裁判所側の視点に立った衒学的な物言いではある。その出題形式には何か意味

があるのだろうか（これを生真面目に考えた者があった由）？

(3) 基礎的な勉強の必要性

　二段の推定は，いきなり228条4項から入ったのでは理解しにくいであろう。先ずは，同条1項の意味から入るべきである。

　ともあれ，暗記型の人間にとっては，二段の推定は解答しにくいであろう。出題の形式は毎回異なり，仮に過去問の解答例を覚えても，新しい問題には対応できないからである。

6　民事保全に関する基礎知識

　占有移転禁止の仮処分が出た。合格点をとらせるための救済問題。なお，答案に当事者恒定効という用語を記載しても，それだけでは論拠にはならない。その用語の意味が問われているわけだから。

7　簡裁代理権（第2問）

　訴額の計算の問題。これも，合格点をとらせるための救済問題。

8　司法書士倫理（第3問）

　法人の使用人として関与した簡裁代理案件につき，法人を退職した当の使用人が，後日，相手方から同一の社会的事実に基づく事件につき裁判書類の作成依頼を受けたときに，これを受任できるのかどうか。

9　難易度，出題についての感想

(1) Cランク（高難度）の問題

　ア　代物弁済の抗弁に対する再抗弁

　　要物契約説に立ち，Bは所有権移転登記をしていない旨の主張が可能かどうか？

　イ　占有を根拠づける権原の抗弁に対する再抗弁

　　無断転貸解除は誰でも気付くとして，もう一個あるか？

　ウ　司法書士倫理の問題

　　前訴と後訴の訴訟物は相異なる（先行事件は所有権に基づく返還請求権，後行事件は所有権に基づく妨害排除請求権）から，既判力抵触の問題はない。

　　しかし，社会的事実としての事件は同一？司法書士法22条3項4号は，時期の限定なしの規制なのか？

(2) Bランク（中難度）の問題

ア　権利自白

イ　代物弁済の抗弁

ウ　賃借権の抗弁，無断転貸解除による賃借権消滅の再抗弁

(3)　Aランク（低難度）の問題

　　(1)，(2)以外の問題？

(4)　今年度の出題についての感想

ア　受験界（予備校）では，基本的な出題との見立てがあった？

イ　並みの受験生にとっては，(1)及び(2)はかなりの難問？

ウ　(3)のAランクの要件事実さえ碌に書けない受験生があった？

　　　例えば，「XはAの相続人である」とか「YはBを相続した」などと書いた受験者は落第すべきである。それらは，具体的事実ではなく，したがって要件事実の基礎を勉強したとはいえないからである。模擬試験では，9割くらいの受験者が上述のような記載をするところから察するに，おそらくゼミナール講師やチューターはほとんど教えていないのであろう。

(5)　認定考査のレベル

　　例年，特別研修の履修レベルをはるかに超える出題がされる。すなわち，特別研修を軽く復習する程度では，認定考査には合格できない。その理由は？

Ⅱ　本件訴訟の訴訟物／第1問小問(1)

1　訴訟物の表記について

(1)　ある基本設例（売買代金請求の訴訟物）

　　Xが，Yに対し甲土地を〇〇万円で売ったが，Yが代金を支払わない場合に，XがYに対して代金支払請求訴訟を提起するときの訴訟物は，厳格にいえば，「平成〇年〇月〇日のXY間の甲土地の代金を〇〇万円とする売買契約に基づくXのYに対する〇〇万円の代金支払請求権」と記載すれば特定されるであろう。

　　しかし，そこまで詳細に記載しないと特定できないのか？通常は，「売買契約に基づく代金支払請求権」で足りる（『新問題研究』p.4）。

(2)　表記の三要素（考えられる要素）

ア　権利の発生根拠（原因）

イ　権利の抽象的な内容

ウ　権利の具体的な内容

(3)　表記についての基本姿勢

　　訴訟物を特定するための要素（権利の性質や内容等）をどこまで具体的に記載

すべきかは，他の訴訟物と誤認混同を生じさせる可能性がないか，という相対的な問題である（上掲『研究』p.4）。

2　表記の具体例（実務）

(1)　売買代金請求権

<u>売買契約に基づく</u>　<u>代金支払請求権</u>　<u>としての100万円の支払請求権</u>
　　1(2)ア　　　　　　　　1(2)イ　　　　　　　　1(2)ウ

＊　残額30万円の支払請求の例

売買契約に基づく代金支払請求権としての残額30万円の支払請求権

(2)　貸金返還請求権

<u>消費貸借契約に基づく</u>　<u>貸金返還請求権</u>　<u>としての100万円の支払請求権</u>
　　1(2)ア　　　　　　　　1(2)イ　　　　　　　　1(2)ウ

(3)　建物明渡請求権（債権構成の場合）

<u>賃貸借契約の終了に基づく</u>　<u>目的物返還請求権</u>　<u>としての建物明渡請求権</u>
　　1(2)ア　　　　　　　　　1(2)イ　　　　　　　　1(2)ウ

3　認定考査において求められる表記

(1)　1(2)のア，イだけで足りる（同ウの記載は不要）。

(2)　1(2)のア，イだけで足りる理由

1(3)によれば，受験者が訴訟物を正確に理解しているかどうかは，1(2)のア，イだけで判定できるから。

(3)　例外（慣例）

建物の明渡請求のケースでは，1(2)のウまで記載する例が多い。これは，慣例にすぎないといえよう。

4　Xが本件訴訟において請求する権利の性質

(1)　物権的請求権の三類型（所有権の場合）

ア　所有権による「返還」請求権

占有侵奪という態様により所有権が侵害された場合に成立する。

イ　所有権による「妨害排除」請求権

占有侵奪以外の態様により所有権が侵害された場合に成立する。

〔代表例〕＝不法無効の抵当権登記名義による所有権の侵害

ウ　所有権による妨害予防請求権

(2)　所有権による「返還」請求権

Yは，Xの所有する土地を無権原で占有している（占有侵奪）から，XがYの占有の排除を請求する権利は「返還請求権」である。

(3)　「としての土地明渡請求権」は？

認定考査においては（実務でも），「としての土地明渡請求権」を記載することが多いが，訴訟物を特定するという視点に立てば，これは付け足しに過ぎない（⇒3⑶）。

(4)　Xの求める「明渡し」とは？

引渡し（＝物の占有の移転）のうち，特に不動産についての人の占有を排除したり，置かれている物品を撤去して引き渡すことをいう（民執§168−Ⅰ）。実務上の単なる慣用語ではない。

(5)　附帯請求の訴訟物

Aは，平成28年7月31日，無断転貸を理由にBとの賃貸借契約を解除しているので，Bは翌日以降不法占拠している状態となる。

よって，AのBに対する不法行為に基づく損害賠償請求権（明渡済みまでの賃料相当額の使用損害金）が成立する。

(6)　**第1問小問(1)の解答例**

（主たる請求の訴訟物）

所有権に基づく返還請求権（としての土地明渡請求権）

（附帯請求の訴訟物）

不法行為に基づく損害賠償請求権

Ⅲ　請求原因の要件事実／第1問小問(2)

1　**用語の意味**

(1)　「請求原因」

訴訟物である権利または法律関係を発生させるために必要な法律要件に該当する事実（『新問題研究』p.9）。

(2)　「要件事実」

一定の法律効果を発生させる法律要件に該当する具体的な事実をいう（上掲『研究』p.5）。

(3)　「請求原因の要件事実」

第14回認定考査から使われ出した用語である。(2)の定義の中には(1)の定義も含まれているから，「請求原因の要件事実」とは同語反復の嫌いのある表記であるが，要するに，訴訟物たる権利を根拠づけるために必要な要件事実のことを指す。

2 所有権に基づく土地の明渡請求の要件事実

(1) 原告による土地の所有

(2) 被告による土地の占有

3 「所有」という要件の構造

(1) 「所有」 = 法的評価概念（≠「事実」）

(2) 民事訴訟実務における取扱い（時系列による判断）

　　ア　過去のある時点における所有権取得原因事実（売買，相続等）

　　　　　　　　　　　↓〔これにより〕

　　イ　アの時点での所有権の発生（法的効果の発生）

　　　　　　　　　　　↓〔消滅事由が発生しない限り〕

　　ウ　現時点での所有権の存在（法的効果の存続）

(3) 所有要件と権利自白

　　ア　原始取得時から現在までの所有権移転原因事実

　　　　過去のある時点における所有権取得原因事実を要件事実と考えると，厳密に言えば，請求者は目的物が原始取得された時にまで遡り，その後のすべての所有権の移転原因事実を主張立証する必要がある。

　　イ　主張立証の困難

　　　　アは，現実にはきわめて困難である。

　　ウ　所有概念と権利自白

　　　　他方，所有という概念は日常生活にとけ込んでいて，一般人にとっても理解が容易である。そこで，所有について自白を認めても，不当な結果は生じないといえるのではないか？

　　　　このため，所有権については権利自白（権利や法律関係についての自白）が認められている。

　　エ　権利自白の機能

　　　　所有権のように，一般人にとっても理解が容易な権利や法律関係については，反証がない限り自白を尊重するのが妥当である。そこで，権利自白があった場合，相手方は権利または法律関係を基礎づける事実を主張立証する必要がなくなる（と扱ってよいのではないか？）。結局，権利自白は裁判上の自白に類似した機能を果たしている。

(4) いわゆる「もと所有」

　　ア　某A，某Bの所有についての権利自白

　　　　現在（口頭弁論終結時）または過去の一定時点における某Aの所有またはさ

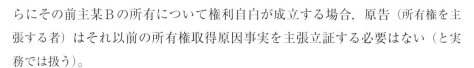

らにその前主某Bの所有について権利自白が成立する場合，原告（所有権を主張する者）はそれ以前の所有権取得原因事実を主張立証する必要はない（と実務では扱う）。

イ　もと所有

アの場合の某Aや某B等の過去の一定時点における所有を，「もと所有」と表現する。

ウ　請求原因事実の記載例

「訴外某Aは，平成○年○月○日当時，本件土地を所有していた」

(5)　権利自白の成立時点

現時点から当事者間で争いのない直近の時点まで遡った時点で成立するものと考えられている。

4　本件設例における権利自白

(1)　〔Yの言い分〕4

「AとBとの間で，平成20年8月31日，〜　甲土地を　〜　代物弁済する旨の合意をしました」

(2)　YがAの所有を認めている時点

平成20年8月31日（代物弁済契約日当日）の契約直前の時点

(3)　権利自白の成立時点

Yは，平成20年8月31日におけるAの所有を認めているから，この日に権利自白が成立する。したがって，Xとしては，それ以前にまで遡って所有権を基礎づける必要はない。

(4)　平成17年4月1日のA所有は？

平成20年8月31日以前の日付（例：平成17年4月1日）の所有を記載すると，おそらく減点されよう。無用に遡り過ぎているからである。これでは，権利自白を理解していないと評価されてもやむを得ない。

5　相続の要件事実

(1)　被相続人の年月日死亡（民§882）

〔記載例〕「Aは，平成○年○月○日死亡した」

(2)　当事者と被相続人との間の一定の身分関係（民§896本文）

〔記載例〕当事者が被相続人（A）の妻子である場合

ア　「原告甲野花子は，(1)の当時，Aの妻であった」（民§890前段）

イ　「原告甲野小次郎は，Aの子である」（民§887-Ⅰ）

(3) いわゆる「非のみ説」と「のみ説」

(2)ア、イは、「非のみ説」（実務）による記載例である（『民事判決起案の手引〔請求原因記載例〕』p.5）。

これに対し、「のみ説」は、当事者と被相続人との間の一定の身分関係を示すのみでは足りず、他に法定相続人が存在しないことまでをも主張立証すべきであるとする説。(2)の設例では、Aの相続人は原告甲野花子及び同甲野小次郎のみであるまでをも主張すべきであるという説。

(4) 誤った記載例

「原告甲野花子及び同甲野小次郎は、Aの相続人である」は、事実上の主張には非ず、法律上の主張である。

6 請求原因の要件事実の記載例／第1問小問(2)の解答例

1 Aは、平成20年8月31日当時、甲土地を所有していた。

2 Aは、平成28年5月1日、死亡した。

3 Xは、Aの子である。

4 Yは、甲土地を占有している。

＊ 「占有」は、事実だと言われているが、かなり観念化している。したがって、当事者間で争いがあれば具体的な事実（例：「Yは、甲土地を資材置場として使用し、これを占有している」）を主張すべきである。

しかし、本問ではYは占有していることを認めているから、解答例のような記載で足りる。

IV 抗弁の要件事実（その1）／第1問小問(3)

1 代物弁済による「所有権の喪失」

(1) 〔Yの言い分〕4

平成20年8月31日現在はAが甲土地を所有していたことを前提に、同日、BがAから代物弁済により取得した旨を主張している。

(2) A ⇒ Bへの代物弁済（H20・8・31）

A以外の者（＝B）が所有権を取得したことにより、反面、Aは所有権を喪失する。なお、Aが所有者でなければ（＝代物弁済が成立していれば）、Xは所有権を取得しようがない。

(3) 抗弁となるか？

(1)の主張は、A（X）の所有を基礎として生ずる請求原因のもたらす甲土地の

返還請求権という法律効果の発生を障害する。したがって，抗弁として機能する。

2 「所有権の喪失」事由としての代物弁済の要件事実（諾成契約説）

⑴　債務の発生原因事実

⑵　本来の債務の弁済に代えて物の所有権を移転する旨の合意

⑶　債務者が⑵の当時，その物を所有していた

　　所有権移転という法律効果の前提として必要となる要件事実である。

　＊　「物の給付（対抗要件の具備）」は要件事実にはならないのか？

　　　判例によると，代物弁済による所有権移転の効果は，原則として当事者間の意思表示だけで生じ，対抗要件の具備までは要しない（最判昭57・6・4）。これは諾成契約説の立場である（『民事判決起案の手引〔抗弁記載例〕』p.30）。この立場では，要件事実は⑴〜⑶のみである。

　＊　債務消滅事由としての代物弁済（民§482）の要件事実

　　　債務消滅のためには，物の給付を完了させる必要がある。よって，要件事実としては，⑴〜⑶だけでは足りず，⑷物の給付（引渡し＋対抗要件の具備）も必要である（上掲『手引〔抗弁記載例〕』p.27）。なお，この要件事実は諾成契約説か要物契約説かの対立とは関係はない。

　　　ただ，代物弁済の法的性質の捉え方により，「物の給付（対抗要件の具備）」の摘示の仕方が異なる。

　　〔諾成契約説による記載例〕

　　　「⑷⑵の合意に基づき，〜　の所有権移転登記手続をした」（上掲『手引〔抗弁記載例〕』p.27）

　　〔要物契約説による記載例〕

　　　「⑵本来の債務の弁済に代えて物〔甲土地〕の所有権を移転する旨の合意をし，（かつ）〜　の所有権移転登記手続をした」

3　第1問小問⑶の解答例（その1）

（代物弁済による所有権喪失の抗弁の要件事実）

1　Bは，平成18年9月1日，Aとの間で，140万円の消費貸借契約を締結した。

2　Bは，1の日に，Aに140万円を交付した。

3　1の契約においては，弁済期日を平成20年8月31日と定めた。

4　Aは，3の日に，Bとの間で，1の貸金債務の弁済に代えて，甲土地の所有権をBに移転する旨の合意をした。

5　Aは，3の日に，甲土地の所有権を有していた。

＊　1〜3を，「Bは，平成18年9月1日，Aに対し，140万円を弁済期日を平成20年8月31日と定めて貸し付けた」とひとまとめにして記載するのは，誤りである。問題文には，要件事実ごとに，適宜番号を付し，整理して記載するよう指示されているから。

＊　2に「1の契約に基づいて」を加入するのも誤りである。これは，諾成契約の事実の摘示例である（⇒Ⅴ2⑵，Ⅴ3−2）ところ，消費貸借は要物契約だから。

＊　3の次に，貸金返還請求の要件事実としての「弁済期日の到来」は記載しない。これは，債務の発生原因事実ではないから，代物弁済の要件事実ではない（⇒2の二つ目の＊）。

＊　5について
　「5　請求原因の要件事実1と同じ」（引用形式）でもよかろう。あるいは，民事訴訟における主張共通の原則により，全く何も記載しなくてよいとも言える（受験者としては，勇気が要るかも？）。

　＊　次の主張は不要（A以外の者の所有に帰すれば足りるわけだから）

6　Bは，平成26年10月1日死亡した。

7　Yは，Bの子である。

Ⅴ　抗弁の要件事実（その2）／第1問小問⑶

1　占有権原としての賃借権

⑴　〔Yの言い分〕3
　　平成17年4月1日，BがAから甲土地を賃借した旨を主張している。

⑵　使用収益権（占有権原）としての賃借権（民§601）

⑶　抗弁となるか？
　　⑵の権原が認容されれば所有権に基づく明渡請求を拒否することができる。したがって，⑴の主張は，A（X）の所有を基礎として生ずる請求原因のもたらす法律効果（甲土地の返還請求権）の発生を障害する。よって，抗弁として機能する。

2　賃借権の要件事実

⑴　賃貸借契約の締結
　　目的物，賃貸期間（貸借型理論）及び賃料が要素である（民§601）。

⑵　⑴の契約に基づく引渡し

⑶　賃貸期間についての後日の合意（平成19年6月1日）は？

3　第1問小問(3)の解答例（その2）

（賃借権の抗弁の要件事実）

1　AとBは，平成17年4月1日，甲土地につき，賃料を月額2万5000円と定め，期間を定めないで賃貸借契約を締結した。

2　Aは，1の日に，1の契約に基づいてBに甲土地を引き渡した。

3　Bは，平成26年10月1日，死亡した。

4　Yは，Bの子である。

Ⅵ　再抗弁の要件事実／第1問小問(4)

1　所有権喪失の抗弁に対する再抗弁？

(1)　〔Xの言い分〕4

「代物弁済を原因とするBへの所有権移転登記もされていない」

(2)　代物弁済の法的性質論

　要物契約説（目的物の引渡しがなければ契約は成立していない）を採れば，Bへの所有権移転登記がされていない状態では，代物弁済による所有権移転の効果は発生していないといえる。

　判例は，上述のとおり，諾成契約説の立場である（⇒Ⅳ2(3)の一つ目の＊）。したがって，受験者としては要物契約説は採りにくい。また，仮にこの立場を採るとしても，抗弁では諾成契約説で記載しつつ，再抗弁では翻って要物契約説で記載してもいいのか，という問題が生ずる。それとも，民事訴訟における攻撃防御は相対立する訴訟活動であることに鑑みて，矛盾した解答も許されると考えてよいのか？

(3)　再抗弁となるか？

　(1)の主張は，Yの主張した代物弁済の抗弁のもたらす法律効果（Aの所有権喪失）の発生を障害し，請求原因の要件事実のもたらす法律効果（A（X）の所有権）を復活せしめるか？

　(2)の相矛盾した主張が許されれば，再抗弁として機能する？

(4)　事実上の主張といえるか？

　(1)の主張は，事実上の主張といえるのであろうか？疑問を留保しておく。

2　無断転貸解除

(1)　〔Xの言い分〕5

「Bは，Cとの間で，～賃貸借契約を締結し，Cに引き渡しました。

　　　　〜（Ｃは，）資材置場として使わせてもらっている　〜　」

　　　「Ａは，平成23年7月31日，〜　賃貸借契約を解除すると　〜　」

(2)　無断転貸を理由とする賃貸借契約の解除（民§612-Ⅰ，Ⅱ）

(3)　再抗弁となるか？

　　　(2)は，Ｙの賃借権の抗弁は認めた上で，その法律効果を消滅させ，かつ請求原因の要件事実のもたらす法律効果を復活させる主張である。よって，再抗弁として機能する。

(4)　無断転貸解除の特別の要件事実

　ア　賃借人と第三者とが目的物につき賃貸借契約を締結した

　　　ここに，「無断で」を入れるのは誤りである。「無断で」は，相手方（本問ではＹ）による「承諾」の再々抗弁とは相容れない主張（再々抗弁の否認）であり，再抗弁の段階ですべき主張（要件事実）ではない。答案に「無断で」を記載すると，大減点は免れない。

　イ　第三者がアの契約に基づいて目的物の引渡しを受け，使用収益した

3　賃貸期間の満了

(1)　〔Ｘの言い分〕5

　　　「Ａは，Ｂとの間で，平成19年6月1日，〜　賃貸期間を平成24年5月31日までとする合意をしました」

(2)　〔Ｙの言い分〕3

　　　「（ＡとＢは），賃貸期間の定めなく，」

　　　「（ＡとＢとの賃貸期間の合意は，）平成34年5月31日まで」

(3)　Ｘの主張は，再抗弁になるか？

　　　賃貸期間についてのＸＹ双方の言い分は相容れない。したがって，Ｘによる(1)の主張は，Ｙによる(2)の主張の否認となるのではなかろうか？

(4)　出題の意図

　　　賃借権の抗弁に対する期間満了の再抗弁として明示された（法務省のHPに採点基準として公表）。したがって，Ｙの賃借権の抗弁に対しては，賃貸期間の満了が再抗弁事由となる。

4　第1問小問(4)の解答例

（賃借権の抗弁に対する無断転貸解除の再抗弁）

1　Ｂは，平成23年5月1日，Ｃに対し，甲土地を賃料月額3万円で賃貸した。

2　Ｃは，1の日に，1の契約に基づいて甲土地の引渡しを受け，これを資材置場

として使用した。

3　Aは，平成23年7月31日，Bに対し，賃借権の抗弁の要件事実1の賃貸借契約を解除する旨の意思表示をした。

（賃借権の抗弁に対する期間満了の再抗弁）

1　AとBは，平成19年6月1日，賃借権の抗弁の要件事実1の賃貸借契約の期間を平成24年5月31日までと定めた。

2　平成24年5月31日は，経過した。

Ⅶ　立証の問題／第1問小問(5)

1　本件契約書の位置づけ

(1)　B⇒Aの代物弁済契約の締結

　　この事実は抗弁であり，Yはこれを裏付ける書証として本件契約書を提出した。書証を証拠として用いるには，その成立の真正を立証しなければならない（民訴§228-Ⅰ）。成立の真正とは，文書が作成名義人の意思により作成されたことをいう。本件においては，Yは，本件契約書がAの意思により作成されたことを立証しなければならない。

(2)　私文書の成立の真正の推定

　　意思は，人の内心にかかる問題であるから，文書が作成名義人の意思により作成されたことを立証するのは困難である。そこで，その困難を緩和するために推定規定が置かれた。すなわち，私文書に本人の押印があるときは，その成立の真正が推定される（民訴§228-Ⅳ）。

(3)　「意思に基づく」押印

　　(2)の規定は，本人がその意思に基づいて押印している場合には，その文書全体が同人の意思に基づいて作成されているのが通常である，という経験則に基づいている。

　　その趣旨からすれば，本人の意思に基づいて押印されていることが推定の前提となるから，同条項の「押印」とは，単に押印があれば足りるのではなく，意思に基づく押印と読み込まなければならない（司法研修所編『事例で考える民事事実認定』p.26）。

(4)　本件契約書の成立の真正の推定

　　その押印はAの実印によってされている（Xの自白）。問題は，Aの意思による押印といえるかどうかである。

2　二段の推定

(1)　意思による押印

　　立証の困難を緩和するために文書成立の真正の推定規定が設けられた（民訴§228-Ⅳ）にもかかわらず，この推定が働くためには，その押印自体は本人の意思に基づいてされたことを要するとなると，立証の困難は依然として残る。

(2)　二段の推定についての判例法理

　　(1)の困難を緩和する判例がある。すなわち，本人の印章によって印影が顕出されていれば，その印影は本人の意思に基づいて押捺されたものと推定される（最判昭39・5・12）。ただ，この推定は，経験則を基礎とする事実上の推定にすぎない。

　　これにより，本人の印章による印影があるときは，まず意思に基づく押印が推定され（「一段目の推定」），ひいては民事訴訟法228条4項による推定（「二段目の推定」）もされることになる。

(3)　推定相互の関係

　　二段目の推定（民訴§228-Ⅳ）は，法定証拠法則（経験則を法文に書き込んだ）と解するのが通説であり，この推定を破ることは困難であるといわれている（例：「白紙委任状に署名押印したところ，他人が勝手に本文を書き込んで完成させた」の言い分は通用しにくい？）。

　　そこで，相手方としては，通常，一段目の推定を破るための立証活動に注力する。この推定は，経験則による事実上の推定であると解されているので，相手方は反証（文書の成立について疑いを抱かせる程度の立証活動）により覆すことが可能である。

(4)　二段の推定を破るための反証活動のパターン

　ア　「印鑑の盗用」（「印鑑の紛失」もこれに近い）

　　印章の支配が本人の意思に基づかないで他人に移転している類型。実際の審理では，印章の保管状況，印章への他人の接近可能性の難易等がポイントになる。

　イ　「保管者冒用」（「他目的預託」もこれに近い）

　　いわゆる保証否認事件によく見られる。例）夫が妻に実印を預けておいたところ，妻がこれを保証契約書に勝手に押印した

　ウ　「本人押印困難」

　　秋田に自宅のある被告が，原則として1年を通じて関東地方に出稼ぎに出ていて，自宅を離れているのが常態だった場合，保証契約書に押印することは不自然（最判平5・7・20）。

3 書証の手続（「二段の推定」の判例法理を受けて）

(1) 書証の申出の必要性（民訴§180-Ⅰ，同§219，民訴規§137-Ⅰ）

(2) 相手方による認否（自白の場合）

　　書証の申出があると，相手方はその成立の認否を求められる。相手方が成立を認めたとき（補助事実の自白）は，その文書は証拠として用いることができる（民訴§228-Ⅰ）。

(3) 相手方による認否（否認の場合）

　　相手方が成立を否認する場合，成立を否認する旨の陳述だけ（第1回認定考査第1問小問(5)）では不十分である。この場合，二段の推定との関係で，以下の(4)のいずれかの対応をとらなければならない。これは，否認の理由（民訴規§145）を明らかにすることでもある。

(4) 否認の理由の態様

　ア　印影自体は自白

　　　印影が自己の印鑑により顕出されたものであることは認め，意思による押印ではなかった旨を主張立証する（実務では，相手方による反証活動と呼ばれる）。

　　　例）「印鑑は私のものだが，誰かに盗用された」

　イ　印影自体を否認

　　　そもそも印影が自己の印章によるものではない旨の主張である。

(5) その後の手続

　ア　(4)アの場合

　　　相手方は，意思による押印でなかった旨（例：印鑑が盗用された事実）を当事者尋問や証人尋問等で証明する。

　　　これに対し，提出者は，反対尋問等により，盗用の事実を崩す必要がある。盗用の事実を崩さないと，二段の推定は受けられない。なぜなら，二段の推定は事実上の推定であるところ，真偽不明（盗用があったかなかったか分からない）の状態では，推定は働かないからである（大島眞一『民事裁判実務の基礎』p.514）。

　イ　(4)イの場合

　　　立証者は名義人の印鑑であることを立証する必要がある。

　　　例）印鑑証明書，印影の対照（民訴§229-Ⅰ）

(6) 本問における反証活動の具体例

　ア　書証の認否

　　　「乙第1号証の成立は否認する」

　イ　否認の理由

　　　「乙1の印影は，Aの実印によるものではあるが，Aは平成19年か20年頃に

実印を一時盗まれたことがあり，その際に何者かにより押捺された」

　ウ　反証活動のポイント

　　　Xは，押印がAの実印によるものであることは自白しているから，そのままでは二段の推定により乙1の成立が推定されてしまう。そこで，これを阻止するため，Xとしては，イの盗用の事実を立証することにより，その推定を覆さなければならない。

4　書証の認否，裁判所による判断の枠組み／第1問小問(5)の解答例

　ア　Pは「乙1号証の成立は否認する」旨を主張し，否認の理由として「乙1号証の印影は，Aの実印によるものの，Aは平成19年か20年頃に実印を一時盗まれたことがあり，その際に何者かが押捺した」旨を主張すべきである。

　イ　印影がAの実印によるものであることをPが自白しているから，反証がない限り，判例及び民事訴訟法の規定により，乙1号証の成立の真正が推定される。しかし，Pは否認の理由として実印の盗用を主張しているから，裁判所はその事実をPに立証させなければならない。その結果，盗用が認められるときは，Aの意思による押印は推定されず，ひいては乙1号証の成立の真正を推定することはできない。

Ⅷ　民事保全／第1問小問(6)

1　本件で考えられる民事保全

(1)　甲土地はYが資材置場として占有している（〔Xの言い分〕3）

(2)　Yが(1)の占有を移転するおそれはない，とはいえない？

(3)　XがYに対して確定の請求認容判決を得ても，Yが(1)の占有を第三者に移転していれば，その判決は使いものにならないのではないか？

(4)　Xは，(3)の事態を回避する手続を採れないか？

(5)　Xは，処分禁止の仮処分（民保§53−Ⅰ）は考えなくてよいか？

　　　甲土地の所有権登記名義人はAのまま（〔Xの言い分〕2）だから，処分禁止の仮処分は考慮する必要はない。

(6)　仮差押えはどうか？

　　　本件設例は，金銭債権を保全すべき（民保§20−Ⅰ）案件ではないから，仮差押えは考えられない。

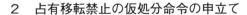

2 占有移転禁止の仮処分命令の申立て

(1) 土地の占有移転禁止の仮処分

　　土地の所有者は，所有権に基づく返還請求権を被保全権利として，その占有者に対し占有移転禁止の仮処分命令の申立てをすることができる（民保§62－Ⅰ，同§23－Ⅰ）。

(2) 甲土地の所有者と占有者

　　所有者はX，占有者はY（あくまでも，Xの主張）。

(3) Xが(1)の手続を採らないことにより被り得る不利益

　　XがYを被告とする甲土地の明渡請求訴訟で債務名義を得ても，その口頭弁論終結時前に占有が第三者に移転していると，Yを名宛人とする債務名義の執行力はその第三者には及ばない（民保§46，民執§23－Ⅰ①，民訴§115－Ⅰ③）。

(4) 当事者恒定効

　　XがYを債務者として占有移転禁止の仮処分命令を得ると，その執行後に占有が第三者に移転しても，本案の債務名義の執行力が仮処分の効力としてその第三者に及ぶ（民保§62－Ⅰ）。

　　この効力があるために，占有移転禁止の仮処分は，恰も本案訴訟において被告の地位をYに釘付けにする機能（Yが第三者に占有を移したかどうかを無視して訴訟を追行し，Yに対する判決を得ればその目的を達する）をもつ。仮処分が果たすこの機能を，当事者恒定効と呼ぶ。

3 第1問小問(6)の解答例

① 申し立てるべき民事保全の手続

　　甲土地の占有移転禁止の仮処分命令の申立て

② ①の手続を行わなかった場合にXが受けるおそれのある不利益

　　XがYを被告とする甲土地の明渡請求訴訟で債務名義を得ても，その口頭弁論終結時前に占有が第三者に移転していると，Yを名宛人とする債務名義の執行力はその第三者には及ばず，執行不能となる。

　＊　問題文には「保全処分」という用語が用いられているが，現行の民事保全法（平成元年成立）にはこの用語は存在しない（旧法には存在した）。なお，山崎潮『新民事保全法の解説（増補版）』p.42によると，法改正に当たり，「処分」の文言は処罰を与えるという印象を与えるので相当ではない，と考えられた。

　　　よって，問題文の「保全処分」なる用語は誤用である。

　＊　ちなみに，「お金を用立てる」（問題文p.5〔Yの言い分〕4）も，伝統的な日本語の用法とは異なる驚くべき表現である。日本語を母語としない人物が問題

を作成したのではなかろうか？

IX　簡裁代理権／第2問

1　認定司法書士の簡裁代理権
　　通常訴訟についての簡裁代理権は，訴額が140万円以下の事件に限られる（法§3
－Ⅰ⑥イ，裁判所§33－Ⅰ①）。

2　不法行為に基づく賃料相当損害金の請求権
(1)　明渡請求訴訟において附帯請求をする場合
　　附帯請求の額は，訴額に算入しない（民訴§9－Ⅱ）。本件設例では，訴額は，
主たる請求としての甲土地の明渡請求訴訟の訴額（⇒(3)）を以て定まる。
(2)　別訴を以て請求する場合
　　賃料相当損害金175万円が主たる請求であり，その額が訴額となる（民訴§8－
Ⅰ）。
(3)　甲土地の明渡請求訴訟の訴額
　　固定資産税評価額は140万円である（〔Ｘの言い分〕1）。よって，その訴訟の訴
額は35万円である（←3）。
　　この35万円という額は，第2問①の結論を導くための論拠である。したがって，
この額を明示しないまま，簡裁代理権の範囲内であり代理できるとの結論を書い
ても，論拠を示したことにはならない。

3　実務における訴額の算定基準
(1)　いわゆる「訴額通知」
　　訴額の算定に関する一般的基準（昭和31・12・12民事甲第412号最高裁民事局長通
知）
(2)　「訴額通知」における「目的たる物の価格」
　　不動産の価格は，固定資産評価額とする。
(3)　土地の価格についての特例
　　平成6年4月1日から当分の間は，固定資産評価額の2分の1の額に軽減される
（平成6・3・28民二第79号最高裁民事局長通知）。
(4)　不動産関係訴訟の訴額
　ア　所有権に関する請求＝「目的物の価格」
　　例）所有権確認請求，所有権移転登記請求

　イ　引渡（明渡）請求＝「目的物の価格」×1／2

　　例）所有権に基づく土地の明渡請求

　　　　賃貸借契約の終了に基づく目的物返還請求としての建物明渡請求

4　第2問の解答例

　①の場合，賃料相当損害金175万円が訴額となる。この額は，認定司法書士に認められた簡裁代理権の上限額140万円を超える。よって，この場合，PはXを代理することはできない。

　②の場合，賃料相当損害金の請求は附帯請求であり，その額は訴額には算入されない。この場合，訴額は主たる請求たる明渡請求の訴額を以て算定されるところ，その額は35万円であり簡裁代理権の上限額内にある。よって，PはXを代理することができる。

X　司法書士倫理／第3問

1　先行事件と後行事件との関係

〔先行事件〕

所有権に基づく甲土地の明渡請求

　　　　　X　　　　→　　　　Y

　　　　↓（代理委任）

（法人）Q

（社員）P（担当関与）

〔後行事件〕

甲土地の所有権移転登記請求

　　　X　　　　←　　　　　Y

　　　P（Q脱退）　←　（訴状の作成依頼）？

2　本問は，法22条3項4号の問題か？

⑴　かつて，QがXの依頼を受けてYに対する簡裁訴訟代理事件を受任

⑵　Qは，Pが社員として在職中に⑴を受任

⑶　Pは，⑴の事件に関与した

⑷　Pは，⑶の関与後にQを脱退した

⑸　Pは，⑴の事件の訴訟係属中（かつQの受任中）は，Qを脱退した後であっても，⑴の事件につきYから裁判書類作成関係業務を依頼されても，これを受任す

ることはできない（法§22-Ⅲ④明文）。

(6) 本問の問題点

ア　(1)の事件は、Yからの委任事件と同一事件といえるか？

イ　(1)の事件は、判決の確定により終了している（過去の事件）

3　法22条3項4号の「事件」

(1)　「事件」とは

内容について直接の解説はない。なお、法22条2項2号の「事件」とは、同一の社会的事実に基づく法的な紛争を指す（小林・河合『注釈司法書士法』p.236）。

(2)　本件設例の事件の同一性は？

〔先行事件〕所有権に基づく返還請求権（明渡請求）

〔後行事件〕所有権に基づく妨害排除請求権（移転登記請求）

(3)　主たる争点は共通？

双方とも、Bが代物弁済によりAから甲土地の所有権を取得したかどうかが主たる争点であるから、「同一の社会的事実に基づく法的な紛争」といえるのではないか？

4　法22条3項4号と「過去の」事件

(1)　上掲『注釈』の解説

この規定により過去の事件の受任が禁止されるかどうかについては、直接の解説はない。

(2)　法22条2項1号の「行った」事件

過去に行った事件のみならず、現に行っている事件も含まれる（上掲『注釈』p.236）。

(3)　判決が確定した過去の事件（本件の先行事件）

(2)の解説が本条でも通用すれば、本件でも受任は許されない？

(4)　弁護士法25条6号（法§22-Ⅲ④のモデル）についての解説

社員または使用人である弁護士が法人を脱退した後であっても、弁護士法人に在籍中の事件にも適用される（『条解弁護士法』p.184,『弁護士法概説』p.131）。

5　本問の解答に当たって

(1)　法22条3項4号の立法趣旨

（禁止するのは、）依頼者の利益を害し、司法書士の品位・信用を害するおそれがあるからである（上掲『注釈』p.237）。

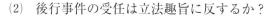

(2) 後行事件の受任は立法趣旨に反するか？

Pは，代物弁済契約についてのXの情報をもっているから，もしPが後行事件を受任すると，その被告であるXは利益が害されるおそれがあるのではないか？

また，社会的には同一事件であるといえるから，もしPが後行事件を受任すると，司法書士としての品位・信用を害するのではないか？

(3) **第3問の解答例**

司法書士法人の社員たる司法書士としての在職期間中にその法人が相手方の依頼を受けて簡裁訴訟代理等関係業務を受任した事件のうち自ら関与したものについては，社員であった者は，法人脱退後も裁判書類作成業務を受任することはできない。これを許すと，依頼者の利益を害し，司法書士の品位・信用を害するおそれが生ずるからである。

本問のYの依頼に係る事件は，甲土地の代物弁済により所有権がAからBに移転したかどうかを主たる争点とする訴訟であるところ，かつてXはQに争点を同じくする事件を依頼し，PはQの担当者としてこれに関与した。よって，上述の立法趣旨に鑑みると，Qを脱退した後であっても，PはYの依頼を受任することはできない。

6　過去の類題（第4回認定考査第2問）

司法書士法人の社員は，社員としての在職期間中にその法人が相手方の依頼を受けて裁判書類作成業務を行った事件のうち自ら関与した事件については，簡裁訴訟代理等関係業務をすることはできない（法§22－Ⅱ②）。

第17回認定考査／売買契約に基づく財産権移転請求事件

Ⅰ　出題項目（概観）

1　訴訟物（Xの求める究極の結論は何か？）（第1問）

(1) 主たる請求

解答は，問題文の指示（〔Xの言い分〕8）に示されたも同然？

「売買契約に基づき，甲土地の引渡し及び所有権移転登記手続をすることを求めます」（＝所有権構成は採らないでほしい，という趣旨？）

(2) 訴訟物の個数は？

「引渡請求権」と「所有権移転登記手続請求権」は，それぞれ独立した権利なのだろうか？すなわち，個数は2個なのだろうか？

(3) 附帯請求（民訴§9-Ⅱ）

問題文の柱書に「考慮しないものと」する旨が記載されている。受験者（というよりも，採点者）の負担を軽くする配慮？

2 請求の趣旨

(1) 甲土地の引渡請求をする旨の記載

(2) 所有権移転登記手続を請求する旨の記載

(3) 「付随的申立てを含む」（小問(2)の2行目）／初めての出題形式

3 請求原因（Xが主たる請求を裏付けるための手立て）

(1) 有権代理による売買？

(2) 権限踰越による表見代理（民§110）による売買？

「正当理由」は規範的要件につき，その評価根拠事実が主要事実。

(3) 無権代理行為の追認も考えられるか？

4 抗弁（請求原因を根拠とする請求に抗うためのYの手立て）

(1) 3(1)有権代理に対して

同時履行の抗弁？

(2) 3(2)正当理由の「評価根拠事実」に対して

正当理由の「評価障害事実」？

(3) 3(3)追認に対しても？

同時履行の抗弁？

5 再抗弁（抗弁のもたらす法律効果を封ずるためのXの再反論）

(1) 4(1), (3)の「同時履行の抗弁」に対しては

「弁済」＋「相殺」＋「相続」の再抗弁？

(2) 4(2)「正当理由の評価障害事実」に対する再抗弁は？

(3) 攻撃防御の流れ

〔請求原因〕 ← 〔抗　弁〕 ← 〔再 抗 弁〕

有権代理	同時履行の抗弁	弁済，相殺，相続
追　認		
表見代理 （評価根拠事実）	（評価障害事実）	？

6　立証，民事保全

いずれも，出題されなかった（こういうことも希にある）。

7　和解条項の作成

初めての出題形式である。しかし，特別研修において模擬裁判（建物明渡請求事件）の勉強をしているから，平易な出題？

8　民事訴訟法の基礎知識，簡裁代理権（第2問）

⑴　同時審判の申出のある共同訴訟（民訴§41）

⑵　公示送達及び欠席手続（民訴§159－Ⅲ本文，同－Ⅰ本文）の基礎知識

⑶　140万円超の反対債権を以てする相殺の抗弁（典型問題）

9　司法書士倫理（第3問）

共同被告の訴訟代理人となることの問題点（公正を保ち得ない事件）

Ⅱ　本件訴訟の訴訟物／第1問小問⑴

1　訴訟物の表記について

⑴　表記についての基本姿勢

訴訟物を特定するための要素（権利の性質や内容等）をどこまで具体的に記載すべきかは，他の訴訟物と誤認混同を生じさせる可能性がないか，という相対的な問題である（『新問題研究　要件事実』p.4）。

⑵　表記の三要素

ア　権利の発生原因（根拠）

イ　権利の抽象的な内容

ウ　権利の具体的な内容

⑶　具体的な記載例　⇒　2を参照

2　表記の具体例（実務）

⑴　売買代金請求権

売買契約に基づく　　代金支払請求権　　としての○○万円の支払請求権
　　1⑵ア　　　　　　　　1⑵イ　　　　　　　　　　1⑵ウ

(2) 売買契約による財産権移転請求権

　　　<u>売買契約に基づく</u>　　<u>財産権移転請求権</u>　としての□□の引渡請求権

　　　　1⑵ア　　　　　　　　　1⑵イ　　　　　　　　　　1⑵ウ

(3) 貸金返還請求権

　　　<u>消費貸借契約に基づく</u>　　<u>貸金返還請求権</u>　としての○○万円の支払請求権

　　　　1⑵ア　　　　　　　　　1⑵イ　　　　　　　　　　1⑵ウ

(4) 建物明渡請求権（債権構成の場合）

　　　<u>賃貸借契約の終了に基づく</u>　　<u>目的物返還請求権</u>　としての建物明渡請求権

　　　　1⑵ア　　　　　　　　　　1⑵イ　　　　　　　　　1⑵ウ

(5) 建物明渡請求権（所有権構成の場合）

　　　<u>所有権に基づく</u>　　<u>返還請求権</u>　としての建物明渡請求権

　　　　1⑵ア　　　　　　1⑵イ　　　　　　　　1⑵ウ

3　認定考査において求められる表記

(1) 1⑵ア，イだけで足りる（同ウの記載は不要）？

(2) 1⑵ア，イだけで足りる理由

　　1⑴によれば，受験者が訴訟物を正確に理解しているかどうかは，1⑵ア，イを記載させるだけで判定できるから。

(3) 慣例

　　建物の明渡請求のケースでは，1⑵ウまで記載する例が多い。これには，明確な根拠はない（慣例にすぎない）？つまり，受講者（業界）は，そのようなものだと思い込んでいる？

4　Xが本件訴訟において請求する権利の性質

(1) 売買契約により買主が取得する法律効果は？

　　財産権移転請求権（民§555）

(2) 売買契約による財産権移転請求権の内容

　　ア　売買契約に基づく目的物引渡請求権

　　イ　（目的物が不動産の場合，）売買契約に基づく所有権移転登記手続請求権

(3) 訴訟物の個数は？

　　⑴の具体的な内容として⑵ア，イの請求権が考えられるから，アとイとは別個の請求権ではない。よって，訴訟物の個数は1個である（村田渉ほか著『要件事実論30講』p.145）。

(4) **第1問小問⑴の解答例**

（主たる請求の訴訟物）

　売買契約に基づく財産権移転請求権としての土地引渡請求権及び所有権移転登記手続請求権

Ⅲ　請求の趣旨／第1問小問(2)

1　請求の趣旨とは

（1）　意義

　　原告がその訴訟において如何なる判決を求めるかを簡潔に記載した部分であり（民訴§133−Ⅱ②），いわば訴状の結論部分である。

（2）　訴訟物の特定

　　訴訟物は，通常，この請求の趣旨及び請求の原因により特定される。

（3）　請求の趣旨の欄の記載事項

　ア　訴訟物（主たる請求，附帯請求）についての裁判を求める旨

　　本問では，「附帯請求については考慮しない」旨の指示がある。

　イ　訴訟費用の負担の裁判を求める旨

　　この裁判は職権でされる（民訴§67−Ⅰ本文）から，必要的ではないが，記載するのが実務の通例。

　ウ　仮執行の宣言を求める旨

　　これを請求の趣旨に記載しても，仮執行の宣言を付すかどうかは裁判所の裁量である（民訴§259−Ⅰ）が，実務では請求の趣旨においてこれを求めなければ裁判所は仮執行の宣言を付さない扱いであるから，記載するのが実務の通例。

（4）　付随的申立て

　　(3)のイ，ウを「付随的申立て」と呼ぶ。認定考査では，通常は記載不要の断り書きがあるが，第17回認定考査ではこれを記載するよう指示された。なお，「付随的申立て」と「附帯請求（民訴§9−Ⅱ）」とを混同しないよう注意したい。

2　給付の訴えにおける請求の趣旨

（1）　記載上の決まり事

　　給付請求権の法的性質や理由づけを含まない抽象的な表現を用いる。

（2）　正確迅速な執行の要請

　　なぜ，(1)のような表現を用いるのかというと，強制執行を正確かつ迅速に行うためである。

（3）　記載例

	（誤）	（正）
ア	「貸金○○万円を支払え」	「金○○万円を支払え」
イ	「原告所有の○○を引き渡せ」	「○○を引き渡せ」
ウ	「年6分の割合による損害金を支払え」	「年6分の割合による金員を支払え」

3 本問における請求の趣旨（その1）／甲土地の引渡請求

(1) 空き地（更地）の引渡請求

2(3)イ（正）の記載要領で記載すればよい。

(2) 甲土地の属性

竹が生えていて，筍が採れる（〔Yの言い分〕2）から，純然たる空き地（更地）とは言えないであろう。そこで，「引渡し」ではなく「明渡し」と考えるべきではないのか？

(3) 「引渡し」と「明渡し」

ア 用語の意味

引渡しは，物の占有を直接移転することである。これに対し，明渡しは，引渡しのうち，とくに置かれている物品を除去し，あるいは人の占有を排除する形態で占有を移転することを指す（民執§168-Ⅰ）。

イ とくに「明渡し」

明渡しは，実務では，建物の「明渡」請求や建物収去土地「明渡」請求において用いられる例が多い。例えば，前者では「甲建物を明け渡せ」の要領で記載する。この場合，（甲建物内の動産を収去して）の文言は不要である。「明渡し」の中に，（ ）の意味が含まれるからである。

ウ 誤った理解

不動産の引渡しは慣例上一律に「明渡し」である，と理解するのは誤りである。

(4) 本問では，甲土地の「引渡し」か「明渡し」か？

竹や筍は土地の定着物である（民§86-Ⅰ）から，甲土地の引渡請求は(1)と同様に考えてよいであろう。出題の意図もおそらくそうであろう（竹や筍を除去する必要性を認めて，「明渡し」と考える余地もないとはいえないであろうが？）。

加えて，「引渡し」か「明渡し」は，(3)のとおり分類されてはいるものの，執行手続上は区別する意味はないと言われている（『基本法コンメンタール民事執行法』p.417）。

4　本問における請求の趣旨（その2）／所有権移転登記手続請求

(1)　請求の趣旨の記載事項

　ア　不動産の表示（本問では記載省略が指示されている）

　イ　登記原因

　ウ　所有権移転登記手続を命ずる旨を求める旨

(2)　所有権移転登記手続を求める請求権

　　意思表示を求める請求権である（民§414-Ⅱ但書）。その強制執行は，民事執行法174条の手続により行われ，判決により所有権移転登記を命ずる場合，原則としてその確定の時に意思表示が擬制される（民執§174-Ⅰ本文）。

(3)　仮執行の宣言を求める旨の記載

　　所有権移転登記手続を命ずる判決には，通説によれば，民事執行法174条1項本文の規定により，仮執行の宣言（民訴§259-Ⅰ）を付すことはできない（但し，反対の少数説あり）。

　　仮に，仮執行の宣言を付した判決があっても，判決による登記申請（不登§63-Ⅰ，不登令§7-⑤ロ(1)）は，確定証明書の不添付を理由に却下される。

(4)　**第1問小問(2)の解答例**（引渡請求と併せて）

　1　Yは，Xに対し，甲土地を引き渡せ

　2　Yは，Xに対し，甲土地につき，平成30年3月1日売買を原因とする所有権移転登記手続をせよ

　3　訴訟費用はYの負担とする

との判決並びに1につき仮執行の宣言を求める。

Ⅳ　請求原因の要件事実／第1問小問(3)

1　用語の意味

(1)　「請求原因」

　　訴訟物である権利または法律関係を発生させるために必要な法律要件に該当する事実（『新問題研究　要件事実』p.9）。

(2)　「要件事実」

　　一定の法律効果を発生させる法律要件に該当する具体的な事実をいう（上掲p.5）。

(3)　「請求原因の要件事実」

　　特別研修では，「請求原因事実」という用語を用いる（実務でも）。この「請求原因の要件事実」という用語は，第14回認定考査から使われ出した。

(2)の定義の中には(1)の語義も含まれているから，「請求原因の要件事実」とは同語反復の嫌いのある表記であるが，要するに，訴訟物たる権利を根拠づけるために必要な要件事実のことを指す。

2 請求原因の要件事実（その1）／有権代理

(1) 〔Xの言い分〕4

「私は，～ Yの代理人であるZとの間で，～ 売買契約を締結しました 」
= 有権代理による売買契約

(2) 売買契約（有権代理）の要件事実

ア 相手方及び代理人による法律行為（売買契約の締結）

イ アに先立つ代理権の授与

ウ 顕名（以上，民§99-Ⅰ）

(3) 第1問小問(3)の解答例（請求原因1）

1 Xは，平成30年3月1日，Zから甲土地を50万円で買った。

2 Yは，同年2月1日，Zに対し，1の代理権を授与した。

3 Zは，1の売買契約において，Yのためにすることを示した。

3 請求原因の要件事実（その2）／権限踰越の表見代理

(1) 〔Xの言い分〕5，〔Yの言い分〕4

「私は，～ Zが本件売買契約の代理権を有しているものと信頼して～ 契約を締結したのですから，保護されるべき」

「私は，Zに対して，～ 賃貸 ～ の代理権は与えています ～ 」= 権限踰越（民§110の見出しは「権限外の行為」）の表見代理による売買契約

(2) 売買契約（権限踰越の表見代理）の要件事実

ア 相手方及び代理人による法律行為（売買契約の締結）

イ 顕名

ウ 相手方がアについての代理権が代理人にあると信じたこと（無過失と同義）

エ 相手方がウを信じたことに正当理由があること（評価根拠事実）

オ 基本代理権の発生原因事実（以上，民§110）

(3) 第1問小問(3)の解答例（請求原因2）

1 請求原因1の1に同じ。

2 請求原因1の3に同じ。

3 Xは，Zが請求原因1の1の売買の代理権を有するものと信じた。

4 Zは，請求原因1の1の売買契約において，Yの実印の押捺された委任状を

Xに提示し，XはYの印鑑登録証明書をもらった。

5　Yは，平成30年2月1日，Zに対し，甲土地を賃貸することについての代理権を授与した。

4　請求原因の要件事実（その3）／無権代理行為の追認

⑴　〔Xの言い分〕6

「仮にZが　〜　本件売買契約についての代理権を有していなかったとしても，平成30年3月3日，Yは，〜　本件売買契約を承認した」＝　無権代理行為の追認といえるのではなかろうか？

⑵　「代理権の存在」，「表見代理の成立」，「追認」の関係

代理の効果の発生という観点に立てば，これらの三者の関係は等価値と解されている（『民事訴訟における要件事実〔第一巻〕』p.100）ところ，⑴は追認の意思表示といえそうである。とすると，本件設例では，請求原因3として，追認を挙げ得るのではなかろうか？

⑶　追認の要件事実

ア　相手方及び代理人による法律行為

イ　顕名

ウ　本人によるアの追認

⑷　**第1問小問⑶の解答例（請求原因3）**

1　請求原因1の1に同じ。

2　請求原因1の3に同じ。

3　Yは，平成30年3月3日，Xに対し，甲土地を買ってくれたことに感謝の言葉を述べ，請求原因1の1の契約を了承した。

V　抗弁の要件事実／第1問小問⑷

1　抗弁

⑴　抗弁の意義

原告の請求を被告が排斥するためにする「事実上の主張」。その事実を，抗弁事実という。

⑵　抗弁の構造

請求原因事実をいったんは認める（証拠調べにより認定される場合を含む）ものの，請求原因がもたらす法律効果の発生の障害となり，権利を消滅させ，権利の行使を阻止するための事実を主張するのが抗弁。

抗弁（事実）＝　被告側の要件事実（主要事実）＝　防御方法

(3)　抗弁のポイント

ア　原告の主張する請求原因と「両立する」点がそのポイント。

イ　請求原因と両立しない（相容れない）主張をするのは，請求原因の「否認」。

2　本件における抗弁（その1）

(1)　〔Yの言い分〕6

「私は，　～　売買代金を一切受け取っていませんので，　～　支払われるまで
は，Xの請求に応じるつもりはありません」

＝　同時履行の抗弁（民§533）？

(2)　同時履行の抗弁の要件事実

相手方が債務の履行をするまで自らの債務の履行を拒絶する旨の権利主張（事
実の主張ではなく，権利主張である点で「権利抗弁」と呼ばれる）

(3)　同時履行の対象

不動産の売主は目的物の引渡し及び移転登記の義務を負い，うち移転登記義務
が買主の代金支払義務と同時履行の関係になることについては争いはない。

これに対し，引渡義務との間にも同時履行の関係を認めるべきかについては争
いがあるところ，土地の売買についてはこれを否定する判例がある（大判大7・
8・14。村田渉ほか著『要件事実論30講』p.153）。この判例によれば，本件では移
転登記義務のみが同時履行の関係になる。

(4)　**第1問小問(4)の解答例（その1）**

（請求原因1，3に対する抗弁）

Yは，Xが代金50万円を支払うまでは，甲土地の所有権移転登記手続を拒絶す
る。

3　本件における抗弁（その2）／表見代理の主張に対する

(1)　〔Yの言い分〕4

「Xが持っている委任状　～「売買」という文字の部分には『消し跡』があり」，
「『売買』という文字が他の文字とは明らかに字体が異なってい」，「Xは，　～　確
認しようと思えばすぐにできたのに，　～　ありません」＝　XがZの代理権の存
在を信じたことに正当理由がないこと（評価障害事実）

(2)　評価障害事実は抗弁となるか？

これが認容されれば，評価根拠事実（請求原因2）のもたらす法律効果（甲土
地の引渡請求権，所有権移転登記請求権）の発生を障害する。よって，抗弁とし

機能する。

(3)　本件における評価障害事実の要件事実

　　Zに代理権が存在するものとXが信じたことに過失があったことを具体的事実を以て主張する。

(4)　**第1問小問(4)の解答例（その2）**

（請求原因2に対する抗弁）

1　ZがXに差し入れた委任状の「売買」という文字の部分には消し跡があった。

2　1の委任状の「売買」という文字は他の文字とは明らかに字体が異なっていた。

3　Xは，Zの代理権の有無をYに確認しようと思えば容易にできたのに，確認しなかった。

Ⅵ　再抗弁の要件事実／第1問小問(5)

1　再抗弁

(1)　再抗弁の意義

　　抗弁のもたらす法律効果を封じ，（元に戻って）請求原因の要件事実のもたらす法律効果を復活させる働きをもつ主張。

(2)　再抗弁の構造

　　抗弁事実を一旦は認め（証拠調べにより認定される場合を含む），次いで抗弁事実がもたらす法律効果の発生の障害・消滅・行使を阻止するための事実を主張するのが再抗弁である。

　　　再抗弁　＝　原告側の要件事実（主要事実）　＝　攻撃方法

(3)　再抗弁のポイント

　ア　被告の主張する抗弁と「両立する」点がそのポイント

　イ　抗弁と両立しない主張をするのは，抗弁の「否認」

　ウ　請求原因のもたらす法律効果を復活させる機能を有する

2　本件設例における再抗弁

(1)ア　〔Xの言い分〕7前段／弁済

　　「私は，　～　平成30年3月15日，Yに対して，50万円のうち25万円を～振り込んで支払いました」＝弁済の再抗弁？

　イ　〔Xの言い分〕7後段（下線部）／相殺

　　「残りの売買代金25万円は，～相殺する」＝相殺の再抗弁？

ウ　〔Yの言い分〕3前段／相続

　　「Aは平成29年9月1日に亡くなった」,「一人っ子である私」＝相続の再抗弁？

(2)　弁済の要件事実（最判昭30・7・15）

　ア　債務者（または第三者）が，債権者に対し債務の本旨に従った給付をした

　イ　アの給付が当該債権についてされた

(3)　相殺の要件事実

　ア　自働債権の発生原因事実

　イ　相殺の意思表示

　　債務者が，受働債権（請求債権）につき，債権者に対し，一定額について相殺の意思表示をした

　　なお，意思表示の発信と到達は，厳密に言えば別の事実であるが，要件事実論では,「到達日相殺」と記載すれば足りる（発信日の主張は不要）扱いである（上掲『30講』p.150）。

　ウ　自働債権に同時履行の抗弁権（民§533）が付着している場合

　　この場合，抗弁権の存在効果として（抗弁権が存在するという理由だけで）相殺が許されない（判例）。そこで，アの自働債権の発生原因事実の主張からその債権に抗弁権が付着していることが明らかな場合，相殺者は相手方の抗弁権を封じておく必要がある。さもないと，相殺の抗弁は主張自体失当となる（いわゆる「せり上がり」）。

　　本件設例では，Xは丙絵画をAに引き渡しており，A（Y）の同時履行の抗弁権は消滅している（これはウの要件事実である）。

(4)　相続の要件事実（本件設例では，YはAを単独相続している）

　ア　被相続人の年月日死亡

　イ　当事者と被相続人との一定の身分関係（非のみ説）

3　第1問小問(5)の解答例

（同時履行の抗弁に対する再抗弁）

1　Xは，平成30年3月15日，Yに対し25万円を振り込んで支払った。

2　1の支払いは，本件売買代金50万円のうち金としてした。

3　Xは，平成28年10月10日，Aに丙絵画を30万円で売った。

4　Xは，3の日に，Aに丙絵画を引き渡した。

5　Aは，平成29年9月1日死亡した。

6　Yは，Aの子である。

7　Xは，平成30年3月30日，本訴請求債権のうち25万円と3の売買代金とを対当額で相殺する旨の意思表示をした。

Ⅶ　和解条項案

1　和解条項案の骨子

(1)　甲土地の売買契約の締結

(2)　売買代金の支払義務（引渡し及び登記手続との引換給付）

(3)　引渡し及び登記手続の義務（代金の支払いとの引換給付）

2　和解条項案の第2項の記載例（空欄①）

【平成30年6月12日，被告から甲土地の引渡し及び4の登記手続を受けるのと引換えに，40万円を支払う】

3　和解条項案の第3項の記載例（空欄〔略〕）

【平成30年6月12日，原告から40万円の支払いを受けるのと引換えに】甲土地を引き渡す。

4　和解条項案の第2項の記載例（空欄②）

【平成30年6月12日，原告から40万円の支払いを受けるのと引換えに，甲土地につき平成30年6月4日売買を原因とする所有権移転登記手続をする】

Ⅷ　民事訴訟法の基礎知識，簡裁代理権／第2問

1　同時審判の申出がある共同訴訟／第2問小問(1)

(1)　Xの置かれた立場

　　Xは，Y，Zのいずれか一方には勝訴する必要がある。すなわち，本人Yに対する請求が認容されない場合（＝無権代理という結論），無権代理人Zの責任を追及できなければならない（双方に敗訴するわけにはいかない）。

(2)　区々の判決の可能性

　　しかし，両者を共同被告とする訴訟は必要的共同訴訟とは解されていないので，通常共同訴訟を提起するだけでは，判決の内容は区々となる危険性がある。つまり，双方に敗訴することもあり得る（＝非常識な結論）。

(3)　同時審判の申出

Yに対する請求とZに対する請求とは併存し得ない関係にある。よって，Xは，両名に対する請求訴訟につき同時審判の申出（民訴§41）をすることができる。これにより，(2)の非常識な結論を回避することが期待できる。

(4) **第2問小問(1)の解答例**

上記(1)〜(3)を解答欄の枠に応じて，簡潔に記載すればよい。

2 公示送達及び欠席手続の知識／第2問小問(2)

(1) 行方不明者を被告とする訴訟

送達は，公示送達の方法による（民訴§110－Ⅰ①）。

(2) 擬制自白（民訴§159－Ⅰ本文）

(3) 欠席手続

口頭弁論期日に欠席した者には，(2)の擬制自白の規定が準用される（民訴§159－Ⅲ本文）。但し，(1)の公示送達の方法による呼出しを受けた者については，擬制自白は成立しない（同但書）。

よって，この場合，相手方は主張事実を立証しなければならない。

(4) **第2問小問(2)の解答例**

上記(1)〜(3)を解答欄の枠に応じて，簡潔に記載すればよい。

3 140万円超の反対債権を以てする相殺の抗弁（典型問題）／第2問小問(3)

(1) 訴訟代理人の権限

相殺の抗弁は，攻撃防御方法であるから，訴訟代理人の一般的権限に属する（民訴§55－Ⅰ）。

(2) 認定司法書士の簡裁代理権の限界

140万円以下の範囲内の事件に限定される。140万円超の反対債権を以てする相殺は，超える部分につき相談権の範囲（司書§3－Ⅰ⑦）を超えるものと解されている。

(3) 140万円超の反対債権を以てする相殺の抗弁

(2)の制約により，反対債権に紛争性があるときは，認定司法書士は対当額が140万円以下であっても，相殺の抗弁は主張できない。

本問では，反対債権である売買代金の額が150万円であり，かつYは丙絵画の売買を知らないから，紛争性がある。したがって，認定司法書士は，この売買代金債権を以てする相殺は，対当額が25万円であっても，主張することができない。

(4) **第2問小問(3)の解答例**

上記(1)〜(3)を解答欄の枠に応じて，簡潔に記載すればよい。

Ⅸ　司法書士倫理／第3問

1　YとZの法律関係

(1)　本人に対する請求

　　Xは，取引の相手方である本人Yに対し，売買契約の履行請求をすることができる。

(2)　無権代理人に対する請求

　　Xは，無権代理人Zが本人Yの追認を得られないときは，Zに対し履行請求または損害賠償請求をすることができる（民§117－Ⅰ）。

(3)　本人Yに対する請求が認容された場合

　　Yは，Zに対し，損害賠償請求をし得る。つまり，Xの提起する訴訟により，YとZは将来利益相反関係が生ずる（同時審判により，これが現実化する）。よって，認定司法書士が本件共同被告双方の訴訟代理人となることには問題がある。

2　公正を保ち得ない事件

(1)　公正を保ち得ない事件の受任の禁止

　　司法書士は，職務の公正を保ち得ない事由のある事件を受任することはできない（司倫§23）。

　　主に，依頼者に対する忠実義務の分断を防止する趣旨あるいは利害相反関係事件の受任を禁ずる趣旨であると説明されている。

(2)　公正を保ち得ない事由

　　利害が相反する場合だけでなく，一定の事件を受任すれば，すでに受任している事件の依頼者の利益を損ない，あるいは司法書士に対する社会的信頼を損ねるおそれがあることを意味する。

　　本条による規制は，裁判業務相互間のみに当てはまるのではなく，裁判業務と登記業務相互間にも働く。依頼者に対する忠実義務の分断を防止する趣旨に照らすと，裁判業務相互間のみには限定されないから。

(3)　本件設例

　　1(3)のとおり，本件設例においてはYZ間で利害相反関係が生じる。よって，Zから裁判書類の作成業務を受任することは，司法書士倫理23条に違反する。

3　第3問の解答例

　　司法書士倫理によると，司法書士は職務の公正を保ち得ない事由のある事件を受任することはできない。その事件の典型例が依頼者どうしの利害が相反する場合で

ある。本件設例において，Yが敗訴判決を受けると，YはZに対し損害賠償請求をし得る地位にある。つまり，Xの提起する訴訟により，YとZの間には将来利益相反関係が生じ得る。よって，Yの訴訟代理人であるQがZから裁判書類の作成業務を受任すると，利害相反関係のある事件の受任となり，Qは，司法書士倫理によりZから依頼を受任することはできない。

第18回認定考査／保証債務履行請求事件

I　出題項目（概観）

1　**訴訟物（Xの求める究極の結論は何か？）／〔Xの言い分〕9**

「保証人であるYに対し，本件売買契約　～　の支払を求めます」

解答が問題文に明示されたも同じであり，迷いようはなかったのでは？

なお，訴訟物として附帯請求まで記載すると，保証についての基礎知識の理解が疑われるかも（⇒2）。

2　**請求の趣旨**

保証契約における主たる債務の内容（売買代金債務＋履行遅滞による損害賠償債務）を理解しているかどうかという問題。附帯請求は，訴訟物としては顕れないが，請求の趣旨欄には記載せざるを得ない。

なお，第17回認定考査においては，付随的申立てを含む出題形式であったが，本問では不要とされた（例年どおりの出題形式に戻った）。

3　**請求原因（保証債務の履行請求を裏付けるための主張）**

(1)　主債務の発生原因事実（売買契約の締結＋代金債務の履行遅滞）

(2)　保証契約の締結

(3)　保証契約の書面性

4　**抗弁（請求原因を根拠とする請求に抗うための被告の主張）**

(1)　消滅時効の主張？／〔Yの言い分〕3

代金支払債務は既に時効にかかっていると思います

(2)　反対債権による相殺？／〔Yの言い分〕4

Xに対して有する60万円の貸金債権と相殺します

(3)　相殺の抗弁を主張するための前提要件

　　ア　反対債権をYが取得していること（債権譲渡）／〔Yの言い分〕4

　　イ　反対債権たる貸金債権の発生原因事実／同4

　　ウ　相殺の要件事実

5　再抗弁（抗弁のもたらす法律効果を封ずるための原告の再反論）

⑴　消滅時効の抗弁（4 −⑴）に対しては

　　消滅時効の中断（債務の承認）？　＝〔Xの言い分〕5 − 2段

⑵　相殺の抗弁（4 −⑵）に対しては

　　前提要件としての債権譲渡の効力を否定するための譲渡禁止特約？
　　＝〔Xの言い分〕8 − 2段

6　立証に関する出題／録音データの証拠調べ（民訴§231）

　　準文書の証拠調べは，特別研修では勉強していない。また，簡裁の実務において
も珍しいのではなかろうか。難問といえば難問？

7　債務不存在確認の訴え（第2問）

⑴　請求の趣旨

⑵　請求原因（の要件事実ではなく，の内容）

⑶　確認の利益（債務不存在確認の訴えに対する給付請求の反訴）

⑷　簡裁代理権（訴額150万円の反訴状の送達の受領権限）

8　司法書士倫理（第3問）

⑴　協議を受けた事件（法§22−Ⅳ，−Ⅲ②）

⑵　共同事務所における司法書士倫理（倫§82，§61−①）

⑶　いずれも，既出の問題の再出題（⇒第13回認定考査第3問）

9　概括（形式，難易度等を総合して）

⑴　本案訴訟手続

　　従来，主に第1問のみであったが，本年度は第2問においても出題された。し
かも，債務不存在確認の訴えが。意表を突く出題だったか（⇒特別研修教材のグ
ループ研修Ⅰ第7回「不法行為」の検討事項6）。

⑵　難易度

　　請求原因が保証債務1個であり，しかも抗弁・再抗弁事由は読み取りやすかっ
た。この数年の出題傾向に照らすと，やや平易だった？

(3) 合否の分かれ目

　　もし，(1)の債務不存在確認の訴えが意表を突く出題であったとしても，保証，消滅時効，債権譲渡及び相殺についての正確な基礎知識があれば，合格最低点はとれたのではなかろうか。つまり，合格すべき者は合格した？

Ⅱ　保証債務履行請求訴訟の訴訟物／第1問小問(1)

1　保証債務の発生原因

(1) 保証契約

　　他人がその債務を履行しない場合に，その債務（主たる債務）をその他人に代って履行することを内容とする合意（民§446-Ⅰ）。

(2) 本件事案における主たる債務

　ア　主たる請求（債務）

　　　XのAに対する売買代金40万円の支払請求権（民§555）

　イ　附帯請求（債務）

　　　アの代金債務の履行遅滞に基づく損害賠償請求権（民§412-Ⅰ，§420-Ⅰ前段）

　ウ　賠償額の特約（イの損害の割合）

　　　本件では，賠償額の特約をしている（〔Xの言い分〕3-1段④）。

　　　したがって，イの附帯請求を具体的に述べると，売買代金40万円に対するその支払期日の翌日である平成25年11月1日から支払済みまでの年1割の割合による遅延損害金となる。

(3) 本件事案における保証契約

　ア　〔Xの言い分〕2

　　　不安ならYを保証人　～　信頼のおける人間

　イ　〔Xの言い分〕3-2段

　　　契約書には，　～　保証人としてYの住所　～　署名・押印　～

　ウ　〔Xの言い分〕3-3段

　　　Yに電話　～　Yは，『契約書のとおり　～　』と言った

2　保証債務履行請求訴訟の訴訟物

(1) 訴訟物の意義

　　その訴訟において審判の対象となっている権利または法律関係。

(2) 訴訟物の個数

保証債務は，主債務の利息や損害賠償等の支払を保証する（民§447-Ⅰ）から，主債務の元本，利息及び遅延損害金を1個の保証契約に基づいて請求する場合，これらの請求はすべてその保証契約に基づく保証債務履行請求権に含まれる。

したがって，この場合の訴訟物は1個である。保証債務に対する履行遅滞を考える必要はない（もしそれをすれば，二重取りである）。

(3) 連帯保証債務の履行請求訴訟の訴訟物

本件は単純保証の事案であるが，実務では連帯保証が多い。連帯保証の場合の訴訟物も，単純保証のそれと同じであると解されている。連帯保証契約という別個独立の契約類型は存在せず，単純保証債務という基本債務に連帯の特約が付加されたにすぎないから。

3 本件訴訟の訴訟物／第1問小問(1)の解答例

保証契約に基づく保証債務履行請求権

Ⅲ 請求の趣旨／第1問小問(2)

1 請求の趣旨

原告がその訴訟において如何なる判決を求めるかを簡潔に記載した部分であり，いわば訴状の結論部分である。訴訟物は，通常，この請求の趣旨と請求の原因（民訴§133-Ⅱ②）とにより特定される。

2 請求の趣旨欄の記載事項

(1) 訴訟物（主たる請求，附帯請求）についての裁判を求める旨
(2) 訴訟費用の負担の裁判を求める旨（民訴§67-Ⅰ本文）
(3) 仮執行の宣言を求める旨（民訴§259-Ⅰ）

＊ (2)，(3)は付随的申立て（本問では記載不要）と呼ばれる。
附帯請求（民訴§9-Ⅱ）と混同しないようにしたい。

3 給付の訴えにおける請求の趣旨

給付の法的性格や理由づけを含まない抽象的な表現を用いる。それらは，請求の原因欄のよって書きに記載するのが実務の慣例である。

〔誤〕	〔正〕
「貸金○○万円を支払え」	「金○○万円を支払え」
「原告所有の○○を引き渡せ」	「○○を引き渡せ」

「年6分の割合による損害金を支払え」 「年6分の割合による金員を支払え」

4 保証債務における主たる債務（本件事案）
⇒ Ⅱ-1-(2)

5 本件訴訟における請求の趣旨／第1問小問(2)の解答例
Ｙは，Ｘに対し40万円及びこれに対する平成25年11月1日から支払済みまで年1割の割合による金員を支払え（との判決を求める。）

Ⅳ 請求原因の要件事実／第1問小問(3)

1 保証債務の履行請求の要件事実
(1) 主債務の発生原因事実

保証債務は，その附従性（主債務が存在しなければ保証債務も存在しないという性質）から，主債務の存在が不可欠である。したがって，保証債務履行請求の要件事実として，主債務の発生原因事実が必要である（民§446-Ⅰ）。

例）主債務が消費貸借契約に基づく貸金返還債務である場合，貸金返還請求の要件事実を記載する。

(2) 保証契約の締結（民§446-Ⅰ）

なお，連帯保証債務の履行請求の場合も同じである。すなわち，連帯保証契約の締結は要件事実ではない。連帯は，催告の抗弁（民§452）または検索の抗弁（同§453）に対する再抗弁である。

(3) (2)の契約を書面または電磁的記録でした（民§446-Ⅱ，Ⅲ）

2 主債務たる売買代金請求の要件事実
(1) 結論

（売主買主間の）売買契約の締結（民§555）

(2) 売買契約の構成要素

当事者の特定，目的物の特定，代金額の特定の3つである。これに対し，契約締結日は，本質的構成要素ではなく，契約を特定するための要素（時的因子）にすぎない，と説明されるが，記載するのが通例。

(3) 要件事実の個数

ア 売買契約の締結（1個）

イ 申込みの意思表示＋承諾の意思表示 ＝ 2個ではないのか？

ウ　対比で理解しよう

　例）消費貸借契約に基づく貸金返還請求の要件事実（民§587）としての貸借の合意は，消費貸借契約の締結（1個）と算定するであろう。これを，申込みの意思表示と承諾の意思表示との2個に分解してカウントするか（しないだろう）？

3　主債務たる履行遅滞による損害賠償請求の要件事実（遅延損害金説）

⑴　売主・買主間の売買契約の締結

　　履行遅滞による損害賠償請求をするための当然の前提要件である。

⑵　売主が⑴の契約に基づいて目的物を買主に引き渡した

　ア　同時履行関係の顕現

　　⑴の売買契約の締結を主張すると，相手方（買主）が同時履行の抗弁権を有する（民§533）ことが，裁判所に明らかになる。

　イ　存在効果説

　　同時履行の抗弁権は，それが存在するだけで違法性阻却事由となるものと解されている（権利抗弁として主張されるまでもなく）。したがって，売主が買主に代金債務の履行遅滞に基づく損害賠償を請求するには，同時履行の抗弁権が消滅していること（＝買主側に違法性阻却事由がない）を，売主側が主張立証する必要がある。

　ウ　せり上がり

　　イの主張立証は，本来なら相手方買主の抗弁（同時履行の抗弁）を待って再抗弁としてすれば足りそうであるが，存在効果説の果たす機能により，いわば前倒しにより，請求原因として主張立証する必要が生ずる（結果的に）。

　　この前倒し現象を，要件事実論ではせり上がりと呼ぶ。

　エ　引渡しの提供では足りないのか？

　　イの主張立証をする（＝相手方の同時履行の抗弁権を封ずる）ためには，弁済の提供で足りるはずである（民§533本文）。なぜ，引渡しの提供では足りず引渡しが必要なのであろうか？

　　これは，民法575条2項本文の構造による。すなわち，売主が利息（＝損害賠償）を請求するためには，目的物の引渡しが要件となるため，目的物の現実の占有移転が必要となるわけである。

⑶　代金支払期日の経過

　〔履行期の態様〕

　ア　確定期限の合意をした場合

その合意及びその期限の経過を要する。条文上は到来した時から遅滞となる（民§412－Ⅰ）が，到来したその日のうち（24時まで）に履行すれば不履行にならない（判例）から，経過が要件事実となる。

イ　不確定期限の合意をした場合

その合意，その期限の到来，相手方がそれを知ったこと及びその日の経過（民§412－Ⅱ）。

ウ　代金の支払時期の定めがない場合

支払い催告をしたこと及びその日の経過（民§412－Ⅲ）。条文上は請求を受けた時から遅滞となるが，到来したその日のうち（24時まで）に履行すれば不履行にはならない（判例）から，経過を要する。

＊(2)と(3)の関係

買主は具体的にいつから履行遅滞による賠償義務を負うかというと，(2)と(3)のいずれか遅い日の翌日以降である。本件事案では，代金の支払期日が遅いので，履行遅滞となるのはその翌日以降である。

(4)　損害の発生とその額（法定利率による損害）

代金債務は金銭債務であり，民法上は最低年5分（民§404）の割合による損害金を請求しうる（同§419－Ⅰ本文）から，法定利率の割合による損害金を請求する場合，(2)の「目的物の引渡後の期間の経過」のみが要件事実となる（但し，実務ではこの摘示は通常省略する）。

(5)　損害の発生とその額（損害金の特約がある場合）

この特約がある場合（民§420－Ⅰ本文），その利率による損害金を請求しうる。この場合，損害金の利率を合意したことが要件事実となる。

(6)　商行為性がある場合

本来の債権が商行為によって発生したものである場合（商§501～§503），年6分の割合による損害金を請求しうる（民§419－Ⅰ本文，商§514）。

4　本件訴訟における請求原因の要件事実／第1問小問(3)の解答例

（主債務の発生原因事実）

1　Xは，平成25年9月1日，Aに本件時計を40万円で売った。

2　1の契約では，代金の支払期日を同年10月31日と定めた。

3　1の契約では，損害金の割合を年1割と定めた。

4　Xは，同年10月1日，Aに本件時計を引き渡した。

5　平成25年10月31日は経過した。

（保証債務の発生原因事実）

6　Ｙは，1の日に，Ａの債務を保証した。

7　6の契約は，書面を以てした。

<h2 style="text-align:center">Ⅴ　抗弁の要件事実①／消滅時効／第1問小問(4)</h2>

1　消滅時効の抗弁

(1)　〔Ｙの言い分〕4／代金支払債務は既に時効にかかっている

　　この主張は，請求棄却判決を求めるための代金支払債務の時効消滅の主張であると解される。

(2)　抗弁となるか？／Ｙによる(1)の主張の位置づけ

　　主債務が消滅すれば保証債務も附従性により消滅するところ，主債務についての消滅時効の主張が認められれば，保証債務も消滅する。

　　したがって，主債務の消滅時効は，請求原因の要件事実に基づく保証債務の履行請求権を消滅させる事由であり，抗弁に位置づけられる。

(3)　消滅時効を主張する場

　　当該主張は，平成31年3月1日の口頭弁論期日において陳述（第1問の問題文の4行目）

2　消滅時効の要件事実

(1)　権利を行使し得る状態になった（民§166-Ⅰ）

　〔消滅時効の起算点〕

　　ア　確定期限のある債権　　＝　期限到来の時

　　イ　期限の定めのない債権　＝　債権成立の時

　　ウ　不確定期限のある債権　＝　期限到来の時

　　エ　停止条件付債権　　　　＝　条件成就の時

(2)　(1)の時から時効期間（民§167-Ⅰ）が経過した

　例）商事債権の消滅時効期間は，5年間（商§522本文）

(3)　時効援用の意思表示（民§145）

　　判例によれば，時効の援用権者は，時効によって直接利益を受ける者であり，保証人は主債務の消滅時効を援用することができる。

(4)　（商事時効を主張する場合）債権が商行為によって生じた（商§522本文）

3 本件訴訟における抗弁の要件事①／第1問小問(4)①の解答例

（消滅時効の抗弁の要件事実）

1 請求原因の要件事実1の契約当時，Aは株式会社であった。

2 平成30年10月31日は経過した。

3 Yは，2の時効を本件訴訟の口頭弁論期日において援用する。

＊ 1は，商行為性の要件事実である（会§5）。なお，請求原因の要件事実1の
Aは，そもそも株式会社Aと解答すべきであり，以て，抗弁としては主張不要
との意見があろう。

しかし，原告としては，損害金は商事法定利率年6分には非ず特約の1割を
主張すべきであろうから，その主張は原告にとって無益である。しかのみなら
ず，短期の商事時効を主張する利益を有するのは被告であり，原告が商人性を
主張するのは攻撃防御の観点からは有害でもある。以上により，商人性は被告
が主張立証すべきとの立場で解答した。

＊ 株式会社Aは，仕入れのために本件時計を買った旨の主張は，不要。商人の
行為の商行為性の推定規定（商§503-Ⅰ）があるから。

＊ 弁済期日の到来（2(1)ア）は，請求原因に顕れているので，抗弁として主張
する必要はない（弁論主義における主張共通の原則）。

Ⅵ 抗弁の要件事実②／相殺／第1問小問(4)

1 相殺の抗弁

(1) 〔Yの言い分〕4／60万円の貸金債権と相殺します

この主張は，請求棄却判決を求めるための相殺の主張であると解される（第1
問の問題文の柱書の4行目当該主張は，平成31年3月1日の口頭弁論期日において陳述
されたものとする）。

(2) Yによる(1)の主張の位置づけ／抗弁となるか？

主債務が消滅すれば保証債務も附従性により消滅するから，主債務に対する相
殺の主張が認められれば保証債務も消滅する関係にある。よって，主債務に対す
る相殺の主張は，請求原因の要件事実に基づく保証債務の履行請求権を消滅させ
る事由である（民§505-Ⅰ本文）といえる。よって，Yによる(1)の主張は抗弁に
位置づけられる。

(3) 本問を解くために求められる知識（前提要件）

ア 相殺の要件事実（固有の要件事実）

イ 反対債権の存在（その前提としての債権譲渡）の要件事実

　　ウ　反対債権（貸金債権）の発生原因事実

2　貸金返還請求の要件事実

(1)　消費貸借契約の締結（民§587）

(2)　目的物の交付（民§587）

(3)　弁済期日の約定（貸借型理論）

(4)　(3)の日の到来

　*　以上は，貸金元本の返還請求の要件事実であり，本件事案ではこれで足りる。すなわち，本件では遅延損害金請求の要件事実は問題にならない。相殺適状が生ずるのは，貸金の弁済期日である平成30年10月31日であり，これに対する遅延損害金は発生しないからである。

3　債権譲渡の要件事実（民§466－Ⅰ本文）

(1)　譲受債権の発生原因事実

(2)　(1)の債権の取得原因事実

4　相殺の要件事実

(1)　自働債権の発生原因事実（民§505－Ⅰ本文）

　　Yはなぜ反対債権である自働債権を取得するに至ったのかを明らかにすることである。本件では，①BX間で貸金債権が発生し，②Yがこの債権を債権譲渡により50万円で取得したこと，の2点である。

(2)　自働債権に付着する抗弁権の消滅原因事実

　　判例通説によると，自働債権の発生原因事実からこれに抗弁権が付着することが明らかな場合，抗弁権の存在効果として，そのままでは相殺は許されず，その消滅原因となる事実を併せ主張しないと，相殺の抗弁は主張自体失当となる（『民事訴訟における要件事実（第1巻）』（法曹会）p.125）。いわゆるせり上がりの主張である。

　　譲受債権を以て相殺を主張する場合，自働債権には債務者対抗要件の抗弁権の付着することが顕現する。よって，この場合，これを覆すに足る債務者対抗要件具備の事実が要件事実となる。⇒　解答例（5−6）

(3)　相殺の意思表示（民§505－Ⅰ本文）

　　(1)の債権を以て本訴請求債権と対当額で相殺する旨の意思表示

　*　本件自働債権は，貸金債権であり，Yが相殺をする（＝自働債権の履行を求める実質がある）ためには，貸金債権の弁済期日の到来をも主張立証しなけれ

ばならないが，この事実は(1)①の中に顕れるから，Yは別途改めて主張する必要はない。

5 本件訴訟における抗弁の要件事実②／第1問小問(4)②の解答例

（相殺の抗弁の要件事実）

1 Bは，Xに対し，平成29年2月1日，60万円を貸した。

2 Bは，同日，Xに60万円を交付した。

3 1の契約では，弁済期日を平成30年10月31日と定めた。

4 3の日は到来した。

5 Bは，平成30年10月1日，1の債権をYに50万円で売った。

6 Bは，同月5日，5の事実をXに通知した。

7 Yは，本件訴訟の口頭弁論期日において，1の債権を以て本訴請求債権と対当額において相殺する。

Ⅶ 再抗弁の要件事実／第1問小問(5)

1 消滅時効の抗弁に対する再抗弁

(1) 〔Xの言い分〕5－2段（消滅時効の中断）

Aは，平成29年10月31日，売買代金債務を承認している。この事実は，消滅時効（翌年10月31日完成）の中断事由としての債務の承認（民§147－③）に該当するのではないか？

(2) 時効の中断事由の位置づけ

消滅時効が中断すると，消滅時効の抗弁のもたらす法律効果（＝債務消滅）の発生を障害し（民§157－Ⅰ），請求原因事実のもたらす法律効果を復活させる働きをもつ。よって，再抗弁事由となる。

(3) 債務の承認の要件事実

時効により利益を受ける者が，時効により権利を失う者に対し，権利の存在することを知っている旨を表示すること（観念の通知）。

2 相殺の抗弁に対する再抗弁／譲渡禁止特約

(1) 譲渡禁止特約

Xは，Bからの借入れの際，Bとの間で譲渡禁止特約をした旨及びYがこの特約を知っている旨を主張している（〔Xの言い分〕8－2段）。

(2) 譲渡禁止特約の位置づけ

この主張は，相殺の抗弁の前提要件である債権譲渡のもたらす法律効果（＝債権の取得）の発生を障害し，請求原因の要件事実のもたらす法律効果を復活させる。よって，本件では，相殺の抗弁に対する再抗弁として機能する。

(3)　譲渡禁止特約の主張の要件事実（民§466－Ⅱ本文）

　ア　譲渡禁止特約の締結

　イ　譲受人が債権を譲り受けた際，アの合意を知っていた（大判明38・2・28），又はアを知らなかったことにつき重大な過失があったことの評価根拠事実（最判昭48・7・19）

3　本件訴訟における再抗弁の要件事実／第1問小問(5)の解答例

（消滅時効の抗弁に対する再抗弁の要件事実）

1　Aは，平成29年10月31日，請求原因の要件事実1の債務を支払わなかったことをXに詫び，債務の承認をした。

（相殺の抗弁に対する再抗弁の要件事実）

1　Xは，相殺の抗弁の要件事実1の借入れの際，Bとの間で当該債権の譲渡を禁止する旨の特約をした。

2　Yは，相殺の抗弁の要件事実5の債権譲渡の際，1の特約を知っていた。

Ⅷ　証拠調べの手続／第1問小問(6)

1　録音データの位置づけ

(1)　準文書

　　写真，録音テープ，ビデオテープ等の情報を表すために作成された物件で文書でないものについての証拠調べは，書証の手続に準じて行われる（民訴§231）。これらの物件は，準文書と呼ばれる。

(2)　書証に準じた証拠調べ

　　本件録音データは，この準文書に該当する。よって，その証拠調べは書証に準じて行われる。

(3)　実務の状況

　　準文書の証拠調べは，2のとおり，やや複雑で手数がかかる。このため，実務では，録音データにつき反訳書を作成し，これを通常の書証として提出することが多いようである。

2　準文書の書証の手続

(1)　複製物の事前提出・交付，証拠説明書

文書と同様，複製物を裁判所に提出し，相手方には交付しなければならない（民訴規§147, §137）。また，立証趣旨のほか，録音の対象，日時及び場所を記載した証拠説明書を提出しなければならない（民訴規§148）。

(2)　説明書面の提出

裁判所または相手方の求めがあるときは，提出者は，録音データの内容を説明した書面（反訳書を含む）を裁判所に提出し，相手方には直送しなければならない（民訴規§149-Ⅰ，Ⅱ）。

(3)　証拠調べの方法

裁判所は，録音データを再生し，そこに記録されている思想内容を認識する（以上，『民事実務講義案Ⅰ』（司法協会）p.158〜159）。

3　第1問小問(6)の解答例

本件録音データは，いわゆる準文書に該当し，その証拠調べは書証に準じて行われる。すなわち，Ⅹは，その複製物を裁判所に提出し，相手方には交付し，立証趣旨のほか，録音の対象，日時及び場所を記載した証拠説明書を提出しなければならない。証拠調べは，録音データを再生し，そこに記録されている思想内容を認識する方法により行われる。このように，準文書の手続はやや複雑で手数がかかるため，実務では，録音データにつき反訳書を作成し，これを通常の書証として提出する例が多い。

Ⅸ　債務不存在確認の訴え／第2問

1　確認の訴えにおける請求の趣旨／第2問小問(1)

(1)　請求の趣旨

原告がその訴状において主張する一定の権利または法律関係についての結論部分であり，訴状の必要的記載事項である（民訴§133-Ⅱ②）。確認訴訟においては，確認の対象となる権利または法律関係の法的性質を請求の趣旨に記載しなければならない。これは，この訴えがもっぱら権利または法律関係を判決により公権的に解決する訴訟であることに由来する。

(2)　債務不存在確認の訴えにおける請求の趣旨

この訴えは，給付の訴えの裏返しとして，給付義務が存在しないことの確認を求める訴えであり，訴訟物自体は給付の訴えと同じである。したがって，請求の

趣旨には，原告の被告に対する一定の債務が存在しないことの確認を求める旨を記載すれば足りる。

(3) **本件訴訟における請求の趣旨／第2問小問(1)の解答例**

Yは，YX間の平成25年9月1日付保証契約に基づく保証債務が存在しないことを確認する，との判決を求める。

2 債務不存在確認の訴えにおける請求原因／第2問小問(2)

(1) 攻撃防御の構造

この訴えにおいては，通常の攻撃方法としての請求原因事実というものは考えられず，訴訟物である権利または法律関係の発生要件事実は，これによって利益を受ける被告にその主張立証責任がある，すなわち被告の抗弁となるものと解されている（『増補民事訴訟における要件事実（第1巻）』（法曹会）p.24）。

(2) 債務不存在確認の訴えにおける請求原因

この訴えの請求原因事実は，確認の利益の基礎となるべき事実（権利関係について当事者間に争いのあること）であると解されている（『民事判決起案の手引〔請求原因記載例〕』（法曹会）p.19）。

したがって，本問では，XがYに対し本件保証債務の履行を請求している旨を，解答例の要領で記載すれば足りるといえよう（設問は，請求原因の内容の解答を求めている）。

(3) **本件訴訟における請求原因の内容／第2問小問(2)の解答例**

Xは，YX間の平成25年9月1日付保証契約に基づく保証債務履行請求権が存在するとして，その履行をYに求めている。

3 債務不存在確認の訴えと給付の訴え／第2問小問(3)

(1) 確認の利益

同一の権利または法律関係につき，不存在確認請求と給付請求とが競合する場合，後者は前者を包含するから，権利または法律関係の存否についての審理が重複する関係にある。この場合，給付請求についての審判のみで当事者間の紛争は解決するといえることから，債務不存在確認の訴えについては訴えの利益が失われるとして却下した判例（最判平16・3・25）がある。

(2) 二重起訴の問題？

債務不存在確認の訴えと給付の訴えとを別訴として提起すると，二重起訴（民訴§142）の問題ともなり得るが，反訴においては，同一の手続で審判されるため，反訴における給付請求は一般に二重起訴の問題とはならないと解されている。

(3) 本件訴訟における判決／**第2問小問(3)の解答例**

本件確認の訴えに対し同一の訴訟物につき給付請求の反訴が提起された場合，審判の対象としては後者が前者を包含する関係が生じる。よって，この場合，本件確認の訴えは<u>確認の利益を欠く</u>ことになり，却下判決が言い渡される。（下線は，解説用に施した）

4 簡裁代理権／第2問小問(4)

(1) 訴訟代理権の範囲

訴訟代理人は，相手方から提起された反訴に対し，本人の同意を得るまでもなく当然にこれに応訴する権限を有する（民訴§55-Ⅰ）。反訴状の送達を受けるのも反訴に関する訴訟行為であり，民事訴訟法上は訴訟代理権の範囲に含まれる。

なお，反訴の提起をするには，本人の同意を得なければならない（民訴§55-Ⅱ①）。

(2) 簡裁代理権の範囲

認定司法書士は，訴額140万円以下の簡裁事件に限り代理権限を有する（司書§3-Ⅰ⑥イ）。言い換えると，140万円を超える額の事件については，反訴事件であっても，代理権限は認められない。

(3) 本件訴訟におけるPの権限／**第2問小問(4)の解答例**

認定司法書士は，司法書士法上，訴額が140万円以下の簡裁訴訟事件については訴訟代理権が認められる。言い換えると，訴額が140万円を超える事件については，訴訟代理権は認められない。本件反訴の訴額は150万円であり，代理権限の範囲の上限額140万円を超える。

よって，Pは反訴状の送達を受ける権限を有しない。

Ⅹ 司法書士倫理／第3問

1 業務を行い得ない事件／認定司法書士の簡裁訴訟代理等関係業務

(1) 協議を受けて賛助した事件

認定司法書士は，簡裁訴訟代理等関係業務に関するものとして相手方の協議を受けて賛助した事件については，簡裁訴訟代理等関係業務を行うことはできない（司書§22-Ⅳ本文，Ⅲ①）。

協議を受けて　＝　具体的事件の内容について法律的な解釈や解決を求める相談を受けること。

賛助し　　　　＝　協議を受けた具体的事件について，相談者が希望する一定

の結論（または利益）を擁護するための具体的な見解を示したり，法律的手段を教示しまたは助言すること。

(2)　立法趣旨

当事者の利益保護，司法書士の職務の公正，信用確保，品位保持。

(3)　本件事案におけるYの相談とQの回答

Yの相談とQの回答　　　　　＝　(1)の事件に該当する

QがXの訴訟代理人となること　＝　(1)の事件につき，相談者Yの相手方Xの簡裁代理人になる

2　共同事務所に関する司法書士倫理

(1)　共同事務所における職務の規律

共同事務所において執務をする司法書士にとって，職務の規律の基準をどのように考えるべきかは難しい問題である。共同事務所の形態は一律ではないが，司法書士倫理は特に1章（第13章）設け，共同事務所における規律を定めている。

(2)　規律の基本視点

司法書士倫理は，基本視点として，共同事務所に所属する司法書士は一体となって責任と負担とを引き受けるという前提（事務所単位の視点）に立ち，その共同事務所は恰も一人の司法書士が行動するのと同じレベルの規制に服することが要請される，との立場に立っている。

また，依頼者の立場に立てば，看板等により共同事務所である旨が表示してある場合，依頼者は，それらの司法書士は相互に依頼者情報を共有し，また損益も共通にしているものと推定するであろう。この視点に立って業務の規律を検討する必要もある。

(3)　規律の内容／所属司法書士が業務を行い得ない事件

共同事務所に所属する司法書士は，他の所属司法書士が業務を行い得ない事件については，業務を行ってはならない。但し，業務の公正を保ち得る事由があるときは，この限りでない（司倫§82）。

他の所属司法書士が業務を行い得ない事件の代表例が，上記1の事件である。

3　本件訴訟におけるRの受任の可否／第3問の解答例

認定司法書士は，協議を受けて賛助した事件については，相手方の訴訟代理人となることはできない。小問(1)の場合，Qは既にYから保証債務履行請求事件につき相談を受け，採り得る方法を具体的に教示しているから，その相談の場が市役所の無料法律相談会であっても，Xの依頼は受任できない。また，司法書士倫理によれ

ば，共同事務所に所属する司法書士は，他の所属司法書士が業務を行い得ない事件については，業務の公正を保ち得る事由があるときでない限り，業務を行ってはならない。Qは，小問⑴においてXの依頼は受任できない立場にある。よって，小問⑵の場合，Qと共同事務所を構えるRもXの依頼を受任することはできない。

第3版　ながめてわかる！
認定考査対策と要件事実の基礎
―司法書士　特別研修―〔別冊〕
司法書士認定考査　過去問題・解答集
〔第1回～第18回〕

2020年1月6日　初版発行

著　者　小　山　　　弘

発行者　和　田　　　裕

発行所　日本加除出版株式会社

本　　社　郵便番号 171-8516
東京都豊島区南長崎 3 丁目 16 番 6 号
ＴＥＬ　（03）3953 - 5757（代表）
　　　　（03）3952 - 5759（編集）
ＦＡＸ　（03）3953 - 5772
ＵＲＬ　www.kajo.co.jp

営業部　郵便番号 171-8516
東京都豊島区南長崎 3 丁目 16 番 6 号
ＴＥＬ　（03）3953 - 5642
ＦＡＸ　（03）3953 - 2061

組版 ㈱郁文 ／ 印刷 ㈱精興社 ／ 製本 牧製本印刷㈱